Copyright © 2019 by Editora Letramento
Copyright © 2019 by Clécio Lemos

Diretor Editorial | **Gustavo Abreu**
Diretor Administrativo | **Júnior Gaudereto**
Diretor Financeiro | **Cláudio Macedo**
Logística | **Vinícius Santiago**
Designer Editorial | **Luís Otávio Ferreira**
Assistente Editorial | **Giulia Staar e Laura Brand**

Conselho Editorial | **Alessandra Mara de Freitas Silva; Alexandre Morais da Rosa; Bruno Miragem; Carlos María Cárcova; Cássio Augusto de Barros Brant; Cristian Kiefer da Silva; Cristiane Dupret; Edson Nakata Jr; Georges Abboud; Henderson Fürst; Henrique Garbellini Carnio; Henrique Júdice Magalhães; Leonardo Isaac Yarochewsky; Lucas Moraes Martins; Luiz Fernando do Vale de Almeida Guilherme; Nuno Miguel Branco de Sá Viana Rebelo; Renata de Lima Rodrigues; Rubens Casara; Salah H. Khaled Jr; Willis Santiago Guerra Filho.**

Capa | **Luís Otávio**
Diagramação e projeto gráfico | **Gustavo Zeferino**
Revisão | **Nathan Matos - LiteraturaBr Editorial**

Todos os direitos reservados.
Não é permitida a reprodução desta obra sem aprovação do Grupo Editorial Letramento.

Referência para citação
LEMOS, Clécio. *Foucault e a Justiça pós-penal*: críticas e propostas abolicionistas. Belo Horizonte: Letramento, 2019.

Dados Internacionais de Catalogação na Publicação (CIP) de acordo com ISBD

L557f	Lemos, Clécio
	Foucault e a justiça pós-penal: críticas e propostas abolicionistas / Clécio Lemos. - Belo Horizonte : Letramento ; Casa do Direito, 2019. 242 p. ; 15,5cm x 22,5cm.
	ISBN: 978-85-9530-307-2
	1. Direito. 2. Foucault. 3. Justiça pós-penal. 4. Propostas abolicionistas. I. Título.
2019-1551	CDD 340 CDU 34

Elaborado por Vagner Rodolfo da Silva - CRB-8/9410

Índice para catálogo sistemático:
1. Direito 340
2. Direito 34

Belo Horizonte - MG
Rua Magnólia, 1086
Bairro Caiçara
CEP 30770-020
Fone 31 3327-5771
contato@editoraletramento.com.br
editoraletramento.com.br
casadodireito.com

Casa do Direito é o selo jurídico do Grupo Editorial Letramento

Este livro é dedicado às minhas avós, Marylda e Nair

AGRADECIMENTOS

A presente obra é baseada na tese de doutorado em Direito aprovada na Pontifícia Universidade Católica do Rio de Janeiro (PUC-Rio) em junho de 2018, cuja banca foi composta por João Ricardo Wanderley Dornelles, Maurício Stegemann Dieter, Vera Malaguti Batista, Victoria de Sulocki, Sérgio Salomão Shecaira e Salo de Carvalho.

Ao longo dos quatro anos de doutoramento, alguns professores aceitaram o convite de conversas individuais e foram decisivos nos rumos tomados na elaboração da obra, por isso, profundos agradecimentos a eles: Sebastian Scheerer, David Scott, Giuseppe Mosconi, Francesca Vianello, Nilo Batista, Salo de Carvalho, Maria Lúcia Karam, Ricardo Genelhú, Edson Passetti, Acácio Augusto, Pablo Ornelas Rosa, Thiago Fabres de Carvalho.

Ao orientador João Ricardo Wanderley Dornelles, sempre zeloso e dedicado, exemplo como docente e pesquisador. Pelo tempo disponível, pela confiança depositada.

Ao coorientador Maurício Stegemann Dieter, pelas críticas severas, pelo olhar desafiador que impulsionou de maneira fundamental o que aqui se produziu. Debate franco, potente, fraterno.

A Nilo Batista, quem me abriu as portas do pensamento crítico. Orientador da minha dissertação realizada no mestrado da Universidade do Estado do Rio de Janeiro (UERJ), orientador para o resto da vida.

A Vera Malaguti Batista, minha primeira e única professora de Criminologia, querida no acolhimento afetuoso, genial pensadora da questão criminal.

A Sérgio Salomão Shecaira, cuja humildade acompanha em mesmo nível sua grandeza acadêmica, incessante exemplo de dedicação a um Brasil mais humano em meio à realidade da justiça criminal.

A Salo de Carvalho, referência obrigatória da nova geração de criminólogos críticos brasileiros, figura presente nas principais reflexões inseridas nesta obra, companheiro e apoiador constante.

A Andre Giamberardino, pelos diálogos, por toda ajuda na concretização do doutorado sanduíche na Itália, mas sobretudo por ser um inspirador militante da não-violência e da justiça restaurativa.

A Thiago Fabres de Carvalho, querido amigo e principal parceiro nos debates criminológicos no Estado do Espírito Santo, intelectual sensível cuja proximidade me é um grande privilégio.

A Francesca Vianello, orientadora durante o período de doutorado sanduíche na Università degli Studi di Padova (Itália).

A PUC-Rio, no nome da querida coordenadora do programa de pós-graduação em Direito, Gisele Cittadino. Por toda excelente estrutura do curso e por ter me possibilitado aprender com grandes professores, especialmente: Bethania Assy, Adriano Pilatti, Maurício Rocha, Marcia Nina Bernardes, José Maria Gómez, Antonio Pele, Florian Hoffmann. Igualmente, a Carmen e Anderson, queridos secretários da pós-graduação.

A CAPES, pelas bolsas de estudo no Brasil e na Itália (Programa de Doutorado Sanduíche no Exterior / processo nº 88881.135137/2016-01).

A Bernard Harcourt, meu supervisor no pós-doutorado na Columbia University, que, com inteligência e profundidade única, me instigou novas possibilidades para uma práxis foucaultiana.

Aos melhores amigos que se pode ter em uma turma de doutorado: Eduardo Magrani, Mário Pragmácio, Eduardo Baker, Rafael Cataneo Becker, Luiz Fernando Moncau, Carolina Franco.

Ringrazio tutti i carissimi amici che sono stati fondamentali nel mio periodo in Italia: Alessandra Pinna, Tania Orlando, Luiz Phelipe Dal Santo, Jessica Lorenzon, Pedro Juvenal, Deocleciana Ferreira, Guilherme Volpatto, Dudu Moreira, Lucas Zavarise. Anche Antonietta Ciato, perchè mi ha ricevuto a casa sua con molti sorrisi.

Taiguara Souza foi o principal incentivador para o ingresso no doutorado na PUC-Rio. Apoiador durante todo o período no Rio de Janeiro, acolheu-me na sua casa inúmeras vezes, foi o grande parceiro cuja solicitude jamais esquecerei.

Aos meus queridos amigos, especialmente: Rafael Comério Chaves, Guilherme Peruchi, Ícaro Sili, Marcos Martins, Ludgero Liberato, Pablo Ornelas Rosa, Francisco.

A Scheila e Célio, que me acolheram em sua casa durante todo o período de elaboração desta obra. Pacientes, tolerantes, amorosos.

A Clécio, Desireé, André, Shaira, Luana, Bianca, pela vida que compartilhamos, e sempre haverá de continuar. Aos tios, primos, por todo afeto. Aos pequenos Lucca e João Pedro.

Ao Lama Padma Samten, por tudo que ele representa.

SUMÁRIO

PREFÁCIO 13

APRESENTAÇÃO 17

1. **INTRODUÇÃO** 21
2. **UM FOUCAULT ABOLICIONISTA?** 25
3. **MICHEL FOUCAULT E A MODERNIDADE** 37
   - 3.1. VERDADE-GOVERNO-SUBJETIVAÇÃO 37
   - 3.2. QUATRO TRAÇOS DO PODER MODERNO 59
     - 3.2.1. Estratégico (não repressivismo) 60
     - 3.2.2. Constitutivo (não economismo) 66
     - 3.2.3. Capilarizado (não Estado-centrismo) 70
     - 3.2.4. Subjetivante (não humanismo) 81
4. **CRÍTICAS** 93
   - 4.1. O CRIME 98
     - 4.1.1. Infração 98
     - 4.1.2. Conflito 108
     - 4.1.3. Autoridade 116
   - 4.2. A PENA 127
     - 4.2.1. Prevenir com a pena 127
     - 4.2.2. Efeitos negativos da pena 145
     - 4.2.3. Prevenir sem a pena 155

5.	**PROPOSTAS**	**171**
	5.1. POLÍTICA CRIMINAL REDUTORA	171
	5.1.1. Reformas legitimantes	173
	5.1.2. Reformas redutoras	181
	5.2. JUSTIÇA PÓS-PENAL	189
	5.2.1. Mediação	197
	5.2.2. Foco na vítima	209
	5.2.3. Decisões reparatórias	217
REFERÊNCIAS BIBLIOGRÁFICAS		**225**

Não há legitimidade intrínseca do poder. E, a partir dessa posição, o procedimento consiste em se perguntar o que se desfaz do sujeito e das relações de conhecimento, dado que nenhum poder é fundado nem em direito nem em necessidade, pois que todo poder nunca repousa em outra coisa que não a contingência e a fragilidade de uma história, que o contrato social é um blefe e a sociedade civil uma história para criancinhas, que não há nenhum direito universal, imediato e evidente que possa em toda parte e sempre sustentar uma relação de poder, qualquer que seja. Digamos que se o grande procedimento filosófico consiste em estabelecer uma dúvida metódica que suspende todas as certezas, o pequeno procedimento lateral e na contramão que proponho a vocês consiste em tentar fazer intervir sistematicamente, não a suspensão de todas as certezas, portanto, mas a não-necessidade de todo poder, qualquer que seja.

Michel Foucault, O Governo dos Vivos

PREFÁCIO

> Meio amor, meio ira
> Meio espora, meio espira
> Meio lero, meio lira
> Assim é nossa cidade
> Meio livre, meio grade
> Entre a mentira e a verdade
> (...)
> Meio lar, meio largada
> Meio nova, meio usada
> Meio tudo, meio nada
> Assim é nossa cidade
> Meio livre, meio grade
> Entre a mentira e a verdade
> Entre a mentira e a verdade
> (*Rio de março,* por Cláudio Nucci)

Clécio Lemos é um capixaba que adotou intelectualmente o Rio de Janeiro, embora seja um cidadão do mundo. Não poucas vezes o vi em São Paulo, em encontros, seminários e congressos. Recentemente aportou seu navio de estudos na Universidade de Columbia, para aprofundar seu saber com a supervisão de Bernard Harcourt, um dos principais autores do mundo a fazer a conexão entre a criminologia e Michel Foucault. Mesmo usando como referencial teórico de sua tese de doutorado Foucault, parece que sua sede de estudos o faz voltar, e voltar e voltar ao tema, como se quisesse esgotar o inesgotável.

Clécio está muito bem acompanhado em sua trajetória. Defendeu seu mestrado na Universidade Estadual do Rio de Janeiro e fez de seu orientador, Nilo Batista, sua referência para conhecer o pensamento crítico em direito penal e criminologia. Sua tese, que dá ensejo a este trabalho, que em boa hora está sendo publicado pela Editora Casa do Direito, fez-se sob a orientação de João Ricardo Wanderley Dornelles e coorientação de Maurício Dieter, sendo defendida com grande brilho na Pontifícia Universidade Católica do Rio de Janeiro.

Conheci Clécio na estrada e, como viajante, tornei-me seu companheiro. Aqui e acolá me pediu conselhos. Não me lembro se os dei. Mas suas sugestões e provocações sempre segui. Certa feita, em um seminário do IBCCRIM, eu presidia uma mesa do Professor Eugenio Raul Zaffaroni em um encontro internacional em que Claus Roxin já proferira sua palestra. Deveria provocar o conferencista perguntando-lhe, como sugeria Clécio em pergunta escrita, qual o pensamento melhor dentre os expressados naquele seminário pelos dois mestres? Recebi a pergunta escrita e procurei com os olhos na plateia para ver se encontrava o perguntador. O auditório com quase mil pessoas me fez perder alguns nervosos segundos. Troquei um riso cúmplice e formulei a questão. Zaffaroni teve que improvisar uma resposta e foi delicioso vê-lo comparar-se a Roxin. Naquele momento, creio eu, deixei de ser um simples companheiro de viagem e passei a ser seu amigo. Tínhamos muito a dividir.

Não existe nada mais tormentoso na vida acadêmica do que definir e classificar. Quem são os críticos? Quem são os abolicionistas? Os abolicionistas são críticos? Os críticos são abolicionistas? Para essas 4 perguntas não existe uma resposta, mas muitas respostas. Quando a riqueza de perspectivas permite inúmeras respostas, todas elas sustentáveis, isso significa que os traços multifacetados estarão a demonstrar a riqueza dos pensamentos dos autores que se estuda. Já ouvi definições e respostas muito distintas e concordei com todas elas. Me lembra aquele juiz que ao ouvir duas versões antagônicas, em seu exercício dialético, diz que ambas as partes têm razão. Advertido pela mulher que ele não poderia dar razão a ambas as partes em face do antagonismo dos pensamentos, volta seu rosto admirado para a esposa e diz que ela tem razão.

Clécio, logo no capítulo segundo, discute se Foucault é abolicionista, dando um aperitivo ao leitor daquilo que terá pela frente. No capítulo terceiro, olhando todas as perspectivas de Foucault, busca as razões estratégica, constitutiva, capilarizada e genealógica. Em texto precioso, que reúne profundidade e síntese, traduz para o leitor a riqueza de saberes aparentemente antagônicos, especialmente se formos ler Foucault pela visão da crítica marxista. A partir desse referencial, já no capítulo quarto, passa a relacionar o seu referencial teórico escolhido com o universo penal/criminológico. Como é a pena? E o conflito? E a autoridade? É possível prevenir sem pena ou isso será o resultado lógico da inflição de uma privação da liberdade? Se só é possível a prevenção com pena, quais seus efeitos negativos? No capítulo quinto faz suas propostas Foucaultianas para políticas redutoras da punição; justiça para conflitos graves; decisões reparatórias e outros temas.

Não quero ser um spoiler da obra que ora se prefacia, por isso deixarei a critério do leitor a descoberta do seu conteúdo. Mas dentre as muitas razões deste brilhante trabalho intelectual, posso asseverar que o que ele possui é meio amor, meio ira; meio livre, meio grade; meio mentira, meio verdade. Ele é muito mais que o Rio adotado pelo autor. É o Rio adotado pelo Brasil que tem tantas e profundas razões que qualquer pequena razão desconhece.

Estou certo que o leitor apreciará.

São Paulo, outono de 2019.

Sérgio Salomão Shecaira
Professor Titular da USP

APRESENTAÇÃO

O abolicionismo pacifista e o bem depois da justiça penal

Em tempos de ódio à democracia, de intolerância e de violências sem limites, o trabalho de Clécio Lemos, que tenho a felicidade e a honra de apresentar, emerge como um alento, um sopro de luz e de esperança no meio do obscurantismo que domina o imaginário político e social brasileiro contemporâneo.

A premissa abolicionista segundo a qual o sistema penal é inútil, sempre marcado pela "produção de um sofrimento estéril", porquanto quase sempre muito mais violento e irracional do que as próprias violências que pretende limitar, é levada aqui a desdobramentos luminosos.

Clécio busca, com sua profícua investigação, retirar a perspectiva abolicionista do "corredor das utopias irrealizáveis", onde foi colocada tanto por detratores que sequer se dão ao trabalho de conhecer as suas formulações mais elementares, quanto pelo próprio pensamento crítico, que acena educadamente para o abolicionismo apenas para não ser acusado de grosseria epistemológica. Mesmo os críticos, diz Clécio, tratam as posturas abolicionistas com uma simpatia distante, quase protocolar, a fim de não passarem por sonhadores a viver num mundo de fantasias românticas, sempre esmagadas pela dura realidade.

Sua caminhada investigativa esclarece, inicialmente, que não se trata de produzir verdades, mas sobretudo "uma tentativa respeitosa de diálogo", a fim de contribuir para uma cultura da paz, colher e depositar mais lenha robusta na lareira da crítica da razão sacrificial, que pensa e afirma a impossibilidade de um mundo sem vingança, prisões, campos de concentração, holocaustos.

Ao fincar suas bases no pensamento de Michel Foucault, e como um arqueólogo a escavar até encontrar um Foucault abolicionista, Clécio percebe que o que está em jogo, na verdade e desde sempre, é a luta contra as formas de poder e de controle feitas à imagem e semelhança do "poder pastoral", um poder monumental de conduzir os homens à salvação eterna por um terceiro, um poder que combina de forma colossal e insuperável os mecanismos de autoridade e os mecanismos de constituição dos sujeitos, um poder ao mesmo tempo totalizador e individualizante.

Com efeito, combinando a potente e revolucionária filosofia de Michel Foucault com o paradigma criminológico da reação social, a denunciar as funções ocultas dos sistemas penais, o autor procura emancipar o abolicionismo dos rótulos de ilusão e romantismo. E o faz ao perceber, em Foucault, que a razão sacrifical se ancora no poder, na divisão entre os que mandam e os que obedecem. Resta claro que o poder para Clécio, na linha da ruptura foucaultiana, não se apresenta apenas como negativo ou repressivo, mas sobretudo como constituição subjetiva, como normalização a expressar a sua dimensão positiva e configuradora, de sequestro das almas e das subjetividades.

Exatamente por isso, o sistema penal e a sua utopia punitiva se erguem sobre falsas premissas, iludindo a todos, de modo que nada mais ilusório e romântico que as funções declaradas da justiça penal, com sua mítica tarefa de proteção social e individual de ataques aos valores mais fundamentais de uma sociedade sempre idealizada e pressuposta como homogênea, harmônica, fundada por um consenso universal. Nesse sentido, fica claro, na abordagem de Clécio, que o abolicionismo é sim uma proposta realizável, pois desmascara por completo a mitologia que sustenta a imaginação punitiva hegemônica.

Além disso, escancara em especial o falacioso "fundamento legitimante"[1] do discurso filosófico liberal e iluminista de justificação da pena. Com efeito, construído a partir da premissa de que "o objetivo da pena seria a minimização da reação violenta contra o delito", ao prevenir, e se possível eliminar, "uma reação formal ou informal mais violenta contra o delito", restando a pena justificada "como um instrumento impeditivo da vingança", o abolicionismo foucaultiano defendido por Clécio revela que tal discurso constitui uma quimera ideológica erigida a partir do processo de "confisco do conflito", na aurora do Século XIII, ao sustentar a violência soberana, a partir do mito da "violência legítima" exercida pelo Estado moderno, como única estratégia de solução dos conflitos.

Ademais, o trabalho explicita, do ponto de vista filosófico, as inúmeras experiências antropológicas que colocam abaixo o argumento iluminista de que a ausência do direito penal formal, exercido exclusivamente pelo Estado, engendraria um cenário caótico de vingança generalizada. Nesse sentido, o sequestro do conflito pelo Estado representa, não a racionalização do conflito pela introdução de um terceiro imparcial apto a dirimi-lo, mas a proclamação do "inominável mau encontro", da "instituição da relação de poder", ao estabelecer a apreensão da "essência do político na divisão social entre dominantes e dominados, entre os que sabem, e portanto mandam, e os que não sabem, e portanto obedecem", pela qual "o político é o exercício do poder (legítimo ou não, pouco importa aqui) por um ou alguns sobre o resto da sociedade (para seu bem ou seu mal, pouco importa também)".[2]

---

1 ZAFFARONI, *Em busca das penas perdidas*, p. 95.
2 CLASTRES, *Arqueologia da violência*, p. 153-155.

A partir disso, uma nova forma de justiça (penal) se desenha, uma justiça imposta do alto, que se infunde gradativamente como poder judiciário e poder político. Uma justiça penal que apaga e elimina as vítimas concretas das ações danosas, inventa a infração e os infratores, e os transformam no álibi para o exercício desenfreado do poder punitivo estatal e suas ilegalidades subterrâneas intrínsecas.

Trata-se, pois, o projeto abolicionista, de uma luta constante e permanente contra a servidão voluntária, produzida, segundo Clastres, pela instituição da desigualdade e da relação de poder, seja ele estatal ou pastoral, pois ambos são apenas possíveis em sociedades que aceitam passivamente essa divisão entre dominantes e dominados, a partir da qual um poder se coloca por cima dos homens, um poder que se torna autônomo a ponto de se transformar em poder total(itário).

A justiça pós-penal aqui defendida e exaltada, devidamente exposta em suas mais variadas propostas, deságua no abolicionismo como forma de vida, como uma condição existencial, uma práxis permanente de repúdio a toda forma de controle da subjetividade produtora de sofrimento, dor e morte. Um livro que ingressa com brilho na trincheira do abolicionismo latino-americano a ser debatido por aqueles que desejam e lutam por um mundo de justiça e liberdade para todos.

Vila Velha/ES, 14 de maio de 2019.

Thiago Fabres de Carvalho

Pós-doutor em Criminologia pela Universität Hamburg. Doutor e Mestre em Direito pelo Unisinos, com estágio doutoral na Universidade de Coimbra. Professor de Direito Penal e Criminologia do Programa de Pós-Graduação em Direito da Universidade Federal do Espírito Santo (UFES). Advogado.

1. INTRODUÇÃO

A justiça penal opera há três séculos no lado oeste do planeta e se constitui principalmente sobre os questionamentos de "por que punir?" (teorias do crime) e "para que punir?" (teorias da pena). Sendo cada vez mais evidente que a busca da tão desejada "segurança pública" tem sido sustentada às custas de constante sofrimento humano, a esta altura seria lógico irromper com duas novas perguntas no âmbito das políticas públicas: "precisamos punir?" e "há algo melhor que punir? ".

O que vem a seguir é um esforço teórico que pretende fornecer subsídios para pensar estas questões. Dado o estágio geral dos debates, já seria uma grande conquista introduzir uma dúvida razoável em meio aos saberes produzidos pela modernidade penal, fornecendo uma interessante situação de desconforto teórico.

Todos os países ocidentais apresentam uma história de implementação do que podemos chamar de "modelo de justiça penal" desde o século XVIII, seguindo atualmente parâmetros jurídicos e filosóficos com alto grau de similitude. Na totalidade deles, vê-se grande nível de descontentamento com os resultados alcançados e acumulam-se as análises sobre os motivos de não se estar atingindo as promessas do discurso penal.

É possível afirmar que a filosofia penal já nasceu reformista, de forma que as possíveis causas do insucesso das práticas penais não chegam a tocar de forma relevante a própria legitimidade dos conceitos de "crime" e "pena" desenvolvidos a partir dos iluministas. Assim, tem se guiado o pensamento majoritário no tocante à realidade penal, tudo é uma questão de fazer com que a prática ocorra como na teoria, ou no máximo oferecer formas de "melhorar" a mesma teoria.

Todavia, em paralelo, sempre houve quem se opusesse aos próprios alicerces da teoria penal. Com a ascensão do movimento do "Abolicionismo penal", dá-se nome para esta pauta que questiona a própria validade do modelo, reúnem-se autores que querem pôr em questão as limitações teóricas intrínsecas deste padrão de atuação legal.

Tal atividade é possível ser realizada em conjunto por autores de várias nacionalidades ocidentais justamente porque seus ordenamentos compartilham em grande similitude fundamentos discursivos, agências e práticas. Ou seja, apesar de surgirem peculiaridades no funcionamento da justiça criminal em cada país, há uma permanência que atravessa todas elas e, precisamente por isso, as críticas centrais parecem ser perfeitamente compartilháveis no lado oeste do planeta.

Um conjunto de certas pesquisas feitas nos países escandinavos são úteis para pensar o que se passa no Brasil, bem como uma boa parte das análises brasileiras podem ajudar a compreender e pôr em questão o funcionamento da justiça penal norte-americana ou europeia. Há um formato que se repete nos países ocidentais, por isso é possível fazer circular certas críticas e propostas aplicáveis a todos eles.

Mas então, é possível abolir a justiça penal? Tal extinção pode se dar no presente momento? Todos os países estão preparados para essa mudança? Deve-se esperar primeiro uma grande ruptura política, econômica ou civilizatória? Enfim, a política punitiva é o mal necessário com o qual amargamente há que se contentar em pleno século XXI?

A hipótese aqui defendida é que a justiça penal se constitui sobre discursos e práticas precários, historicamente situados, os quais podem ser perfeitamente superados. Visa-se demonstrar a racionalidade deste giro, fundamentar tanto sua viabilidade quanto o porquê ele é desejável.

Inicia-se com uma apresentação preliminar do movimento abolicionista, ambientando o estado dos debates e apontando a possibilidade de novos argumentos, novos direcionamentos, novas influências.

No capítulo seguinte, faz-se um mergulho na teoria de Michel Foucault sobre a Modernidade ocidental, apresentando seus traços fundamentais e em que medida se divorciam das principais filosofias clássicas e críticas. Adere-se à linguagem do "terceiro Foucault" a fim de elaborar um melhor diagnóstico do tempo presente.

Na sequência, é onde se faz a conexão entre a filosofia foucaultiana e a leitura da justiça penal: apresenta-se um "Foucault abolicionista". Tendo sido anteriormente demonstrado como Foucault enxerga a modernidade e as três dimensões "verdade-governo-subjetivação", é o momento de utilizar tal percepção para uma análise diferenciada do formato penal, sobretudo para perceber a possibilidade real de seu questionamento.

O último capítulo é dedicado ao aspecto propositivo. Considerando as interpretações dadas sobre as práticas e as racionalidades da justiça criminal, dedica-se a fazer política em dois âmbitos: para conter o modelo jurídico em curso e para iniciar a construção de um novo. Firma-se o compromisso de uma teoria crítica que se dedique também a uma agenda positiva, preocupada em idealizar novos instrumentos jurídicos com o fim de melhor auxiliar a convivência social.

Tudo indica que há, ainda hoje, um vácuo propositivo no pensamento crítico nas Ciências Criminais. Há riquíssimos ataques ao modelo penal, há também abundantes e criativos projetos de redução do alcance punitivo, mas quase não se oferece novos instrumentos para verdadeiramente substituir a justiça penal. Se a abolição penal é mesmo desejável, resta flagrante a necessidade de se propor algo novo, e esta ideia só ganhará maior força quando proliferarem as pesquisas sobre como criar uma justiça pós-penal.

A obra que vem a seguir não deve ser interpretada como um ataque, um grito, uma guerra. Ela é, acima de tudo, uma tentativa respeitosa de diálogo. Não pretende demonizar ou execrar nenhum pensamento ou pensador, pois entende que o caminho para um paradigma não-punitivo deve ser pavimentado de maneira condizente com seu objetivo. Sejamos não-punitivos também com os punitivistas.

Os pensamentos abolicionistas ainda hoje são vistos como algo inusitado no cenário geral dos debates sobre a justiça penal, a primeira reação é quase sempre de enxergá-los como "utópicos". Isso demonstra o alto grau de convencimento que os "saberes penais" alcançaram em nossas sociedades, mas não é em si mesmo a prova de que esses saberes são os melhores que se pode produzir. A história tem demonstrado que há uma impermanência incessante, no que toca aos pensamentos, aos atos e à própria forma com que o homem vê a si mesmo. Grandes verdades desmoronam, imponentes impérios desaparecem, culturas inteiras se modificam. Logo, por que parece tão absurda a ideia de duvidar da própria política de punição?

A crença no formato penal parece estar relacionada a uma posição pessimista com relação à humanidade, mas, será que esta não é apenas mais uma forma de pensar dentre outras possíveis? Pode-se questionar, que formas de política poderíamos acessar mediante um pensamento otimista com relação à capacidade reinventiva do ser humano? Que portas poderiam ser abertas pelo pensamento que acredita na construção de uma convivência social não-violenta?

O pensamento não é apenas uma forma de reagir à realidade, ele é propriamente constituinte da realidade. Ele é a própria lente que nos permite enxergar os acontecimentos e, por isso, eventualmente, é limitador de novos horizontes. Mas o "novo" deixa de ser absurdo tão logo se modifica a lente através da qual se enxerga, há fartos de exemplos disto acontecendo todos os dias, tão simples como uma roupa deixa de estar na moda de um ano para o outro.

Sendo o pensamento uma espécie de lente que dá cores aos acontecimentos, há uma tendência de fixação à realidade presente como a única possível, é como se o mundo fosse rígido, como se os valores brotassem das próprias coisas. Há uma tendência geral de nos esquecermos que entre o olho e as coisas há pensamentos, que indicam a forma que qualificamos tudo ao redor. O valor não brota da materialidade, não salta por si só dos fatos, há uma coemergência constante entre a mente e as coisas.

Que possamos, portanto, ao menos por um instante, ousar pensar de forma séria sobre a superação do formato de justiça que a modernidade nos ensinou. Atrevermo-nos a questionar nossas verdades aparentemente tão rígidas sobre como lidar com conflitos graves. As linhas que vêm a seguir são um convite a enxergar de outra maneira, de outra perspectiva, e, consequentemente abrir espaço para construir novas realidades e novos instrumentos judiciais.

2. UM FOUCAULT ABOLICIONISTA?

Nas Ciências Criminais do ocidente, convencionou-se denominar de Abolicionismo Penal um movimento de produções teóricas iniciadas na década de 1970, tendo três autores principais de referência: Thomas Mathiesen[1], Nils Christie[2] e Louk Hulsman.[3]

É cabível dizer que o impulso inicial destes autores ganha maior volume acadêmico principalmente a partir do ano de 1983, por ocasião dos dois primeiros grandes eventos científicos em torno da temática: IX Congresso Mundial de Criminologia (ocorrido na Áustria) e Conferência Internacional sobre Abolição da Prisão (ICOPA, organizada por quakers, no Canadá).[4]

A nomenclatura "abolicionismo" foi escolhida em clara referência a três famosos movimentos do século XIX – contra a escravidão negra nos EUA, contra a pena de morte e contra a prostituição próxima aos quartéis para evitar sífilis – entendendo-se, portanto, que mais uma vez se abria uma perspectiva de atenção em favor de grupos politicamente vulnerabilizados.[5]

Apontam-se certos fatores que teriam criado condições históricas propícias para a ascensão do movimento neste período. O primeiro teria sido a multiplicação em vários países de grupos de auxílio a presos,

---

1 Mathiesen foi professor de Sociologia Jurídica da Universidade de Oslo (Noruega). Sua primeira grande obra abolicionista de referência teve o nome de "Políticas de Abolição" e foi publicada em 1974. Tal obra recebeu edição revisitada em 2015. MATHIESEN, *The politics of abolition revisited*.

2 Christie foi professor do Departamento de Criminologia e Sociologia do Direito na Faculdade de Direito da Universidade de Oslo (Noruega). Sua primeira publicação de destaque sobre a temática diretamente abolicionista foi o artigo "Conflitos como Propriedade", de 1977. CHRISTIE, Conflict as property.

3 Hulsman foi professor de Direito Penal e Criminologia na Universidade Erasmus, em Roterdã (Holanda). Seu principal texto abolicionista foi "Penas perdidas", produzido em conjunto com Jacqueline Bernat de Celis e publicado no ano de 1982. HULSMAN; CELIS, *Penas Perdidas*. O sistema penal em questão.

4 As Conferências ICOPA continuam ocorrendo, geralmente com frequência bianual. Informações sobre os eventos realizados podem ser encontradas no site. Disponível em: <http://www.actionicopa.org/?epm=1_4>. Acesso em: 07 ago. 2016.

5 SWAANINGEN, What is abolitionism? An Introduction, pp. 10-11. BIANCHI, Pitfalls and strategies of abolition, p. 147.

a partir de fortes críticas às condições gerais dos sistemas carcerários. Foram formados, assim, excelentes laboratórios para compreender novas formas de pensar a justiça penal e maneiras inovadoras de construir resistências, os mais citados são: KRUM (Suécia, 1966), KRIM (Dinamarca, 1967), KROM (Noruega, 1968), RAP (Inglaterra, 1970), Liga Coornhert (Holanda, 1971), GIP (França, 1971), SASID (Argentina, 1973) e KRAK (Alemanha ocidental, 1980).[6]

O segundo fator que abriu as portas para o abolicionismo teria sido o movimento antipsiquiátrico protagonizado por Franco Basaglia (na Itália) e Ronald D. Laing (na Inglaterra). Fornecendo um bom exemplo de ruptura com o ideal das instituições austeras (aqui manicômios) e com os discursos relativos a tratamento/controle de "indesejáveis", os avanços nesse campo parecem ter sido "o último empurrão necessário para o movimento abolicionista na criminologia".[7]

A estes dois se deve somar, sem sombra de dúvidas, o contexto histórico pós-década de 1960, agitado pelo ambiente de forte contestação política em várias partes do ocidente – com destaque para os movimentos nos EUA contra Guerra do Vietnã, as "barricadas do desejo" de maio de 1968 na França, bem como as lutas de resistência às ditaduras civis-militares na América Latina.[8]

O "novo abolicionismo" surge com foco no apontamento e contestação dos sofrimentos do cárcere, porém rapidamente parece se dar conta de que suas margens de enfrentamento precisavam ser expandidas. Tanto é que, já na segunda edição do ICOPA, em 1985, os participantes perceberam a importância de mudar o nome do evento para "Conferência Internacional sobre Abolição Penal", sobretudo pelo fato de que as penas alternativas à prisão começavam a se expandir com grande velocidade naquele período.[9]

Para Louk Hulsman, o abolicionismo representava desde sempre este rompimento com o sistema penal como um todo, não apenas em relação aos seus pontuais aparatos institucionais de punição, mas com relação à sua própria filosofia de atuação, do imaginário penal que sustenta seu prosseguimento:

---

6 ZAFFARONI, *A palavra dos mortos*: conferências de criminologia cautelar, p. 226.

7 SWAANINGEN, What is abolitionism? An Introduction, p. 10.

8 CARVALHO, Criminologia crítica: dimensões, significados e perspectivas atuais, p. 292.

9 Disponível em: <http://www.actionicopa.org/assets/ABOUT%20ICOPA_handout_final_ web.pdf>. Acesso em 01 ago. 2016.

> É preciso abolir o sistema penal. Isto significa romper os laços que, de maneira incontrolada e irresponsável, em detrimento das pessoas diretamente envolvidas, sob uma ideologia de outra era e se apoiando em um falso consenso, unem os órgãos de uma máquina cega cujo objeto mesmo é a produção de um sofrimento estéril.[10]

Parece claro que a produção acadêmica em torno da abolição penal não foi cunhada sob as mesmas bases teórico-filosóficas, as críticas não são as mesmas, muito menos se percebe uma unidade de propostas.[11] Logo, melhor seria denominar no plural: "abolicionismos penais", mantendo coerência com a pluralidade de perspectivas que giram em torno do tema.[12]

Aponta-se, desta maneira, que não se deve pretender encontrar nestes discursos algo como uma corrente única, uma escola em que os autores estivessem de acordo sobre os pressupostos e formas de percurso a se fazer. Não há que se buscar uma síntese ou um plano geral, trata-se de uma tarefa claramente irrealizável, mesmo a leitura dos autores de maior destaque já basta para notar que não há uma linha de coesão. Enfim, não se deve aqui partir em busca de um "paradigma" unificador.[13]

Muitos compartilham um objetivo em comum (abolir a justiça penal), mas em suas teorias não há uma unidade sobre "por que" abolir (interpretação da realidade, criminologia) ou mesmo "como" abolir (propostas, política). O que torna viável pensar em abolicionismos penais é simplesmente o fato de que há posições teóricas a favor de uma ruptura profunda com o modelo de justiça penal atual dos países ocidentais, há uma postura abolicionista.[14]

Rolf De Folter indica que a atitude abolicionista parte da constatação de que a justiça criminal é um problema social em si mesmo, de forma que se assume a necessidade de se pensar não apenas em tom de reformas, mas em uma ruptura conceitual como única solução adequada. Vê nos abolicionismos uma forma de compreender as práticas (discursivas e não discursivas) da justiça penal e de organizar uma maneira de reagir perante elas em vista de sua superação.

> Podemos dizer que o abolicionismo é uma bandeira sob a qual navegam barcos de distinto tamanho transportando distintas quantidades

---

10 HULSMAN; CELIS, *Penas Perdidas*. O sistema penal em questão, p. 91.

11 CARRIER; PICHÉ, The State of Abolitionism.

12 ANDRADE, Minimalismos, abolicionismos e eficienticismo: a crise do sistema penal entre a deslegitimação e a expansão, p. 165.

13 SCHEERER, Hacia el Abolicionismo, p. 22.

14 BIANCHI, *Justice as sanctuary*: toward a new system of crime control, p. 157.

de explosivos. Enquanto à maneira em que deverão explodir, não há uma ideia única. Resumindo, não existe uma teoria abolicionista que abarque todas as características dos distintos enfoques abolicionistas do sistema de justiça penal.[15]

É de se ressaltar que, além de não haver um consenso de perspectiva criminológica e política entre os ditos "autores abolicionistas", também não é cabível cogitar que os pensamentos de ruptura com o formato penal só podem ser encontrados em tais pensadores.[16] Não é necessário, portanto, abordar os abolicionismos a partir de uma vinculação aos "autores oficiais" ou aos "abolicionistas declarados", não obstante a grande importância dos três principais autores de referência já mencionados e de outros tantos manifestamente militantes.

Em vista de um esforço teórico voltado para a abolição penal, mais adequado seria abrir o campo de influência, assumindo que inúmeros discursos contribuem para a produção de análises relevantes que confrontam o ideário penal e auxiliam na elaboração de uma justiça não-penal. Vendo as coisas a partir de tal enfoque, pode-se colher as mais variadas reflexões para colaborar com o projeto.

Seguindo o esquema de Salo de Carvalho, poderíamos dizer que os abolicionismos compõem uma "agenda positiva" (política propositiva) dentre outras possíveis[17], e que têm como referência várias análises de desconstrução dos fundamentos e das práticas da justiça criminal, denominadas "agenda negativa" (crítica da justiça penal).[18] Os abolicionismos, consequentemente, podem usufruir de muitas investigações, inclusive das produzidas por autores não abolicionistas.

Vincenzo Ruggiero indica que é possível encontrar discursos úteis à crítica do formato penal em bases filosóficas mais antigas, tais como Aristóteles, Espinosa, Kant e Rousseau. O autor prefere indicar que são estes os "pais filosóficos" que abriram as possibilidades de análise e contestação do poder punitivo de uma forma absolutamente marcante para o ocidente.[19]

---

15 DE FOLTER, Sobre la Fundamentación Metodológica del Enfoque Abolicionista del Sistema de Justicia Penal. Uma comparación de las ideas de Hulsman, Mathiesen y Foucault, p. 59.

16 PASSETTI, Louk Hulsman e o abolicionismo libertário, p. 67.

17 O autor indica ainda outras quatro opções de agenda positiva: garantismo penal, direito penal mínimo, uso alternativo do direito penal e realismo de esquerda.

18 CARVALHO, Criminologia crítica: dimensões, significados e perspectivas atuais, pp. 294-296.

19 RUGGIERO, *Il delitto, la legge, la pena*: la contro-idea abolizionista, pp. 13-16.

Outros autores, por sua vez, são mais influenciados pelo pensamento anarquista do século XIX. Para estes, suas maiores referências são William Godwin, Pierre-Joseph Proudhon, Mikhail Bakunin e Max Stiner, tendo como sustentação crítica uma oposição ao Estado e suas instituições verticalizadas.[20]

Há quem encontre nos pensamentos marxistas suas maiores influências para pensar o abolicionismo. Sem dúvidas, a dita Criminologia Crítica, com destaque para Juarez Cirino dos Santos e Alessandro Baratta, possui contribuições valiosas para uma análise contestadora da justiça penal.[21]

É comum se indicar, ainda, que Louk Hulsman e Herman Bianchi fixavam suas premissas a partir da Fenomenologia, dados seus enfoques nos simbólicos do sistema penal, na organização cultural punitiva e em deslocamentos direcionados a modelos comunitários e horizontais.[22]

Enfim, a partir de inúmeras bases e com distintos enfoques, é possível notar uma proliferação desta "agenda negativa" sobre a justiça criminal, em sua maioria útil, para contribuir no questionamento das teorias legitimantes tradicionais e facilitar a abertura de perspectivas abolicionistas. Definitivamente, nas últimas cinco décadas, houve uma profusão de pesquisas a compor um corpo teórico de diagnóstico contra o modelo penal.[23]

Dada esta fartura da ciência criminológica de contestação, seria natural de se esperar que o movimento abolicionista consequentemente ganhasse grande expressão. Zaffaroni e Nilo Batista diriam que "de qualquer perspectiva deslegitimadora do poder punitivo, o abolicionismo penal seria seu corolário",[24] no mesmo sentido registra Vera Malaguti Batista:

---

[20] PASSETTI, *Anarquismos e sociedade de controle*, p. 230. MARTÍNEZ SÁNCHEZ, *La abolicion del sistema penal*, p. 17-25. DELMAS-MARTY, *Os grandes sistemas de política criminal*, p. 25. AUGUSTO, *Abolicionismo penal como ação direta*.

[21] SANTOS, *A Criminologia Radical*. SANTOS, *Direito Penal*. Parte Geral. BARATTA, *Criminologia crítica e crítica do direito penal*.

[22] ANITUA, Fundamentos para la construcción de una teoría de la no pena. p. 7. DE FOLTER, Sobre la Fundamentación Metodológica del Enfoque Abolicionista del Sistema de Justicia Penal. Uma comparación de las ideas de Hulsman, Mathiesen y Foucault, p. 60.

[23] Destaco, ainda, o livro organizado por Leandro França e Pat Carlen, que faz um apanhado das várias correntes de criminologia de contestação da atualidade, tais como: criminologia cultural, criminologia do mercado, criminologia feminista, criminologia queer, criminologia verde, cibercriminologia. CARLEN; FRANÇA, . *Criminologias Alternativas*.

[24] ZAFFARONI; BATISTA; ALAGIA; SLOKAR, *Direito Penal Brasileiro*: primeiro volume, p. 651.

Começamos o curso desses discursos lembrando, com Anitua, Zaffaroni e Foucault, o confisco do conflito, a Inquisição, a centralização da Igreja Católica e do Estado no processo que se instaurava de acumulação de capital. Quem percorreu esse caminho crítico, fatalmente será um abolicionista.[25]

Contudo, infelizmente, não é o que ocorre. O pensamento abolicionista parece relegado a uma posição marginal dentro dos próprios pensamentos críticos, ocupa poucas páginas na imensa maioria dos livros de Criminologia, encontrou baixa produção científica principalmente depois de suas duas primeiras décadas (basta ver a eterna referência aos mesmos três autores), e tem sido posto no grupo das utopias irrealizáveis.[26]

Perceba-se, desde o seu nascimento, a justiça criminal recebe críticas de todos os lados, é alvo de uma enorme insatisfação social e científica.[27] Há quem se insatisfaça com sua brandura, há quem se insatisfaça com sua dureza, mas todos parecem estar de acordo com o fato de que ela não tem sido hábil para cumprir suas promessas. Usando a nomenclatura de Vera Andrade, tanto os "eficientismos" (Lei e Ordem, Janelas Quebradas, etc) quanto os "minimalismos como fim" (Garantismo, etc) demonstram grande descontentamento com o campo penal.[28]

Do lado dos "eficientismos", em síntese, o quadro de descontentamento pretende ser resolvido por meio da qualificação, expansão e endurecimento do formato punitivo. A leitura, assim, é de um insucesso por precariedade momentânea, por incapacidade de cumprir integralmente com o projeto estabelecido. A política não é romper com a filosofia penal, mas concretizar, incrementar e ampliá-la.[29]

Quanto aos "minimalismos como fim", basicamente acreditam que a ferramenta penal deve existir em nível mínimo, sendo um mal necessário. A qualidade da justiça penal estaria justamente em seu âmbito estreito, pois se por um lado é importante como meio último de contenção das violências, por outro é uma arma perigosa que pode se tornar opressiva quando utilizada sem a devida parcimônia. Para estes, o problema da justiça criminal recai sobre o fato de que ela se expandiu para além do

---

25 BATISTA, *Introdução crítica à criminologia brasileira*, p. 111.

26 SCOTT; BELL, Reawakening Our Radical Imaginations: Thinking realistically about utopias, dystopias and the non-penal, p. 11.

27 FOUCAULT, *Vigiar e punir*, pp. 251-254.

28 ANDRADE, *Pelas mãos da criminologia*: o controle pela para além da (des)ilusão, pp. 253-273.

29 WILSON, *Thinking about crime*.

necessário, sendo a política desejada a de preservar as premissas penais, porém reduzir o seu âmbito de atuação para atender ao ajuste fino do "mínimo adequado" de punição conjugado com garantias aos cidadãos.[30]

É principalmente em torno destes dois modelos que as propostas circulam a fim de lidar com o descontentamento perante a realidade da justiça penal. O que se tem visto, em regra geral, é que a maior parte dos esforços para pensar políticas judiciais de como lidar com os mais graves conflitos sociais é reduzida ao campo limitado de discussão sobre "política criminal". É preciso ir além.

Mesmo a partir dos vários pensamentos que aparentemente auxiliam a compreender o imenso fracasso do modelo penal, o campo teórico das propostas ficou preso ao âmbito das reformas do sistema, configurando um patente déficit de pensamento propositivo para além do penal.[31]

Para se lançar à tarefa de pensar um abolicionismo penal, urgentemente, é preciso pensar novas leituras da realidade e novas políticas. Se é certo que toda proposta é alimentada a partir das leituras de realidade incorporadas, abrir seriamente o espaço para uma política abolicionista demanda se respaldar em uma interpretação coerente com seu propósito. Ambos devem estar alinhados.

Logo, cabe questionar: por que os abolicionismos penais não têm ganhado suficiente atenção no campo científico? O que fez com que muitos criminólogos fortemente empenhados na crítica não passassem a atuar com propostas concretas abolicionistas? Por que, ainda hoje, tão grande carência de produções científicas pensando uma justiça diversa da que tem sido apresentada há praticamente três séculos?

Gabriel Anitua, em livro coletivo especificamente direcionado a pensar os abolicionismos penais na América Latina, indicou que o movimento tem sido reconhecido por sua deficiência teórica, e caracteriza seus representantes como "agitadores culturais":

> Apesar de sua suposta debilidade teórica, todos os criminólogos mundiais viram-se obrigados então a aceitar ou confrontar as ideias simples destes pensadores, que têm mais de agitadores culturais a partir de parâmetros morais, que de parâmetros técnicos.[32]

---

30 FERRAJOLI, *Direito e razão*: teoria do garantismo penal. ROXIN, *Derecho Penal. Parte General.*

31 MOORE; ROBERTS, What lies beyond criminal justice? Developing transformative solutions, p. 117.

32 ANITUA, Fundamentos para la construcción de una teoría de la no pena, p. 7.

Então, a fraca adesão à ideia de se abolir o modelo penal aparentemente não se deve apenas a uma momentânea ausência de pesquisadores dedicados à agenda positiva, mas a alguma carência também na própria agenda negativa do abolicionismo. Em outros termos, o desinteresse e a consequente debilidade acadêmica do âmbito das políticas alternativas à justiça criminal estão diretamente relacionados a uma insuficiência em certo aspecto da crítica. Algo tem faltado na produção abolicionista para dar suporte à crença efetiva na superação do modelo penal.

Mesmo diante dos patentes e enormes avanços registrados, sobretudo desde o surgimento da criminologia da reação social na década de 1960,[33] da grande e qualificada produção teórica ao longo de todos esses anos no lado ocidental do planeta, tudo aponta para o fato de que os abolicionismos ainda não tiveram sucesso em desenvolver um corpo teórico de base criminológica suficiente para que seus projetos fossem reconhecidos com credibilidade.

Sebastian Scheerer corrobora com o fato de que o insucesso do pensamento científico abolicionista não se deve à mera estagnação propositiva, mas à insuficiente contestação da adjetivação de utópica. Segundo ele, é preciso desatar a barreira argumentativa que conserva a justiça atual no limite do insuperável, impossibilitando crer em uma grande transformação como o fim do modelo criminal, leia-se:

> As grandes vitórias do abolicionismo estão passando lentamente ao esquecimento e com elas a experiência de que nunca houve grandes transformações sociais na história da humanidade que não tenham sido consideradas utópicas ou irreais pela maioria dos expertos ainda poucos anos antes do impensável se converter em realidade.[34]

Para romper com a argumentação de descrédito em relação ao projeto de abolição penal, parece ser necessário investir em uma maior compreensão da condição histórica de possibilidade em que se produz o ideário penal, a própria epistemologia do sistema. A forma com que se faz a leitura do modelo penal de atuação condiciona o leque de possibilidades de mudanças, e as políticas abolicionistas só ganharão novo impulso na medida em que produzirem interpretações consistentes e coerentes com seu objetivo. Há um debate a ser feito no campo das "verdades".

Para superar o adjetivo de "utópico", é preciso que o abolicionismo faça com que a justiça penal seja vista a partir de seu lugar na modernidade, como produto e produtor dos saberes que a elevam ao patamar de "última razão", e para tanto parece ser adequado recorrer a um dos maiores pensadores do nosso tempo: Michel Foucault.

---

33 BECKER, *Outsiders:* estudos de sociologia do desvio.

34 SCHEERER, Hacia el Abolicionismo, p. 17.

Foucault, com formação em psicologia e filosofia, mas que preferia mesmo se considerar um "jornalista", pode ser considerado como um dos principais intelectuais que pensou a modernidade ocidental, tendo se dedicado a compreender este momento histórico e seus reflexos no campo das práticas e dos pensamentos, mas sempre sem tentar definir, limitar ou antecipar os usos políticos de suas teorias.[35]

Se é correto afirmar que desde o século XVIII se instaura no lado ocidental do planeta o que tem sido chamado de "Modernidade", compreender esta passagem resta essencial para definir os traços de leitura das práticas e saberes que daí decorrem. Quando se faz referência, atualmente, à "justiça penal", está-se apontando um formato típico de seu tempo, logo, está-se referindo a uma "justiça penal moderna". Por consequência, incorporar a visão foucaultiana sobre a modernidade pode levar a uma leitura criminológica inovadora.

Até onde se sabe, Foucault nunca se declarou como um abolicionista, mas muitos logo perceberam a potência de suas pesquisas para uma análise diferenciada sobre o formato penal, uma leitura com poder de desestabilizar suas certezas, a ponto de tornar-se verossímil sua superação. Em outras palavras, sua metodologia e suas investigações "nos oferece um marco para a análise do poder que é fundamental para a teoria e prática abolicionista".[36]

Certo é que Foucault tangenciou a questão criminal já na década de 1960. Em "A história da loucura na idade clássica", percebeu e registrou a existência da "grande internação" que havia se iniciado no século XVII e recaía sobre uma massa de indesejáveis "distribuídos entre as prisões, casas de correção, hospitais psiquiátricos ou gabinetes de psicanalistas".[37]

Mas, seu ingresso definitivo nos estudos sobre a questão criminal se dá em 1971 com a abertura do Grupo de Informações sobre as Prisões – GIP[38] – ao lado de Jean-Marie Domenach, Pierre Vidal-Naquet e Daniel Defert, que, durante dois anos, permitiu a Foucault uma maior proximidade com o contexto de lutas em torno do cárcere, lidando diretamente com detentos e seus familiares.[39]

---

35 FOUCAULT, Diálogo sobre o poder. In: *Estratégia, saber-poder* (Ditos e escritos IV), p. 264.

36 DE FOLTER, Sobre la Fundamentación Metodológica del Enfoque Abolicionista del Sistema de Justicia Penal. Uma comparación de las ideas de Hulsman, Mathiesen y Foucault, p. 75.

37 FOUCAULT, *A história da loucura na idade clássica*, p. 79.

38 No original: "Groupe d'information sur les prisons".

39 VIEIRA, Foucault e a coragem de transformar radicalmente a existência.

Foucault manteria as investigações sobre as instituições de internação e os saberes correlatos durante seus cursos nos quatro anos seguintes, analisando e preparando o material que seria transformado finalmente em livro no ano de 1975: surge "Vigiar e Punir".

Deleuze destaca o caráter profundamente inovador deste livro, tendo sido marcante nos debates acadêmicos e aberto uma perspectiva metodológica voltada para a política, em que Foucault "não se contenta em dizer que é preciso repensar certas noções, ele não o diz, ele o faz, e assim propõe novas coordenadas para a prática".[40]

Enfim, apesar de ter escrito um único livro diretamente ligado à justiça penal, este foi profundamente singular na história dos pensamentos criminológicos, e é provável que até o presente momento não tenha ainda sido recepcionado em todo o seu alcance e em todas as suas possibilidades, inclusive pelos abolicionismos.

Além disso, é possível indicar que Foucault contribui para a temática abolicionista em inúmeros outros livros, cursos, entrevistas e artigos. A partir desta extensa produção do autor, a tarefa aqui proposta é correlacionar a questão criminal com seu momento histórico, ou melhor, fazer uma certa genealogia das práticas e dos discursos penais conectada com a modernidade, a fim de contribuir para a tarefa de desatar o abolicionismo do lugar de "utopia não realizável" em que foi fixado.

Eis uma preocupação central do pensamento foucaultiano: mostrar a viabilidade de certos saberes "desqualificados, não legitimados, contra a instância teórica unitária que pretenderia filtrá-los, hierarquizá-los".[41] Vale lembrar que o próprio autor percebeu expressamente este perigo da hegemonia dos discursos que situam a justiça penal na posição de insuperável, tendo-o expressado em um artigo de 1981 publicado no jornal Libération:

> A segurança vai servir de argumento nos dois campos. Uns farão valer que, liberados, certos detentos constituirão um perigo para a sociedade. Outros farão valer que, presos à vida inteira, certos prisioneiros serão um perigo permanente nas instituições penitenciárias. Mas há um perigo que, talvez, não se evocará: aquele de uma sociedade que não se inquietará com a permanência de seu código e de suas leis, de suas instituições penais e de suas práticas punitivas.[42]

---

40 DELEUZE, *Foucault*, p. 41.

41 FOUCAULT, *Em Defesa da Sociedade:* curso no Collège de France (1975-1976), p. 9.

42 FOUCAULT, Contra as penas de substituição. In: *Repensar a política* (Ditos e escritos VI), p. 360.

Enfim, é preciso dar suporte a uma postura de "inquietação" com relação à justiça penal moderna ocidental, e, para tanto, Foucault parece fornecer uma boa leitura do tempo presente e dos saberes-poderes-sujeitos que o permeiam. Enfim, é possível trazer à tona um Foucault abolicionista.

3. MICHEL FOUCAULT E A MODERNIDADE

3.1. VERDADE-GOVERNO-SUBJETIVAÇÃO

Foucault foi um historiador do presente, um historiador da modernidade ocidental. Seu método fugia essencialmente dos universais, tratava de um saber que tinha local e data marcada. Seu problema era fazer uma "experiência do que somos", ou melhor, visava trabalhar em uma "experiência de nossa modernidade de tal forma que saíssemos transformados".[43]

Perpassando por vários focos de experiência (loucura, delinquência, sexualidade), sua trajetória sempre se fez clara no sentido de que teorizar só lhe fazia sentido quando tinha tempo e espaço definido, e sua análise histórica tinha razão de ser na medida em que trilhava uma compreensão útil ao que se passa no presente.

Desta feita, opondo-se ao modelo tradicional científico, escapando dos empirismos e positivismos, nunca se preocupou em buscar uma unidade abstrata, uma teoria universal que filtrasse os saberes por meio de uma ordenação do conhecimento verdadeiro. Não por outro motivo, diante dos padrões que fixam o que é "científico" aos olhos da academia prevalente, certa vez preferiu declarar que fazia "anticiências".[44]

Todas as teorias concebidas pelo autor a fim de discernir o que se passa na realidade têm como marca fundamental a constatação de que a modernidade ocidental tem traços peculiares, traços que a diferenciam de outros períodos da humanidade. Se teceu terminologias e conceitos, é exclusivamente porque entendia que eles eram formas adequadas de fazer uma leitura do seu momento, logo, não deviam ser estendidas para além de seu tempo. É a teoria que se submete à história, e não o contrário.

Investigando a história ocidental na conferência "O que é a crítica?", Foucault indica que, a partir do século XV, há um processo de acúmulo

---

43 FOUCAULT, Conversa com Michel Foucault. In: *Repensar a política* (Ditos e escritos VI), p. 292.

44 FOUCAULT, *Em Defesa da Sociedade*: curso no Collège de France (1975-1976), p. 9.

crescente da "arte de governar os homens" em dois sentidos: deslocamento do foco religioso para uma arte política por métodos laicizados, e multiplicação da arte de governar para vários domínios distintos.[45]

Foi-se gestando continuamente um novo formato político: o Estado moderno. Para compreender tal modelo, é fundamental indicar que seu acontecimento se dá por uma assimilação e expansão da chamada "pastoral cristã", seguindo a lógica de que cada indivíduo "devia ser governado e devia se deixar governar" ao longo de toda sua vida. Nos mais ínfimos detalhes, ser conduzido à sua salvação por um terceiro "que o ligue em uma relação global e, ao mesmo tempo, meticulosa, detalhada, de obediência".[46]

O poder pastoral, que durante mais de um milênio foi desenvolvido e aperfeiçoado pela igreja para o domínio religioso, ampliou-se para todo o corpo social, infiltrando-se em suas inúmeras instituições, compondo o cenário político através de uma série de outros focos: "da família, da medicina, da psiquiatria; da educação e dos empregadores".[47]

A modernidade nasce, no entender de Foucault, quando a condução da conduta dos súditos se torna uma atividade "calculada e refletida", seguindo uma racionalidade em que as relações gerais de poder sobre os indivíduos se naturalizam no pano de fundo estabelecido pela pastoral cristã. Há que se tornar automático e permanente um padrão de conduta, tornar normal, normalizar.[48]

Seguindo por este caminho, o autor aponta como o ocidente foi se conduzindo para a modernidade a partir de uma matriz de poder que tinha origem na igreja, mas que vinha provocando efeitos ainda mais agudos a partir de sua assimilação por meio da ascensão do Estado.

> Porque é de fato este, afinal, o paradoxo, sobre o qual eu gostaria de me deter nas próximas aulas: é que, de todas as civilizações, a do Ocidente cristão foi sem dúvida, ao mesmo tempo, a mais criativa, a mais conquistadora, a mais arrogante e, sem dúvida, uma das mais sangrentas. (...) Essa forma de poder tão característica do Ocidente, tão única, creio, em toda a história das civilizações, nasceu, ou pelo menos inspirou seu modelo no pastoreiro, na política considerada assunto de pastoreiro.[49]

---

45 FOUCAULT, O que é a crítica?, p. 172.

46 FOUCAULT, O que é a crítica?, p. 171.

47 FOUCAULT, O Sujeito e o Poder, p. 238.

48 FOUCAULT, Segurança, território, população: curso no Collège de France (1977-1978), p. 219.

49 FOUCAULT, Segurança, território, população: curso no Collège de France (1977-1978), p. 174.

Tal compreensão da gênese pastoral é especialmente esclarecida nos três cursos de Foucault dedicados à genealogia do Estado moderno – Em Defesa da Sociedade (1976); Segurança, território, população (1978) e Nascimento da Biopolítica (1979). Ressalta Frédéric Gros, o que torna peculiar esta análise política é que "combina as estruturas de uma governamentalidade pastoral com as da razão de Estado, aparece como aquilo que ao mesmo tempo enquadra as populações e identifica os indivíduos".[50]

A partir de então, Foucault cuida de deixar marcado que entender o ocidente depende de abordar este poder que é "simultaneamente totalizante e individualizante". Em outros termos, há um processo de concentração de uma estrutura muito sofisticada por meio da qual os indivíduos são integrados, mas que ao mesmo tempo procede e depende de que os indivíduos sejam modelados. Portanto, nem exclusivamente acima dos indivíduos, nem exclusivamente independente das instituições.[51]

A modernidade foi aos poucos se constituindo de forma peculiar a partir de uma conjugação de técnicas, fomentadas pelo Estado e por outras instituições, conforme esclarece na seguinte passagem:

> A razão pela qual este tipo de luta tende a prevalecer em nossa sociedade deve-se ao fato de que, desde o século XVI, uma nova forma política de poder se desenvolveu de modo contínuo. Esta nova estrutura política, como todos sabem, é o Estado. Porém, na maior parte do tempo, o Estado é considerado um tipo de poder político que ignora os indivíduos, ocupando-se apenas com os interesses da totalidade ou, eu diria, de uma classe ou um grupo dentre os cidadãos. E isto é verdade. Mas eu gostaria de enfatizar o fato de que o poder do Estado (e esta é uma das razões de sua força) é uma forma de poder tanto individualizante quanto totalizadora. Acho que nunca, na história das sociedades humanas – mesmo na antiga sociedade chinesa –, houve, no interior das mesmas estruturas políticas, uma combinação tão astuciosa de duas técnicas, de individualização e dos procedimentos de totalização. Isto se deve ao fato de que o Estado moderno ocidental integrou, numa nova forma política, uma antiga tecnologia de poder, originada nas instituições cristãs. Podemos chamar esta tecnologia de poder pastoral.[52]

Não há qualquer contradição entre esses dois fatores, pelo contrário, é justamente por desenvolver técnicas de formação do sujeito que este poder ganha tamanha capilaridade, de forma que nitidamente não basta focar em seus efeitos verticais e institucionais, mas ao mesmo tempo perceber

---

50 GROS, Situação do curso. In: FOUCAULT, *A hermenêutica do sujeito:* curso no Collège de France (1981-1982), pp. 490-491.

51 FOUCAULT, O Sujeito e o Poder, p. 237.

52 FOUCAULT, O Sujeito e o Poder, p. 236.

que esta teia de poder não prescinde da forma com que os indivíduos se relacionam entre si e da própria forma com que enxergam a si mesmos.[53]

Ligam-se, desta forma, em justaposição, dois mecanismos com suas tecnologias: os mecanismos de autoridade e os mecanismos de constituição dos sujeitos. O poder pastoral que marca a modernidade deve necessariamente ser compreendido nesta linha, sob pena de se perder uma das faces fundamentais da crítica ao presente.[54]

Peter Pal Pelbart percebe que é justamente esta conexão que faz a análise de Foucault ser tão precisa e inovadora dentre as leituras da realidade, pois considera a grande importância dos aparatos estatais de repressão (lei) e inclui a fundamental assimilação da vida enquanto produção do sujeito:

> Em todo o caso, esse nó entre a vida, o si e o poder não caracteriza apenas o cristianismo primitivo, mas também o Estado ocidental moderno, na medida em que ele teria integrado procedimentos do poder pastoral. Pois se trata de uma forma de poder que não pode prescindir de saber "o que acontece na cabeça das pessoas, nem deixar de explorar sua alma, forçá-los a revelar seus segredos mais íntimos". Ou seja, diz Foucault, "é uma forma de poder que transforma os indivíduos em sujeitos" e favorece "tudo o que liga o indivíduo a si mesmo e garante assim a submissão aos outros". Quando a figura do sujeito aparece na obra do último Foucault, não é como um desvio da análise biopolítica, uma regressão a um tema clássico, mas é a culminação da análise do biopoder, esse poder sobre a vida que agora passa pelo sujeito, já que é esse o modo pelo qual o poder acapara a vida.[55]

Assim, sua análise da governamentalidade pretende significar o poder que se investe tanto na repressão quanto na produção da vida, dos sujeitos, atuando na ordem individual (individualizante) e nos processos reguladores institucionais (totalizante).

Simplesmente, eis uma outra forma, mais completa e aperfeiçoada, de traduzir o poder da modernidade. Ou, para ser mais preciso, biopoder é o nome utilizado para indicar este poder da modernidade que é inspirado no poder da pastoral cristã.[56]

---

53 FOUCAULT, Omnes et singulatim: por uma crítica a "razão política". In: *Estratégia, saber-poder* (Ditos e escritos IV), p. 365.

54 SILVA, Poder e direito em Foucault: relendo Vigiar e Punir 40 anos depois, p. 165.

55 PELBART, Da dessubjetivação nomádica à subjetivação herética: Foucault, Agamben, Deleuze, p. 276.

56 EWALD, *Foucault, a norma e o direito,* p. 98.

Concretamente, esse poder sobre a vida desenvolveu-se a partir do século XVII, em duas formas principais; que não são antitéticas e constituem, ao contrário, dois polos de desenvolvimento interligados por todo um feixe intermediário de relações. Um dos polos, o primeiro a ser formado, ao que parece, centrou-se no corpo como máquina: no seu adestramento, na ampliação de suas aptidões, na extorsão de suas forças, no crescimento paralelo de sua utilidade e docilidade, na sua integração em sistemas de controle eficazes e econômicos – tudo isso assegurado por procedimentos de poder que caracterizam as disciplinas: anátomo-política do corpo humano. O segundo, que se formou um pouco mais tarde, por volta da metade do século XVIII, centrou-se no corpo-espécie, no corpo transpassado pela mecânica do ser vivo e como suporte dos processos biológicos: a proliferação, os nascimentos e a mortalidade, o nível de saúde, duração da vida, a longevidade, com todas as condições que podem fazê-los variar; tais processos são assumidos mediante toda uma série de intervenções e controles reguladores: uma bio-política da população.[57]

Para o autor, neste momento, se entrecruzam as três modalidades de poder: o soberano (modelo da lepra), o disciplinar (modelo da peste) e a segurança (modelo da varíola). Em verdade, quando a modernidade se instala no século XVIII, essas três técnicas se conectam, de forma que "não há uma sucessão: lei, depois disciplina, depois segurança", elas atuam ao mesmo tempo.[58]

Todas essas investigações convergem para que se entenda que a modernidade se configura por uma conjugação de tecnologias de normalização (criar o normal, multiplicar o normal), e seu poder se constitui nessa somatória de práticas e saberes que se generalizam também por conta de uma inserção sobre a formação do sujeito.[59]

Foi considerando este enredo da modernidade ocidental que Foucault decidiu se dedicar a uma metodologia própria, uma linguagem que desse conta de traduzir a forma com que todos esses níveis se encontram. Segundo ele, uma teoria que pretenda auxiliar na compreensão da atualidade não pode negligenciar nenhum dos diversos aspectos de produção da realidade. E ele dividiu esses aspectos em três: saber, poder e sujeito.

---

57 FOUCAULT, *História da sexualidade 1*: a vontade de saber, pp. 151-152.

58 FOUCAULT, *Segurança, território, população*: curso no Collège de France (1977-1978), p. 14.

59 FONSECA, *Michel Foucault e o Direito*, pp. 189-207.

Conforme anuncia o próprio Foucault, o desenvolvimento teórico de seus trabalhos percorreu três fases: arqueologia, genealogia e ética.[60] Eis três momentos de sua trajetória acadêmica que não devem ser entendidos como giros ao revés, ou desdizeres, mas períodos em que o autor se dedicou mais diretamente a cada um dos três eixos que lhe soavam fundamentais para compreender a modernidade.[61]

Na primeira aula do seu curso no Collège de France de 1983, Foucault se propôs a fazer um traçado retrospectivo destas três fases. Indica que, a partir de sua obra de 1961, percebeu que compreender as experiências dos últimos séculos necessitava passar por três dimensões: 1) a forma de saber; 2) a matriz de comportamentos; e 3) a constituição de modos de ser do sujeito. Foi este o método percorrido por ele sobre a temática da loucura já naquela obra, e passou daí em diante a se concentrar especificamente em cada um destes pontos, sem jamais deixar de articular os outros dois:

> E digamos que, depois, o trabalho que procurei fazer consistiu em estudar sucessivamente cada um desses três eixos, para ver qual devia ser a forma de reelaboração a fazer nos métodos e nos conceitos de análise a partir do momento em que se pretendia estudar essas coisas, esses eixos, primeiramente como dimensões de uma experiência, e, em segundo lugar, como deviam ser ligados uns aos outros.[62]

A primeira fase, dita arqueológica, prioriza as abordagens sobre a formação das ciências, as epistemes. Estava implicado na própria formação dos saberes, compreendendo as práticas discursivas que organizam e constituem o elemento matriz do conhecimento, captando assim tais práticas como regras de determinação do verdadeiro e do falso, o jogo que define as condições de validade.[63]

---

60 Cabe lembrar que Judith Revel indica, na verdade, a existência de quatro fases em Foucault, pois uma primeira fase seria exclusiva do primeiro livro do autor, publicado em 1954: "Doença Mental e Personalidade". REVEL, O pensamento vertical: uma ética da problematização, p. 66. Tal constatação está de acordo com a própria fala do autor em 1983, quando recorda suas três fases tomando como ponto de partida já o seu segundo livro, datado de 1961. FOUCAULT, *O governo de si e dos outros*: curso no Collège de France (1982-1983), p. 5.

61 É possível encontrar uma excelente compilação dos livros, artigos e entrevistas de Foucault na pesquisa de Marcos Alvarez e Kléber Prado Filho. ALVAREZ; PRADO FILHO, Michel Foucault: a obra e seus comentadores (levantamento bibliográfico).

62 FOUCAULT, *O governo de si e dos outros*: curso no Collège de France (1982-1983), p. 5.

63 Esta primeira fase se vai de 1961 a 1970, incluindo sete livros: A história da loucura na Idade Clássica (1961), Gênese e estrutura da antropologia de Kant (1961), Doença mental e psicologia (1962), O nascimento da clínica (1963), Raymond

Queria ele, neste momento, demonstrar como os discursos na modernidade estavam permeados por jogos "não discursivos (instituições, acontecimentos políticos, práticas e processos econômicos)", e então constatar que estes saberes estão condicionados por "formas específicas de articulação" que apontam o "como e por que" se estabelecem suas condições de emergência.[64]

As ditas ciências, ou positividades, poderiam então ser lidas como "arquivos", "domínio das coisas ditas". Preocupava-se em perceber os domínios das regularidades enunciativas, ver que os critérios de rigor científico atendiam a condições de formação situadas historicamente, formas específicas de acúmulo e encadeamento, segundo certas regras de transformação e validade. Os saberes oficiais estão, então, submetidos a uma "organização discursiva".[65]

Em entrevista concedida em 1975 – "Diálogo sobre o poder" – Foucault esclarece de maneira didática qual era o objetivo na primeira fase de sua produção, reafirma a ideia de que compreender o âmbito da episteme indicava uma forma de integrar as ciências com a dimensão do que é o sujeito de seu tempo. As maneiras com que se age, as tensões nas relações, mesmo a maneira com que se constituem os sujeitos, estão também conectadas com as positividades dos saberes.

> O termo "arqueologia" remete, então, ao tipo de pesquisa que se dedica a extrair os acontecimentos discursivos como se eles estivessem registrados em um arquivo. Uma outra razão pela qual utilizo essa palavra concerne a um objetivo que fixei para mim. Procuro reconstituir um campo histórico em sua totalidade, em todas as suas dimensões políticas, econômicas, sexuais. Meu problema é encontrar a matéria que convém analisar, o que constitui o próprio fato do discurso. Assim, meu projeto não é o de fazer um trabalho de historiador, mas descobrir por que e como se estabelecem relações entre os acontecimentos discursivos. Se faço isso, é com o objetivo de saber o que somos hoje. Quero concentrar meu estudo no que nos acontece hoje, no que somos, no que é nossa sociedade. Penso que há, em nossa sociedade e naquilo que somos, uma dimensão histórica profunda e, no interior desse espaço histórico, os acontecimentos discursivos que se produziram há séculos ou há anos são muito importantes. Somos inextricavelmente ligados aos acontecimentos discursivos.[66]

Roussel (1963), As palavras e as coisas (1966) e A arqueologia do saber (1969). Vários outros artigos e entrevistas.

64 FOUCAULT, *A arqueologia do saber*, pp. 182-184.

65 FOUCAULT, *A arqueologia do saber*, pp. 231-232.

66 FOUCAULT, Diálogo sobre o poder. In: *Estratégia, saber-poder* (Ditos e escritos IV), p. 258.

Seguindo adiante, a segunda fase de Foucault, a genealogia,[67] marca o momento em que suas investigações passaram a se aproximar mais do "poder". Sempre interligando as três dimensões de análise, agora o autor se dedica com maior afinco aos comportamentos humanos, buscando interligá-los com seu ambiente e fugir das leituras universalistas.[68]

As condutas são marcadas por sua contingência histórica, e não por uma teoria geral. É precisamente por isso que sua perspectiva não permite, e nem pretende, uma "generalização para toda a história", não tem traços de "descrição acontextual, a-histórica, objetiva". Em outras palavras, não pretende ser uma "teoria do poder", mas uma analítica do poder referente ao período investigado.[69]

Fazer uma "história efetiva", negando-se a "demarcar o território único de onde nós viemos, essa primeira pátria à qual os metafísicos prometem que nós retornaremos". Por excelência, fazer genealogia é indicar descontinuidades, acidentes, desvios e, portanto, se opor à procura de uma origem última ou teleologia da história – "formas sucessivas de uma intenção primordial" –, na medida em que se norteia pelos fatos como acontecimentos concretos sem identidade original.[70]

Esta quebra com os pressupostos típicos das ciências de seu tempo provocou inúmeras incompreensões, na medida em que tentavam enquadrar sua abordagem dentro dos objetivismos e subjetivismos tão rotineiros da filosofia contemporânea.[71] Entretanto, ao longo dos anos, ficava cada vez mais claro que seu método era escapar de uma concepção fixa do poder, como era esperado pela maioria.

---

67 O termo "genealogia" é uma clara referência de Foucault à influência da filosofia de Nietzsche em sua metodologia de interpretação da história. Existem três textos principais de Foucault que explicam essa apropriação: a "aula sobre Nietzsche" proferida em Montreal (publicada juntamente com a edição em português do curso Aulas sobre a vontade de saber), a primeira aula do curso "A verdade e as formas jurídicas" e o artigo "Nietzsche, a genealogia e a história" (publicado na obra Microfísica do poder).

68 A segunda fase vai de 1970 a 1979. Começa quando o autor assume a cátedra no Collège de France, com a palestra: A ordem do discurso (1970). Inclui os oito primeiros cursos ali proferidos: Aulas sobre a vontade de saber (1970-71), Teorias e instituições penais (1971-72), A sociedade punitiva (1973), O poder psiquiátrico (1973-74), Os anormais (1975), Em defesa da sociedade (1976), Segurança, território e população (1978), Nascimento da biopolítica (1979). Também quatro livros de autoria pessoal: Isto não é um cachimbo (1973), Vigiar e Punir (1975), História da sexualidade 1: a vontade de saber (1976) e Microfísica do poder (1979). Bem como outros cursos, artigos e entrevistas.

69 DREYFUS; RABINOW, *Michel Foucault, uma trajetória filosófica*: para além do estruturalismo e da hermenêutica, p. 202.

70 FOUCAULT, Nietzsche, a genealogia e a história. In: *Microfísica do poder,* pp. 34-35.

71 HABERMAS, *O discurso filosófico da modernidade,* pp. 386-387.

Na entrevista "Estruturalismo e pós-estruturalismo", concedida em 1983, Foucault ressalta que as genealogias têm como base fatos, conhecimentos e sujeitos datados, pois somente assim entendia ser possível apreender os detalhes corretos, compreender os fluxos de seu tempo. Enfim, refuta as etiquetas e reafirma que não possui uma "teoria" nos padrões usuais.

> Portanto, não sou de forma alguma um teórico do poder. Eu diria que o poder, em última instância, não me interessa como questão autônoma e se, em várias ocasiões, fui levado a falar da questão do poder, é na medida em que a análise política que era feita dos fenômenos do poder não me parecia ser capaz de dar conta desses fenômenos mais sutis e mais detalhados que quero evocar ao colocar a questão do dizer verdadeiro sobre si mesmo. Se digo a verdade sobre mim mesmo como eu o faço, é porque, em parte, me constituo como sujeito através de um certo número de relações de poder que são exercidas sobre mim e que exerço sobre os outros.[72]

A segunda fase é notoriamente a mais conhecida de Foucault, pois interagiu em maior proximidade com outros campos de saber (Direito, Medicina, Psicologia, Ciência Sociais) e pôde contribuir para a complexificação de suas produções de conhecimento. Sem dúvidas, a partir de então, fica mais evidente a utilidade de sua filosofia para pensar diversas práticas e discursos.

Terceira fase: a ética.[73] Aqui se constitui o momento em que o autor aponta com maior vigor na direção da constituição do sujeito, o "governo de si". Sua lente então focaliza os modos de constituição do sujeito através das práticas de si, indicando que finalmente havia chegado o tempo de se dedicar mais ao terceiro aspecto de seu método de trabalho.[74]

---

72 FOUCAULT, Estruturalismo e pós-estruturalismo. In: *Arqueologia das Ciências e História dos Sistemas de Pensamento* (Ditos e Escritos II), p. 327.

73 A terceira fase vai de 1980 a 1984. Inclui principalmente cinco cursos no Collège de France: Do governo dos vivos (1980), Subjetividade e verdade (1981), A hermenêutica do sujeito (1982), O governo de si e dos outros (1983), A coragem da verdade (1984). O curso proferido em Louvain: Malfazer, dizer verdadeiro: função da confissão em juízo (1981). Três livros: História da sexualidade 2: o uso dos prazeres (1984), História da sexualidade 3: o cuidado de si (1984) e História da sexualidade 4: as confissões da carne (1984). Além de outros cursos proferidos fora da França, artigos e entrevistas.

74 Esta fase é a ainda menos explorada de Foucault, provavelmente pela demora na publicação dos cursos transcritos: somente em 2001 foi publicado o curso de 1982, em 2008 o de 1983, em 2009 o de 1984, em 2012 o de 1980 e, por último, em 2014, o curso de 1981. Além disso, o curso de Louvain foi publicado apenas em 2012, e a História da sexualidade 4 foi publicada em 2018.

Como diria Gros, Foucault elege os anos 1980 para fechar o ciclo de "três dimensões" de sua obra crítica, integrando mais claramente as subjetivações com os domínios do saber e do poder:

> Nos anos 1980, ele havia enriquecido essa distinção, acrescentando a dimensão ética ao estudo das relações de poder – a questão se tornava: que modos de subjetivação vêm se articular nas formas de governo dos homens, para resistir a elas ou habitá-las?[75]

O domínio das "relações consigo mesmo" são a prioridade nos cinco anos finais de Foucault, foi nesta fase que ele pôde se aprofundar no terceiro nível de abordagem, o que foi qualificado por um retorno aos textos antigos dos gregos e romanos para melhor compreender o surgimento da "cultura de si" da modernidade. Era o momento de se aprofundar na ética enquanto eixo de articulação do saber e do poder.[76]

Ele chega ao período em que se detém mais longamente sobre a história moderna da formação de "si", dos processos de subjetivação que se conectam com os discursos e acontecimentos. Fazendo isto, completa seu objetivo triplo de elaborar "uma história dos diferentes modos pelos quais, em nossa cultura, os seres humanos tornaram-se sujeitos".[77]

Mas, se é certo que essas três dimensões de seu estudo da modernidade (saber, poder, sujeito) estavam presentes a todo tempo nas três fases de estudos de Foucault (arqueologia, genealogia, ética), os "três Foucaults", também é correto afirmar que a forma com que abordou tais aspectos foi adquirindo maior complexidade e precisão ao longo de seus mais de 20 anos de produtividade. Bem por isso, cabe fazer uma breve investigação do percurso desses três níveis.

Para Foucault, o eixo da formação dos saberes foi desde sempre articulado com sua precariedade em relação aos fluxos de poder. Tomava como base inicial de suas investigações a premissa metodológica de que os discursos abordam uma verdade parcial, que não têm matriz universal e são contingentes a um entorno permeado por relações sociais. A produção do saber não é completamente livre, pois "a verdade é um sistema de obrigações", e o saber em forma de "arquivo" é uma forma de demonstrar e ressaltar esses vetores.[78]

---

75 GROS, Situação do curso. In: FOUCAULT, *A coragem da verdade*: curso no Collège de France (1983-1984), p. 309.

76 FOUCAULT, *A coragem da verdade*: curso no Collège de France (1983-1984), p. 6.

77 FOUCAULT, O Sujeito e o Poder, p. 231.

78 FOUCAULT, *Subjetividade e verdade*: curso no Collège de France (1980-1981), p. 13.

Justamente por conta dessa conexão fundamental, desse liame de fluxo permanente, o autor preferia utilizar a expressão "saber-poder"[79]. O hífen no binômio visa refletir com maior fidelidade uma premissa filosófica, confirmando que estas duas dimensões estão em uma relação de circularidade ao invés de uma relação de primazia de um sobre o outro.[80]

Em outros temos, não cabe estudar o saber buscando o poder que o condiciona, ou buscar por trás do poder o saber que lhe dá origem, pois os dois campos se formam por reciprocidade. Eis o que ele chamou de "regra de imanência", apontando que "entre técnicas de saber e estratégias de poder, nenhuma exterioridade; mesmo que cada um tenha seu papel específico e que se articulem entre si a partir de suas diferenças".[81]

Ao perceber as irrupções das "práticas discursivas", o fundamental é notar que o saber não se detrai de uma verdade em "estado puro", objetiva, como também não é a grande causa-chave para compreender os comportamentos humanos. Os elementos estão conectados e interagem em um jogo constante.[82]

> O que é que nos ensina Foucault, precisamente? Que já não é possível separar a verdade dos processos da sua produção, e que esses processos tanto são processos de saber como processos de poder. Que não há portanto verdade(s) independente(s) das relações de poder que a(s) sustentam e que ao mesmo tempo ela(s) reconduz(em) e reforça(m), que não há verdade sem política da verdade, que toda a afirmação de verdade é indissoluvelmente peça, arma ou instrumento no interior de relações de poder. Tal é a pergunta, nova, que Foucault faz aos discursos e às verdades: de que processos decorreis? De que relações de poder sois provenientes? Que tipo de sujeição (ou de libertação) produzis?[83]

Buscando uma terminologia mais propícia a firmar sua filosofia, Foucault decide, a partir de seu curso no Collège de France de 1980, substituir a expressão "saber-poder" por "governo pela verdade". Desde então, em vez da palavra "saber", serão utilizados os temos "verdade" ou "ve-

---

[79] A primeira vez que Foucault utilizou esta expressão foi no curso de 1972 proferido no Collège de France: Teorias e instituições penais. SENELLART, Situação do curso. In: FOUCAULT, *Do governo dos vivos*: curso no Collège de France (1979-1980), pp. 312-313.

[80] Foucault também usa eventualmente a expressão "poder-saber", mas a inversão de ordem não tem importância. A conexão entre as palavras visa justamente confirmar que na Modernidade não se pode falar de saber sem poder, e vice-versa. O hífen visa ressaltar a relação essencial entre estes dois conceitos.

[81] FOUCAULT, *História da sexualidade 1*: a vontade de saber, pp. 108-109.

[82] FONSECA, *Michel Foucault e o Direito*, p. 63.

[83] EWALD, *Foucault, a norma e o direito*, p. 21.

ridicção". Quanto à palavra "poder", é substituída por "governo" ou "governamentalidade".[84]

O objetivo era marcar sua forma peculiar de análise, deixando mais claro que os saberes se constituem em produtores de verdade, e que os poderes possuem um caráter "positivo" no governo dos outros[85]:

> Agora, o segundo deslocamento em relação a essa noção de saber-poder. Trata-se portanto de se livrar dela para tentar elaborar a noção de governo pela verdade. Livrar-se da noção de saber-poder como se livrou da noção de ideologia dominante. (...) Direi que se trata essencialmente, ao passar da noção de saber-poder à noção de governo pela verdade, de dar um conteúdo positivo e diferenciado a esses dois termos, saber e poder.[86]

Bem por isso, a partir deste momento, as palavras "verdade" e "veridicção" estão normalmente acompanhadas das palavras "regimes" e "jogos", visando tornar mais evidente este caráter coercitivo da trama de poder, pois a verdade "define uma obrigação, constrange a obedecer".[87]

Isso abre caminho, segundo Michel Senellart, para as pesquisas em torno de "por que procedimento, segundo que modo, tendo em vista quais fins um sujeito se liga a uma manifestação de verdade". É o liame entre as verdades, as táticas e as subjetividades.[88]

A verdade pertence a um jogo, pois está submetida a certas regras que lhe conferem valor, ou lhe remetem ao âmbito da "falsidade". Por via de consequência, seu problema não é saber "como um sujeito em geral pode entender um objeto em geral", porém entender como os sujeitos estão vinculados pelas formas de veridicção de seu tempo, como destacou no curso "Malfazer, dizer verdadeiro".[89]

---

84 Nos cursos da década de 1980, Foucault usa as palavras "governo" e "governamentalidade" para denominar sentidos idênticos, são sinônimas. O mesmo ocorre entre os temos "verdade" e "veridicção". SENELLART, Situação do curso. In: FOUCAULT, *Segurança, território, população*: curso dado no Collège de France (1977-1978), pp. 531-532.

85 Apesar de ser em 1980 que Foucault declara abertamente sua opção de substituir "poder" por "governo", vale lembrar que ele já vinha utilizando eventualmente este segundo termo em seus cursos desde 1975. FOUCAULT, *Os anormais*: curso no Collège de France (1974-1975), p. 42.

86 FOUCAULT, *Do governo dos vivos*: curso no Collège de France (1979-1980), p. 13.

87 FOUCAULT, *Do governo dos vivos*: curso no Collège de France (1979-1980), p. 87.

88 SENELLART, Situação do curso. In: FOUCAULT, *Do governo dos vivos*: curso no Collège de France (1979-1980), pp. 315-316.

89 FOUCAULT, *Wrong-doing, truth-telling*: the function of avowal in justice, p. 20.

O deslocamento para a palavra "governo" visa fugir das abordagens globalizantes e substancialistas, que não raro queriam encontrar no "poder" uma natureza abstrata. A palavra "governo" visa induzir a existência de uma relação, do exercício de alguém (que conduz) sobre outro (que é conduzido), propiciando a mudança da tão constante pergunta "o que é o poder?" para o foco pretendido pelo autor: "como o poder se exerce?".[90]

Pode-se ver que o conceito de "governo pela verdade" pretende ser mais operacional, pois reforça que seu foco são os mecanismos destinados a conduzir os homens, "dirigir a conduta dos homens", e que eles se conectam a certas "verdades" ao invés de se constituírem em oposição a uma hipotética "verdade única".[91]

Situando a questão do "governo" no campo das relações, outra importante contribuição seria entender que o poder é sempre "um modo de ação sobre ações". Ou seja, que as ações humanas são sempre inter-ações, pois seus motivos, sentidos e efeitos se dão por um nexo constante com o meio, com os outros. Há um nexo social em cada agir.

Pelo mesmo motivo, não existe um poder "fora" ou "acima" da sociedade, proveniente de uma estrutura intangível, de outra natureza. O contato humano pressupõe o influir de alguns sobre as ações de outros, em níveis e tipos distintos, não sendo possível fugir deste fator de condução/governo. Decorre disto a inegável evidência de que todas as sociedades estão necessariamente permeadas por poder, e que "uma sociedade sem relações de poder só pode ser uma abstração".[92]

No artigo "Omnes et singulatim: uma crítica da razão política", publicado em 1981, Foucault se debruça propriamente acerca das modificações que tornavam sua percepção do poder como "governo de homens livres". Destaca seus pontos de afastamento das teorias predominantes e marca este caráter fundamental da abertura sobre a qual sua concepção se fundamenta. A influência e condução da conduta de terceiros pressupõe um certo âmbito de liberdade no agir, é sobre esse espaço que uma pessoa atua sobre a outra, de forma que nunca há um domínio total, o governo não é uma posse que se pode deter.

> O poder não é uma substância. Tampouco é alguma propriedade misteriosa cuja origem deve ser perquirida. O poder é simplesmente um certo tipo de relação entre os indivíduos. Trata-se de relações especí-

---

90 AVELINO, Governamentalidade e anarqueologia em Michel Foucault, p. 144.

91 SENELLART, Situação do curso. In: FOUCAULT, *Do governo dos vivos*: curso no Collège de France (1979-1980), pp. 311-314.

92 FOUCAULT, O Sujeito e o Poder, p. 343.

ficas, ou seja, que nada têm a ver com troca, produção, comunicação, embora estejam ligadas a estas últimas. O traço característico do poder é que certos homens podem, mais ou menos, determinar por completo a conduta de outros homens — mas nunca de maneira exaustiva ou coercitiva. Um homem acorrentado e espancado é submetido à força que exercem sobre ele. Mas não ao poder. Mas se ele pode ser induzido a falar, embora seu último recurso pudesse ter sido calar-se, preferindo a morte, isso significa que ele foi levado a comportar-se de uma certa maneira. Sua liberdade foi submetida ao poder. Ele foi dominado pelo governo. Se um indivíduo pode permanecer livre, por menor que seja sua liberdade, o poder pode submetê-lo ao governo. Não existe poder sem oposição ou revolta em potencial.[93]

Perceba-se, desta forma, que há sempre um espaço para a inovação, a mudança nas relações humanas é sempre possível, ainda que nem sempre seja fácil. Se o governo está em todas as relações, a liberdade também está, em variados graus e formas. Precisamente por isso, o poder não é uma propriedade, não é "algo que se guarde". Em suma, o "poder se exerce", só existe nas relações.[94]

É essa concretude do poder que Foucault quer retomar, fixar como sua premissa teórica. Somente assim ele pode apresentar uma proposição das relações humanas enquanto influência sobre o outro, o que demanda que este outro tenha um âmbito variável de ação possível à disposição. Exatamente por isso, a liberdade é um elemento fundamental para entender o governo do outro, pois "o poder só se exerce sobre 'sujeitos livres', enquanto 'livres'".[95]

Se "governar pela verdade" pressupõe essa liberdade, ele depende sempre de tomar partido sobre um determinado conceito de indivíduo. Esta constatação, por fim, permite ingressar na terceira e última dimensão da teoria foucaultiana sobre a modernidade: a constituição de modos de ser do sujeito (a subjetivação, a ética).

Sobre este ponto, antes de qualquer coisa, é fundamental reafirmar que ele esteve presente em toda a produção intelectual de Foucault, apesar de que seu aprofundar se deu no "terceiro Foucault". Se ele falava sobre poder, saber, governo, verdade, era sempre em referência e com olhar atento sobre o sujeito, demarcado por uma certa ideia de sujeito que se desgarrava em larga medida dos conceitos tradicionalmente utilizados.

---

[93] FOUCAULT, Omnes et singulatim: por uma crítica a "razão política". In: *Estratégia, saber-poder* (Ditos e escritos IV), p. 366.
[94] FOUCAULT, *História da sexualidade 1:* a vontade de saber, p. 104.
[95] FOUCAULT, O Sujeito e o Poder, p. 244.

Consequentemente, não é correto afirmar que Foucault ingressou nos estudos do sujeito a partir da sua terceira fase. Este último momento foi quando o autor se dedicou mais detidamente sobre o ponto, todavia, é necessário notar que a produção do sujeito era um elemento marcante em todas as suas pesquisas. Era uma visão de sujeito que lhe permitia entender o saber/verdade e o poder/governo, assim como esses dois fatores eram necessariamente vistos como demarcadores de uma certa concepção de sujeito.

Não por acaso, Foucault inicia um de seus mais famosos textos sobre o tema justamente lembrando ao público que o sujeito não era uma novidade sua da década de 1980. Leia-se:

> Eu gostaria de dizer, antes de mais nada, qual foi o objetivo do meu trabalho nos últimos 20 anos. Não foi analisar o fenômeno do poder nem elaborar os fundamentos de tal análise. Meu objetivo, ao contrário, foi criar uma história dos diferentes modos pelos quais, em nossa cultura, os seres humanos tornaram-se sujeitos.[96]

Todavia, até como uma resposta àqueles que não viam o sujeito em seus escritos, ou buscavam neles uma "teoria do sujeito", Foucault passa a utilizar certas nomenclaturas próprias a partir de sua terceira fase: "cuidado de si", "governo de si", "aleturgia", "subjetivação".

Essas diferentes expressões se referem ao mesmo ponto, são usadas com o mesmo sentido semântico, e pretendem evocar o âmbito do sujeito já a partir dos pressupostos caros ao autor, indicando então uma dupla função: desgarrar-se das interpretações universalistas não condizentes com suas premissas e permitir falar de um ponto de vista mais complexo sobre a "verdade" e o "governo".

A questão filosófica clássica pretende partir de um indivíduo sem história, uma base de psiquê sobre a qual se aplicam os códigos que são impostos, ao invés de se indagar sobre o fato de que existem experiências que constituem o ser humano, uma criação de "experiências de si mesmo" a partir das quais se forma uma nova codificação de pensamentos e condutas possíveis, legítimas.[97] Enfim, não pensar em um sujeito prévio ao poder e aos discursos.

> Este ano, desejo formular essa questão da subjetividade e da verdade como a formulei em estudos anteriores, ou seja, pegando um pouco o avesso do problema filosófico clássico, que é: como, em que medida, até que ponto, a que título e sob quais direitos a subjetividade pode fundamentar o co-

---

96 FOUCAULT, O Sujeito e o Poder, p. 231.

97 FOUCAULT, *Subjetividade e verdade:* curso no Collège de France (1980-1981), p. 91.

nhecimento da verdade? Essa é a questão filosófica clássica. E o problema que pretendo e que já tentei colocar é, de certa forma, inverso. Trata-se de saber qual experiência podemos fazer de nós mesmos, qual campo de subjetividade pode abrir-se para o sujeito por ele mesmo, a partir do momento em que existem de fato, historicamente, diante dele, com relação a ele, determinada verdade, determinado discurso de verdade e determinada obrigação de ligar-se a esse discurso de verdade – seja para aceitá-lo como verdadeiro, seja para ele mesmo produzi-lo como verdadeiro. [98]

Negando, assim, um elemento determinante do pensamento metafísico, a genealogia foucaultiana abre passagem para uma nova análise da modernidade. Insere uma outra história no centro do debate filosófico e se nega, por decorrência, a buscar pelas raízes de uma identidade do sujeito fora de seu tempo. A partir de Nietzsche, eis uma negação da busca pela "origem" do sujeito, do indivíduo sem descontinuidades, "essa primeira pátria à qual os metafísicos prometem que nós retornaremos".[99]

Pelo contrário, Foucault põe em destaque as "técnicas de subjetivação", em que demarca a presença de um sujeito cambiante, criado e modificável, que é produto e produtor da história, cujos conceitos com os quais interage não contém uma unidade antropológica essencial. Isto posto, busca um homem que "ao contrário dos metafísicos, está feliz em não abrigar em si 'uma alma universal', mas muitas almas mortais".[100]

Falar do governo de si é, necessariamente, armar-se de uma ruptura radical do sujeito filosófico clássico, pois aqui a verdade e o governo se inserem no sujeito, este está necessariamente inserido no jogo da história, no plano dos debates possíveis e das legitimidades construídas. A verdade do indivíduo não está dada de uma vez por todas, em uma base primordial, senão está inserido em um jogo segundo o qual "a verdade chega a ser".[101]

É preciso, doravante, interrogar-se sobre os "modos de subjetivação". Abrir este espaço sobre o qual os discursos-práticas se inserem e firmam o sujeito na modernidade. O campo da subjetividade, enfim, é o espaço de indagar igualmente como se cria esse sujeito e como ele é utilizado e utiliza esses jogos.

---

[98] FOUCAULT, *Subjetividade e verdade*: curso no Collège de France (1980-1981), pp. 25-26.

[99] FOUCAULT, Nietzsche, a genealogia e a história. In: *Microfísica do poder*, p. 35.

[100] NIETZSCHE, *Humano, demasiado humano*: um livro para espíritos livres, volume II, p. 23.

[101] RAFFIN, Las cuestiones de la verdad y la subjetividad en el proyecto "Vigilar y castigar", p. 186.

Por tudo, não procurar a ciência de dizer a verdade sobre o sujeito, mas as formas culturais a partir das quais se estabelece como e o que o "sujeito é capaz de dizer sobre si mesmo". Falar do sujeito significa, para Foucault, falar de uma subjetivação, um ator que é permeado de história e interage com ela.[102]

Um dos pontos mais importantes desta filosofia deve ser atribuído à opção por um sujeito ativo, ator. Longe de ser um mero ponto de reflexo, o termo "sujeito" deve incluir um eixo de recebimento ("sujeitar-se") assim como um eixo de produção ("sujeito da ação"). Não por outro motivo, com grande constância, Foucault se refere a um "governo de si", "cuidado de si", ressaltando que o sujeito se produz e replica discursos e práticas também se produzindo.[103]

Frédéric Gros, ao analisar o curso "A hermenêutica do sujeito", ensina que essa esfera da autoconstituição da subjetividade fica mais explícita no "último Foucault", até por força das novas terminologias. Percebe a importância de fazer interagir as "técnicas discursivas" e as "técnicas de governo de condutas" com as "técnicas de si", de forma que a subjetivação é reconhecida como uma prática fundamental para compreender o ocidente moderno, a despeito de normalmente estar obscurecida nas filosofias contemporâneas.[104]

A fase da "ética" permitiu a Foucault aperfeiçoar sua ideia de sujeito moderno, de forma que, só a partir de então, um conjunto de percepções se torna mais claro e facilitam ao autor elaborar melhor esta relação entre as pressões do campo da governamentalidade e a liberdade fundamental da autoelaboração.

> Devemos nos lembrar: durante muito tempo, Foucault só concebe o sujeito como o produto passivo das técnicas de dominação. É somente em 1980 que concebe a autonomia relativa, a irredutibilidade, em todo caso, das técnicas do eu. (…) Ora, o que constitui o sujeito numa relação consigo determinada são justamente técnicas de si historicamente referenciáveis, que se compõem com técnicas de dominação, também elas historicamente datáveis. De resto, o indivíduo-sujeito emerge tão somente no cruzamento entre uma técnica de dominação e uma técnica de si.[105]

---

102 FOUCAULT, *A coragem da verdade:* curso no Collège de France (1983-1984), p. 5.

103 SENELLART, Situação do curso. In: FOUCAULT, *Do governo dos vivos:* curso no Collège de France (1979-1980), p. 316.

104 GROS, Situação do curso. In: FOUCAULT, *A hermenêutica do sujeito:* curso no Collège de France (1981-1982), pp. 462.

105 GROS, Situação do curso. In: FOUCAULT, *A hermenêutica do sujeito:* curso no Collège de France (1981-1982), pp. 474-475.

Era necessário trazer à tona a existência de "técnicas aletúrgicas", ou seja, o fato de que existem regras que os sujeitos transmitem e assimilam como tecnologias de produção de si. O sujeito se constrói, subjetifica-se, por meio de certos saberes e de certos "exercícios regulares". Ele assimila informações e constrói uma "relação consigo definida".[106]

Esta é a maneira que Foucault encontra para expressar a relação essencial de reciprocidade entre o núcleo individual e seu meio. A cultura incide sobre o "si", de forma que as práticas de "governo de si" não são totalmente inventadas por cada indivíduo, sem pressão, mas igualmente não se elimina esse espaço de liberdade inventiva das assimilações e adesões.[107]

> É justamente para explicar como opera o assujeitamento que Foucault teve de recorrer às técnicas de si, que, associadas às técnicas de dominação, permitiriam empreender "a genealogia do sujeito na civilização ocidental", em vez de patinar numa "filosofia do sujeito". Essas técnicas de si serão definidas como "as que permitem aos indivíduos efetuar, por si mesmos, um certo número de operações sobre o seu corpo, sua alma, seus pensamentos, suas condutas, e isso de maneira a produzir neles uma transformação".[108]

Comentando esta questão, Bernard Harcourt e Fabienne Brion consideram fundamental ressaltar que este aspecto da teoria foucaultiana é tão filosófico quanto político. Ao negar uma "teoria do sujeito" para pensar um sujeito histórico que se constitui por meio de práticas, ele faz uma aproximação fundamental entre o poder e o ser, de forma que possa ser entendido como as práticas de dominação também influem tecnologias de si. O exercício de poder depende de conhecimentos, práticas e "autoaleturgias".[109]

Nos termos enunciados pelo próprio autor nestas conferências na Bélgica, é preciso perceber que o poder moderno ata o indivíduo "por meio de sua própria enunciação de sua própria verdade". Logo, não é algo que se estabelece só de fora para dentro, mas também de dentro para fora, cabendo-nos desvendar como "o indivíduo se encontra atado e aceita estar atado". Daí porque a questão é ao mesmo tempo jurídica, política, filosófica e histórica.[110]

---

106 GROS, Situação do curso. In: FOUCAULT, *A coragem da verdade*: curso no Collège de France (1983-1984), p. 276.

107 FOUCAULT, A ética do cuidado de si como prática da liberdade. *In: Ética, sexualidade, política* (Ditos e Escritos V), p. 276.

108 PELBART, Da dessubjetivação nomádica à subjetivação herética: Foucault, Agamben, Deleuze, p. 277.

109 HARCOURT; BRION, The louvain lectures in context. In: FOUCAULT, *Wrong-doing, truth-telling*: the function of avowal in justice, pp. 298-300.

110 FOUCAULT, *Wrong-doing, truth-telling*: the function of avowal in justice, p. 19.

Talvez seja este o ponto mais delicado da teoria: o caráter insidioso da produção do sujeito. O motivo pelo qual isto esteve tão ocultado revela também um dos pontos dessa mecânica do governo pela verdade. Eis técnicas sofisticadas sobre as quais não se vê muito nitidamente a influência das estruturas de poder[111], já que aparentemente elas decorrem apenas das ações das próprias pessoas sobre si mesmas.[112]

A obediência é assimilada também como uma regra de agir, uma regra de como pensar e performar. Na modernidade ocidental, governar significa também incidir em "tecnologias de si", e doravante não se pode entender o grande fluxo das relações sociais sem cair sobre o plano das artes de governar "por meio do sujeito". Aos estudiosos das mecânicas sociais, demanda-se uma "pragmática das artes de governar" na qual seja imprescindível a seara do cuidado de si.[113]

Nestes termos, no nosso momento histórico, falar de subjetivação não é isolar o sujeito. Pelo contrário, é um passo fundamental para compreender como as verdades e governos se inserem em valores éticos, utilizam a ética para marcar, acentuar, reduzir, prorrogar efeitos. Ao influir na forma como se dá o "dizer-a-verdade" do indivíduo sobre si, sua autoformação, está-se operando também sobre a forma como o indivíduo diz a verdade sobre o outro. O governo de si está em direta conexão com o governo do outro, como já indica o próprio título do seu curso no Collège de France em 1983:

> E, ao colocar a questão do governo de si e dos outros, gostaria de procurar ver como o dizer-a-verdade, a obrigação e a possibilidade de dizer a verdade nos procedimentos de governo podem mostrar de que modo o indivíduo se constitui como sujeito na relação consigo e na relação com os outros. O dizer-a-verdade, nos procedimentos de governo e na constituição de um indivíduo como sujeito para si mesmo e para os outros.[114]

Assim, é falso dizer que o Foucault da década de 1980 abandona o político pela ética. Na verdade, ele "complica o estudo das governamentalidades com a exploração do cuidado de si", deixando cada vez mais

---

111 Por exemplo, geralmente está-se mais atento ao modo como uma instituição educacional exerce governo sobre os corpos dos estudantes por meio de gestos e saberes, mas não se está tão alerta para perceber o quanto a instituição está ensinando ao aluno uma certa maneira de se autogovernar.

112 FOUCAULT, O Sujeito e o Poder, p. 265.

113 AVELINO, Apresentação: Foucault e a anarqueologia dos saberes. In: FOUCAULT, *Do governo dos vivos: curso no Collège de France, 1979-1980*, p. 32.

114 FOUCAULT, *O governo de si e dos outros:* curso no Collège de France (1982-1983), p. 42.

exposto este lado fundamental de como se formulam os fluxos de poder e saber nos dias atuais, o lado da construção moral dos seres como ferramenta de construção social.[115]

Este foi o tom, inclusive, dos volumes finais de sua História da Sexualidade. Se ele fala de "técnicas de si", é porque visa justamente atentar para as formas como o poder demarca parâmetros de certo/errado que tem efeitos para dentro e para fora, gerindo também o grau de aceitabilidade/repulsa dos sujeitos sobre as ações sociais que estão no entorno.

> Não é por oposição à vida ativa que a cultura de si propõe seus próprios valores e suas práticas. Ela procura muito mais definir o princípio de uma relação consigo que permitirá fixar as formas e as condições nas quais uma ação política, uma participação nos encargos do poder, o exercício de uma função, serão possíveis ou impossíveis, aceitáveis ou necessários.[116]

E, bem por isso, é essencial recordar que "governo", "verdade" e "subjetivação" são três dimensões de um mesmo conjunto para compreender a modernidade, não estão em relação de hierarquia ou causa-efeito, mas em circularidade. Em outros termos, um não precede ao outro, um não determina o outro, todos se influenciam reciprocamente.

Para o autor, há uma "irredutibilidade essencial desses três polos", uma relação "necessária e mútua" sem que seja possível indicar quem está no começo e quem está no fim. Eis uma forma verdadeiramente única de ver o cenário social, desviando sobretudo dos discursos predominantes no campo filosófico e político.[117]

Esta matriz metodológica representa a principal marca da influência de Nietzsche sobre o pensamento foucaultiano.[118] Um corte na pretensão de encontrar origens independentes do conhecimento direciona justamente para o divórcio com a metafísica clássica, e daí sua discordância com as pretensões de elaboração de uma "teoria do conhecimento".[119]

---

115 GROS, Situação do curso. In: FOUCAULT, *A hermenêutica do sujeito*: curso no Collège de France (1981-1982), p. 461.

116 FOUCAULT, *História da sexualidade 3*: o cuidado de si, p. 93.

117 FOUCAULT, *A coragem da verdade:* curso no Collège de France (1983-1984), p. 59.

118 Para uma melhor compreensão desta influência fundamental de Nietzsche sobre o pensamento de Foucault, vale também a leitura: DEFERT, Situação do curso. In: FOUCAULT, *Aulas sobre a vontade de saber:* curso no Collège de France (1970-1971).

119 SENELLART, Situação do curso. In: FOUCAULT, *Do governo dos vivos:* curso no Collège de France (1979-1980), p. 312.

Mais do que isso, a genealogia foucaultiana, que se torna mais evidente a partir de 1970, corresponde não apenas a esta negativa de elaborar uma "teoria do saber", mas igualmente à recusa de uma "teoria do poder" ou uma "teoria do sujeito", divergindo das ciências universalistas de qualquer mote.

Não há que se buscar fora uma essência, pois é a circularidade tripla entre a epistemologia (verdade), política (governo) e moral (subjetivação) que demonstra como essas partes se formam em conjunto. A imanência destas formas é que faz sentido na história traçada por Foucault.

Conforme registram Hubert Dreyfus e Paul Rabinow, o intelectual universalista não rompe com o jogo do poder justamente porque se mantém preso à procura de uma base hipotética do saber, do poder e do sujeito. O que não significa, por sua vez, confundir os três pontos, porém demarcar que eles existem em relações específicas e não mecânicas.[120]

Cabe, nesta diretriz, entender como o domínio sobre as coisas, sobre os outros e sobre si mesmo estabelecem ligações que podem ser chamadas de "conjuntos práticos". Eles não se confundem, nem se isolam: "o domínio sobre as coisas passa pela relação com os outros; e a esta implica sempre as relações consigo mesmo; e vice-versa":

> Mas, se evoco essa generalidade não é para dizer que é preciso retraçá-la em sua continuidade metaistórica através do tempo, nem tampouco acompanhar suas variações. O que é preciso apreender é em que medida o que sabemos, as formas de poder que aí se exercem e a experiência que fazemos de nós mesmos constituem apenas figuras históricas determinadas por uma certa forma de problematização, que definiu objetos, regras de ação, modos de relação consigo mesmo. O estudo (dos modos) de problematizações (ou seja, do que não é constante antropológica nem variação cronológica) é, portanto, a maneira de analisar, em sua forma historicamente singular, as questões de alcance geral.[121]

A modernidade se apresenta como um momento único na história, e este caráter "pastoral" do ocidente permite entender como há repetições e permanências por dentro desta fase histórica específica, não por uma matriz atemporal. A possibilidade de compreender certos fluxos não precisa conduzir a um extrassaber, extrapoder, extrassujeito, é exatamente porque o momento histórico se produz por certas constantes de saber-poder-sujeito que é possível registrar certas generalidades na análise dos acontecimentos.

---

120 DREYFUS; RABINOW, *Michel Foucault, uma trajetória filosófica*: para além do estruturalismo e da hermenêutica, p. 222.

121 FOUCAULT, O que são as Luzes? In: *Arqueologia das Ciências e História dos Sistemas de Pensamento* (Ditos e Escritos II), p. 350.

A relação destas forças age "transversalmente" entre os três domínios. Pela forma com que a modernidade se constitui, não há modelo de veridicção relevante que não implique um tipo de governo e não se expresse em uma técnica de si. O que é "visível" e o que é "enunciável" estão conectados, sem direção definida, e se atualizam constantemente.[122]

E quando Foucault se deparou com as figuras da "confissão", da "parresía", do "cínico", deteve-se sobre elas porque simbolizavam esta conexão circular das três dimensões, permitindo ilustrar com maior clareza e didática como a ética integra um formato de governo dos outros pela verdade.

No último curso proferido, Foucault fez questão de frisar que era esta ligação que o fascinava há muito tempo, a partir da qual pôde investir sobre áreas distintas (manicômios, prisões, sexualidade) e entender como se formavam e se transformavam a partir de técnicas: "a articulação entre os modos de veridicção, as técnicas de governamentalidade e as práticas de si é, no fundo, o que sempre procurei fazer".[123]

Em tom de "testamento filosófico", diria Frédéric Grós, neste derradeiro curso oferecido no ano de sua morte – "A coragem da verdade" –, Foucault reafirma seu método em deslocamento das teorias clássicas, destacando como foi necessário complexificar as análises para compreender melhor o presente.[124]

> E vocês estão vendo que, na medida em que se trata de analisar as relações entre modos de veridicção, técnicas de governamentalidade e formas de práticas de si, a apresentação de pesquisas assim como uma tentativa para reduzir o saber ao poder, para fazer do saber a máscara do poder, em estruturas onde o sujeito não tem lugar, não pode ser mais que pura e simples caricatura. Trata-se, ao contrário, da análise das relações complexas entre três elementos distintos, que não se reduzem uns aos outros, que não se absorvem uns aos outros, mas cujas relações são constitutivas umas das outras. Esses três elementos são: os saberes, estudados na especificidade da sua veridicção; as relações de poder, estudados não como uma emanação de um poder substancial e invasivo, mas nos procedimentos pelos quais a conduta dos homens é governada; e enfim os modos de constituição do sujeito através das práticas de si. É realizando esse tríplice deslocamento teórico – do tema do conhecimento para o tema da veridicção, do tema da dominação para o tema da governamentalidade, do tema do indivíduo para o tema das práticas de si – que se pode, assim me parece, estudar as relações entre verdade, poder e sujeito, sem nunca reduzi-las umas às outras.[125]

---

122 DELEUZE, *Foucault*, p. 48.

123 FOUCAULT, *A coragem da verdade*: curso no Collège de France (1983-1984), p. 9.

124 GROS, Situação do curso. In: FOUCAULT, *A coragem da verdade*: curso no Collège de France (1983-1984), p. 303.

125 FOUCAULT, *A coragem da verdade*: curso no Collège de France (1983-1984), p. 10.

Enfim, por meio desse "triplo deslocamento teórico" das ontologias do conhecimento, da dominação e do indivíduo, Foucault chega a formular sua teoria com base na tríplice relação circular entre verdade-governo--subjetivação[126] (ou veridicção-governamentalidade-práticas de si). E quanto mais profundo se for nestes deslocamentos, mais tende a ficar clara a inovação do seu método.

3.2. QUATRO TRAÇOS DO PODER MODERNO

Foucault utilizava uma forma de produção teórica que nem sempre deixava suficientemente claro como suas afirmações se diferenciavam dos principais saberes vigentes. Certo é que, à toda evidência, seu pensamento promoveu distanciamentos não apenas com relação aos ditos pensamentos "conservadores", mas também com relação a muitos dos pensamentos da margem "crítica".

Deleuze indica que normalmente Foucault dedicava poucas páginas a esclarecer suas discordâncias metodológicas, pois não trabalhava com o "método de teses". Era nítido que abandonava certo número de postulados do pensamento crítico predominante, contudo, preferia uma aplicação direta na análise da realidade a um apontamento criterioso de suas divergências.[127]

Adiante, será feita uma análise concentrada dos quatro grandes discursos com os quais ele operava distanciamentos, conforme parece ser apontado preliminarmente pelo autor no curso de 1975:

> Parece-me que é um erro ao mesmo tempo metodológico e histórico considerar que o poder é essencialmente um mecanismo negativo de repressão; que o poder tem essencialmente por função proteger, conservar ou reproduzir relações de produção. E parece-me que é um erro considerar que o poder é algo que se situa, em relação ao jogo das forças, num nível superestrutural. É um erro enfim considerar que ele está essencialmente ligado a efeitos de desconhecimento.[128]

---

126 Foucault não utilizava esta expressão, aqui está sendo também utilizado o hífen como uma referência ao que ele propôs ao usar a expressão "saber-poder", ressaltando o caráter de circularidade entre os conceitos.

127 DELEUZE, *Foucault*, p. 34.

128 FOUCAULT, *Os anormais:* curso no Collège de France (1974-1975), p. 43.

Cabe tentar demonstrar como o seu pensamento efetivamente inovava o campo crítico, e tal elucidação pode ser melhor operada em vista dos discursos que Foucault considerava insuficientes para entender a realidade. Se toda inovação deve ter um aspecto de negação, entender o divórcio de Foucault perante certas premissas teóricas é uma maneira importante de elucidar os reais alcances e utilidades do seu método.

Serão, portanto, verificadas quatro características fundamentais do pensamento foucaultiano sobre o poder moderno no ocidente, cada uma delas em destaque por um tipo de ruptura a se operar nos discursos filosóficos mais influentes do cenário político de seu tempo, percebendo a realidade a partir de outras premissas.

3.2.1. Estratégico (não repressivismo)

Foucault fugia de todas as tentativas de ontologização, seja do saber, do poder ou do sujeito. Bem por isso, dentre outras coisas, percebeu o quanto muitos discursos sobre o poder estavam marcados por uma fixação no modelo repressivo, de forma que exercer poder equivale a reprimir. A partir de 1972, ele assume uma divergência quanto a estes discursos, e para tanto foca no aspecto "positivo" do poder.[129]

Conforme já apresentado, o governo dos homens operado desde o século XVIII no ocidente se caracteriza por uma forma muito mais ampla e mais refinada de conduzir as relações sociais. A criação e aplicação de normas (normalização), apesar de não dispensar o uso de mecanismos coercitivos, opera muito mais de forma "produtora", na medida em que produz efetivamente jogos de verdade e introduz os indivíduos dentro deles. O poder produz verdades e sujeitos, assim como é produzido por eles.

Opera mediante técnicas que vão muito além dos aparelhos de força, e é muito mais abrangente do que a "representação jurídico-discursiva do poder" que quer fazer crer que a "lei" e o "castigo" são as peças centrais do jogo. As agências oficiais de Direito não são o eixo fundamental, apesar de terem grande relevância.[130]

A condução dos homens (ação sobre ações) que caracteriza o conceito de "governo" pôs em pauta a questão de que sua funcionalidade se dá muito

---

[129] Segundo Bernard Harcourt, o ano de 1972 marca o momento em que Foucault expressa essa separação quanto às teorias centradas na repressão, como se pode perceber na famosa entrevista sobre a prisão de Attica. HARCOURT, Situação do curso. In: FOUCAULT, *A sociedade punitiva*: curso no Collège de France (1972-1973), p. 260. A entrevista está publicada em português. FOUCAULT, Sobre a prisão de Attica. In: *Estratégia, saber-poder* (Ditos e escritos IV), pp. 133-145.

[130] FONSECA, *Michel Foucault e o Direito*, p. 99.

mais por "verdades" e "éticas", e assim o poder se introduz e se preserva não exclusivamente por seu caráter dizer "não". Ele se dilui, produz coisas, discursos, organiza saberes, permeia subjetividades, enfim: "deve-se considerá-lo como uma rede produtiva que atravessa todo o corpo social muito mais do que uma instância negativa que tem por função reprimir".[131]

À toda evidência, proporcionalmente, poucos são alvos de repressões concretas, e resta evidente a insuficiência deste formato para delimitar o campo da produção normativa de larga escala. As proibições, e as pessoas alcançadas por esta tática, devem assim ser entendidos como "casos-limite", minoritários diante do grau de expansão das normalizações que estão no tecido social.

Além disso, uma visão restrita ao aspecto negativo do poder tende a ver nos indivíduos apenas os efeitos deste tipo de técnica. Portanto, segundo este ponto de vista, pensa-se nos atos individuais como passíveis de serem influenciados prioritariamente por medidas de contenção. Nas relações de força, isto significaria dizer que um fato indesejado só pode ser evitado mediante a devida ameaça de um mal e que, por consequência, todo ato "desviante" pressupõe uma falha no sistema repressivo.

O princípio de organização das percepções e valorizações, entretanto, é predominantemente conduzido por vetores de criação. Logo, vale metodologicamente escapar do que Foucault chamou de "ilusão de código" ou "miragem jurídica", segundo a qual os impedimentos legais é que comandam o jogo de poder.[132]

A "lei", em verdade, tem por função "codificar uma norma", mas o alcance dos processos de normalização é bem mais extenso, e suas técnicas bem mais complexas. O fundamental é se debruçar em como essas técnicas de normalização extrapolam os enunciados negativos de contenção, "como, a partir e abaixo, nas margens e talvez até mesmo na contramão de um sistema da lei se desenvolvem técnicas de normalização".[133]

O formato negativo de poder é uma das peças da arquitetura social, mas certamente não é o mais essencial do que se passa na modernidade. Exatamente por isso, quando Foucault investigava formas de repressão, fazia-o para ir além destas práticas e situá-las dentro de um projeto mais amplo e exaustivo.

---

131 FOUCAULT, Verdade e poder. In: *Microfísica do poder,* p. 8.

132 FOUCAULT, *Subjetividade e verdade:* curso no Collège de France (1980-1981), pp. 90-91.

133 FOUCAULT, *Segurança, território, população*: curso no Collège de France (1977-1978), p. 74.

> Em suma, gostaria de desvincular a análise dos privilégios que se atribuem normalmente à economia de escassez e aos princípios de rarefação, para, ao contrário, buscar as instâncias de produção discursiva (que, evidentemente, também organizam silêncios), de produção de poder (que, algumas vezes tem a função de interditar), das produções de saber (as quais, frequentemente, fazem circular erros ou desconhecimentos sistemáticos); gostaria de fazer a história dessas instâncias e de suas transformações.[134]

Em outras palavras, a sociedade normalizadora que é típica do ocidente se estabelece principalmente por tecnologias centradas na produção de vida, "fazer viver". De forma que toda essa explosão de normas proibitivas/sancionatórias que se apresenta não é mais do que meios discursivos que tomam uma parcela do poder, as grandes codificações deflagradas a partir da revolução francesa são "formas que tornam aceitável um poder essencialmente normalizador".[135]

Logo, apesar de reais e importantes, as normas e práticas punitivas são muito pouco para compreender o grande projeto de governo dos vivos que se instala. O foco repressivo é por demais restrito e obstrui uma visão mais abrangente que permitiria entender outros fluxos relevantes.

A luta em torno da "lei" e das "ilegalidades" deve ser entendida como uma estratégia, uma tática para fixar/especificar práticas indesejadas. São discursos que não permitem apenas incidências sobre pessoas específicas, capturadas mais diretamente, pois vão além para servir como método de "vigilância perpétua da população".[136]

Sob a prática repressiva, uma forma de controle muito além da força e dos muros, que extrapola o condicionamento disciplinar por trás das grades e se traduz em uma "sociedade disciplinar", mecanismos de disciplinamento ao ar livre. Não é diferente com relação às prisões, manicômios, conventos.

Não se deve tentar traçar um retrato das formas repressivas apenas a partir do efeito que produz sobre os que são tocados diretamente por elas, o efeito do poder extrapola os selecionados, abrange o campo social na medida em que muitos se tornam vulneráveis e, ao mesmo tempo, no ponto em que produzem racionalidades e éticas para fora.

As instituições se valem por compor um quadro mais geral, que se utiliza delas mesmo quando não cumprem sua função declarada. A justiça, enquanto tática, funciona ainda quando não tem "sucesso", seu papel não pode ficar preso aos discursos oficiais, bem como a crítica não pode se limitar a uma oposição apenas dentro do quadro destes mesmos discursos.

---

134 FOUCAULT, *História da sexualidade 1:* a vontade de saber, p. 19.

135 FOUCAULT, *História da sexualidade 1:* a vontade de saber, p. 157.

136 FOUCAULT, *Vigiar e punir,* pp. 262-266.

É a margem "positiva" do poder que interessa principalmente. A condução dos "vivos" pelo projeto de governamentalidade se utiliza "quando" e "como" quer das formas repressivas, seu efeito está além e aproveita os espaços na medida em que são úteis. Eis mais um importante elemento para a ciência, a fim de fugir das leituras simplificadoras do poder como "impedimento ao ser".

Foi este foco tradicional no poder enquanto modalidade repressiva que levou a algumas incompreensões da proposta foucaultiana. Como lembra Deleuze, muitos quiseram o marcar como um "pensador do internamento", esquecendo que Foucault queria enxergar as técnicas de poder em todos os seus aspectos.

> Muitas vezes Foucault foi considerado, acima de tudo, como pensador do internamento (o hospital geral da História da Loucura, a prisão de Vigiar e Punir); ora, ele não é nada disso, esse contrassenso impede a compreensão de seu projeto global. (...) Na verdade, o internamento para Foucault sempre foi um dado secundário, que derivava de uma função primária, bem diferente conforme o caso. (...) A prisão enquanto segmentariedade rígida (celular) remete a uma função flexível e móvel, a uma circulação controlada, a toda uma rede que atravessa também os meios livres e pode aprender a sobreviver sem a prisão.[137]

A rede do poder pastoral moderno não se resume às operações de contenção, ela não se traduz pela oposição entre legal/ilegal, e não pode ser reduzida a um mecanismo de inclusão dos que agem conforme a lei e exclusão dos que violam a lei. A separação lei-ilegalidade era "por demais grosseira" para caracterizar a realidade, pois a própria lei também cria "ilegalismos" e os diferencia no processo de formalização. As leis não são oposições à ilegalidade, elas organizam verdades para fazer funcionar o poder.[138]

Segundo uma visão tradicional, o poder moderno continua sendo descrito nos moldes do controle da lepra (negativo, por exclusão), e não percebe que houve um giro fundamental na direção de um poder que atua nos moldes do controle da peste (positivo, por inclusão). A modernidade quer modular o sujeito e produzir verdades.[139]

O poder moderno substitui o velho "fazer morrer e deixar viver" por um "fazer viver e deixar morrer". Está movido essencialmente por este aspecto ativo, que se entrelaça nas racionalidades para promover um tipo de vida ideal marcado por parâmetros de certo/errado.[140]

---

137 DELEUZE, *Foucault*, p. 51.

138 DELEUZE, *Foucault*, p. 39.

139 FOUCAULT, *Os anormais*: curso no Collège de France (1974-1975), pp. 37-38.

140 FOUCAULT, *História da sexualidade 1*: a vontade de saber, pp. 148-150.

Apesar de compreender a necessidade de se manter apartado das leituras concentradas no modelo repressivo, Foucault manteve até certo momento uma visão da política como duelo. O momento em que isto se demonstra mais claramente é no curso do Collège de France de 1973, quando indica que a política deve ser entendida como uma continuação da "guerra civil". Sua intenção era se dissociar das teorias contratualistas, que viam no Estado o consenso político; explicitamente, queria defrontar a matriz hobbesiana dos discursos políticos e fazer emergir os conflitos e as tensões presentes no corpo social ainda durante o "Estado de direito". Era a negativa desta tradicional correlação entre Estado e defesa social.[141]

Segundo o autor, era preciso ressaltar como a "civilização" promovida pelo Estado moderno não era o fim das divergências, que a guerra não era algo que vinha antes ou depois do Estado. O poder não é aquilo que expulsa a guerra, é aquilo que gerencia a guerra. Os conflitos continuam presentes, sob um novo regime.

Foucault retomaria esta questão três anos depois no curso "Em defesa da sociedade", quando então declara que, segundo sua concepção de poder, "inverteríamos a proposição de Clausewitz e diríamos que a política é a guerra continuada por outros meios". É a ideia de poder como enfrentamento de forças, administrador dos choques e rivalidades.[142]

Todavia, um outro giro na teoria foucaultiana ocorreria na década de 1980. Passando a analisar através da "governamentalidade", pôs em voga o fato de que a condução das ações alheias se dá principalmente mediante um nível de "convencimento constitutivo". Percebeu que não era ideal tratar do poder como "guerra", porque, ao fim, não se trata de uma real "oposição" de vontades.

Se o poder é produtor de verdades e sujeitos, não é adequado permanecer em uma leitura que privilegia o caráter binário entre "detentores do poder" em contradição com as "vítimas do poder". A governamentalidade moderna não é uma luta entre dois grupos, é uma gestão de múltiplas direções. Um artigo de 1982, registra pela primeira vez esse distanciamento da nomenclatura da "guerra", apesar de que tal mudança já podia ser percebida em seus textos dos anos anteriores:

> O exercício do poder consiste em "conduzir condutas" e em ordenar a probabilidade. O poder, no fundo, é menos da ordem do afrontamento entre dois adversários, ou do vínculo de um com relação ao outro, do que da ordem do "governo".[143]

---

141 FOUCAULT, *A sociedade punitiva:* curso no Collège de France (1972-1973), pp. 13-31.
142 FOUCAULT, *Em Defesa da Sociedade:* curso no Collège de France (1975-1976), p. 15.
143 FOUCAULT, O Sujeito e o Poder, p. 244.

Os regimes de veridicção são múltiplos e não enquadráveis em apenas dois ou três blocos de divergência. O modo "constringente" da manifestação da verdade nos atos dos sujeitos ficaria muito limitado na tentativa de enquadrá-lo sempre em face de oposições rígidas e previamente definidas.[144]

Entender o poder por seu caráter "acontecimental" significa perceber como a política é muito mais refinada do que a "ordem do combate". Ao conduzir não só corpos, mas também desejos, faz-se obrigatório que o poder seja mais da "ordem da estratégia".[145]

O poder não cumpre apenas uma função rígida de fazer valer a lei por repressão, por outro lado também não é um mero fetiche encobridor que permite um fluxo sempre na mesma direção, contra os mesmos grupos. Ele é um mecanismo modulável, uma "tática política" que opera em conjunto, existem vários "processos de poder".[146]

Alessandro Fontana e Mauro Bertani recordam como a visão binária de grupos opostos, que supostamente determinam toda a dinâmica social, foi aos poucos sendo substituída por Foucault. Era o modelo estratégico que se tornava cada vez mais necessário compreender, diante dos múltiplos pontos de produção do poder, de suas funcionalidades moduláveis, dúcteis.

> É antes, no campo do poder, um conjunto de lutas pontuais e disseminadas, uma multiplicidade de resistências locais, imprevisíveis, heterogêneas que o fato maciço da dominação e a lógica binária da guerra não conseguem apreender.[147]

Campo plural e móvel das correlações de força, que produzem efeitos micro e macropolíticos, contudo, com efeitos "nunca totalmente estáveis de dominação". Eis o que significa o modelo estratégico que se dissocia do "modelo de direito" e do "modelo da guerra". Não há um privilégio da "lei", nem posição fixa dos mesmos "favorecidos".[148]

Entender a dinâmica do poder na modernidade demanda, neste prisma, uma leitura que não enrijece as funcionalidades do sistema. Indo além, retira os elementos repressivos do comando das ações políticas para inseri-los como mais uma possibilidade estratégica, dentre outras tantas. A sanção como uma das ferramentas do governo, em meio aos instrumentos que contribuem para formar "positividades", modos de vida, sujeitos.

---

144 AVELINO, Governamentalidade e anarqueologia em Michel Foucault, p. 151.

145 AVELINO, Governamentalidade e anarqueologia em Michel Foucault, p. 144.

146 FOUCAULT, *Vigiar e punir*, p. 27.

147 FONTANA; BERTANI, Situação do curso. In: FOUCAULT, *Em defesa da sociedade:* curso no Collège de France (1975-1976), p. 242.

148 FOUCAULT, *História da sexualidade 1:* a vontade de saber, p. 113.

Foucault descreve o sujeito em sua determinação histórica, mas também em sua dimensão ética. Retoma a propósito do sujeito o que havia enunciado quanto ao poder, ou seja: o poder não deve ser pensado como lei, mas como estratégia, sendo a lei apenas uma possibilidade estratégica entre outras. Da mesma maneira, a moral como obediência à Lei é apenas uma possibilidade ética entre outras; o sujeito moral é apenas uma realização histórica do sujeito ético.[149]

Enfim, superar uma filosofia centrada na repressão por um entendimento destas práticas como elementos que compõem o "governo pela verdade", produtoras de verdades, o poder como uma técnica flexível que influencia e é influenciada pelo jogo da verdade. Técnica estratégica de governo de si e dos outros.

3.2.2. Constitutivo (não economismo)

Indo adiante, o método de Foucault promoveu uma segunda ruptura importante, desta vez com as teorias que pretendiam centrar as análises políticas na economia. O modo de aproximação com os fluxos do poder que foca em um núcleo necessariamente econômico, do qual partiriam os demais efeitos, é uma forma insuficiente de abordar o que se passa na modernidade ocidental.

Percebia a existência de saberes cujas origens remontam ao século XIX e que pretendem promover uma visão da historicidade a partir do modo de produção. Seria esta, segundo certa linha de pensamento, a matriz essencial que conduz as relações de poder, sua origem e sua condição interpretativa.[150]

Segundo esta teoria do conhecimento, todos os tipos de sujeição são sempre "fenômenos derivados", constituindo "meras consequências de outros processos econômicos". As forças produtivas, previamente arranjadas, estariam na base dos vetores de amarração social, os mecanismos de sujeição acabam sendo postos sempre na posição de "terminal".[151]

Pressupõe-se, segundo este pensamento, que o trabalho é a raiz de todas as explicações, sendo alçada ao nível de própria essência concreta do homem. Logo, trabalho como dado prévio ao poder, economia como dado prévio ao poder, política como local de reflexo.

---

149 GROS, Situação do curso. In: FOUCAULT, *A hermenêutica do sujeito:* curso no Collège de France (1981-1982), p. 476.

150 FOUCAULT, *As palavras e as coisas:* uma arqueologia das ciências humanas. pp. 360-361.

151 FOUCAULT, O Sujeito e o Poder, p. 236.

Para Foucault, há um equívoco na origem desta filosofia, pois a economia e o trabalho também devem ser vistos como relação social, e, por decorrência, são permeados por poder. Logicamente, a questão seria retirar o poder de seu local de consequência para assumir um posto de relevância desde o primeiro momento.

> O trabalho não é a essência do homem. Se o homem trabalha, se o corpo humano é uma força produtiva, é porque o homem é obrigado a trabalhar. E ele é obrigado porque ele é investido por forças políticas, porque ele é capturado nos mecanismos de poder.[152]

A relação econômica não está livre das verdades, das governamentalidades e das subjetivações, ela é desde já composta por um componente político, é intermediada por forças que emergem e dão valor, produzem valor. E se há relações produtivas em desnível, tal exploração só pode se dar pela existência de um complexo componente político.[153]

Visto assim, há uma inversão que se apresenta na teoria foucaultiana, a se perceber que não é o trabalho que introduz o poder, pois o poder está desde sempre na constituição deste trabalho. É o poder que torna possível o trabalho tal como ele se organiza na modernidade, e mesmo se este é fruto histórico de outros acúmulos, estes igualmente só foram possíveis a partir de relações de poder.[154]

O pressuposto fundamental de que os atos, saberes e éticas estão imbricados rompe com a possibilidade de se acionar "determinantes econômicos" como raiz do conhecimento e do poder. Foucault se divorciava de quaisquer pretensões metafísicas, e logo não podia conceber a fixação do poder em uma "teoria do conhecimento" que moldasse as forças sociais a um mecanismo rígido de condicionamento ao campo econômico. Isso seria, sem dúvidas, mais uma forma de positivismo.[155]

A ideia de "descontinuidades", herdada de Nietzsche, mais uma vez é fundamental para fugir de uma "teoria do poder". Não se coaduna, portanto, com visões da história que privilegiem uma linha supostamente conduzida pelo

---

152 FOUCAULT, Diálogo sobre o poder. In: *Estratégia, saber-poder* (Ditos e escritos IV), p. 259.

153 CLASTRES, *A sociedade contra o Estado: pesquisas de antropologia política,* p. 211.

154 FONTANA; BERTANI, Situação do curso. In: FOUCAULT, *Em defesa da sociedade:* curso no Collège de France (1975-1976), p. 237.

155 DEFERT, Situação do curso. In: FOUCAULT, *Aulas sobre a vontade de saber:* curso no Collège de France (1970-1971), pp. 243-244.

mapa econômico; as relações sociais são muito mais complexas e ricas, não podem se reduzir a um jogo marcado por um único elemento condutor.[156]

O que não significa, certamente, que as relações de poder sobre a produção não sejam um fator relevante do cenário social, e que não ocupem um lugar de grande importância na governamentalidade moderna. Sim, as relações de governo muitas vezes são inteligíveis a partir de suas incidências sobre o setor produtivo, mas não em termos de causalidade. A economia não é uma "outra instância" que explica o poder, pois o poder passa por ela e por muitas outras searas, as governamentalidades são atravessadas por cálculos com uma série de "miras e objetivos".[157]

> Isto porque, para que existam as relações de produção que caracterizam as sociedades capitalistas, é preciso haver, além de um certo número de determinações econômicas, estas relações de poder e estas formas de funcionamento de saber. Poder e saber encontram-se assim firmemente enraizados; eles não se superpõem às relações de produção, mas se encontram enraizados muito profundamente naquilo que as constitui.[158]

Há, sim, um poder que está na economia e está em muitos outros setores. Há uma rede de encontros e desencontros, instabilidades, uniões e separações, que não se submetem a uma visão de "analogia" ou "homologia" com as formas econômicas ou qualquer outra forma. Os poderes se definem por "singularidades", pelos "pontos singulares por onde passa".[159]

Pensar assim não significa negar as relevâncias das disparidades econômicas e como elas influenciam outros setores da vida. Não significa, igualmente, negar a existência de classes sociais detentoras de diferentes poderes que se relacionam sobretudo com uma condição econômica. A análise foucaultiana não nega a existência de classes e a relevância das mesmas para compreender nosso presente, ela apenas as considera insuficientes para explicar todos os complexos fatos da história moderna.

Deve-se ver as disparidades de classes não como "causa do exercício do poder", mas como uma chave de "inteligibilidade" de certas estratégias da sociedade moderna. A forma com que os recursos financeiros são distribuídos não é a causa das relações sociais, é consequência dos jogos mais amplos, e utilizar o dado econômico não é se referir a uma origem, é se referir também a uma expressão do poder.[160]

---

156 COHEN, *Against criminology*, p. 225.

157 FOUCAULT, *História da sexualidade 1*: a vontade de saber, p. 105.

158 FOUCAULT, *A verdade e as formas jurídicas*, p. 126.

159 DELEUZE, *Foucault*, p. 35.

160 FOUCAULT, Poderes e estratégias. In: *Estratégia, saber-poder* (Ditos e escritos IV), p. 249.

Nessa direção, escapar dos "economismos"[161] e compreender o espaço complexo em que as relações de poder se produzem. Não desconsiderar que os mecanismos de poder podem estar relacionados com relações econômicas, e em grande parte efetivamente estão, entretanto, compreendê-los dentro da circularidade maior entre verdade-governo-subjetivação.

Consequentemente, o governo de si e dos outros não é um "produto" da economia, e tentar vislumbrar os jogos de veridicção a partir desta premissa só pode levar a análises frágeis. Poder é exercício, não está marcado por uma natureza, nenhum positivismo pode dar conta de sua flexibilidade.

> Para fazer uma análise não econômica do poder, de que, atualmente dispomos? Dispomos, primeiro, da afirmação de que o poder não se dá, nem se troca, nem se retoma, mas que ele se exerce e só existe em ato. Dispomos igualmente desta outra afirmação, de que o poder não é primeiramente manutenção e recondução das relações econômicas, mas, em si mesmo, primariamente, uma relação de força.[162]

Este giro teórico fornece uma nova forma de pensar os "materialismos", não como condições materiais que "permitem" relações de poder, porém como materiais que o poder utiliza para seu jogo de amarrações. O campo político é livre para utilizar as práticas e seus produtos, e para modificar sua utilização, de forma que o estado material não conduz obrigatoriamente a certas formas específicas de relação social ou poder. Há sempre saberes e subjetivações presentes.

Levantar o aspecto político da economia é também reposicionar o corpo (bio) nas relações sociais, de forma que se compreenda o homem como aquilo que interage na produção sempre a partir de arranjos sociais. O sujeito é uma produção em par com os fatos e os saberes vigentes em seu tempo, e isto abrange tanto sua expressão econômica como suas demais expressões.

> Penso que a diferença se deve ao fato de que se trata, no materialismo histórico, de situar na base do sistema as forças produtivas, em seguida, as relações de produção para se chegar à superestrutura jurídica e ideológica, e finalmente ao que dá sua profundidade, tanto ao nosso pensamento quanto à consciência dos proletários. As relações de poder são, em minha opinião, ao mesmo tempo mais simples e muito mais complicadas. Simples, uma vez que não necessitam dessas construções piramidais; e muito mais complicadas, já que existem múltiplas relações entre, por exemplo, a tecnologia do poder e o desenvolvimento das forças

---

161 FOUCAULT, *Em Defesa da Sociedade:* curso no Collège de France (1975-1976), p. 13.

162 FOUCAULT, *Em Defesa da Sociedade:* curso no Collège de France (1975-1976), p. 15.

produtivas. Não se pode compreender o desenvolvimento das forças produtivas a não ser que se balizem, na indústria e na sociedade, um tipo particular ou vários tipos de poder em atividade – e em atividade no interior das forças produtivas. O corpo humano é, nós sabemos, uma força de produção, mas o corpo não existe tal qual, como um artigo biológico ou como um material. O corpo existe no interior e através de um sistema político. O poder político dá um certo espaço ao indivíduo: um espaço onde se comportar, onde adaptar uma postura particular, onde sentar de uma certa maneira, ou trabalhar continuamente.[163]

O poder não é um "garantidor" do modo de produção, ele é constitutivo. Segunda ruptura relevante da teoria foucaultiana, o poder não é uma mera consequência econômica, ele é criador, está na própria formação dos saberes e práticas da modernidade ocidental: "o poder é de fato um dos elementos constitutivos do modo de produção e funciona no cerne deste".[164]

Compreender a relação verdade-governo-subjetivação significa, na modernidade, que também não pode se limitar o poder a um privilégio decorrente do trabalho ou das riquezas, já que estes são fatores que ganham significado e são manejados a partir da própria política.

3.2.3. Capilarizado (não Estado-centrismo)

Um terceiro e fundamental distanciamento pertencente à teoria foucaultiana é o momento em que se extrapola as análises que põem o Estado como origem primordial das relações de poder. Sair, portanto, de uma visão do governo dos homens que toma como ponto privilegiado as instituições, e, dentre elas, no centro: o Estado.

Percebeu o autor que uma larga parcela das análises da modernidade, mesmo as de viés declaradamente críticas, partiam do ponto fundamental de que a "monarquia jurídica" era a chave fundamental de inteligência das redes de poder. Assim sendo, a análise do poder se mantém em uma ordem vertical e segue a linha de sustentação da própria fala da monarquia moderna, acreditando que a origem das forças está em uma posição superior de comando.

> No fundo, apesar das diferenças de época e objetivos, a representação do poder permaneceu marcada pela monarquia. No pensamento e na análise política ainda não cortaram a cabeça do rei. Daí a importância que ainda se dá, na teoria do poder, ao problema do direito e da violência, da lei e da ilegalidade, da vontade e da liberdade e, sobretudo, do

---

163 FOUCAULT, Diálogo sobre o poder. In: *Estratégia, saber-poder* (Ditos e escritos IV), p. 259.

164 FOUCAULT, *A sociedade punitiva:* curso no Collège de France (1972-1973), p. 210.

Estado e da soberania (mesmo se esta é refletida, não mais na pessoa do soberano, mas num ser coletivo). Pensar o poder a partir destes problemas é pensá-los a partir de uma forma histórica bem particular às nossas sociedades: a monarquia jurídica.[165]

As teorias políticas predominantes ainda não "cortaram a cabeça do rei". Continuam seguindo a matriz de interpretação das práticas e saberes que aceita a ideia de monarquia jurídica como conformadora da modernidade. Por isso, os debates e as resistências teimam em se prender entre "legalidades" e "ilegalidades", supondo que a realidade das forças operantes obedece a um vetor contínuo do rei/lei sobre as cabeças dos súditos.

Não à toa a firme rejeição de Foucault à hipótese "contrato-opressão", simbolizada pelo modelo hobbesiano e toda a tradição contratualista, eis que o poder vai muito além da ideia de um pacto para reprimir dissidências por meio de uma lei (saber) e um aparato (Estado). O poder é uma rede produtora, criadora de verdades, de individualidades e de práticas.[166]

O modelo de "estado-centrismo" é o que faz crer que as práticas se produzem por uma dominação global, de um ponto alto sobre os demais abaixo, posição ocupada por um grupo, o grupo dos que "detêm o poder". Tal ideia fica refém de uma visão da realidade que supostamente é dirigida no formato de um edifício único, uma cúpula dirigente e os súditos que apenas recebem o impacto de suas ordens.

Ignora-se, nesse sentido, que os poderes se exercem em múltiplas formas e direções e, sobretudo, que os poderes na modernidade dependem de uma rede de "múltiplas sujeições que ocorreram e funcionam no interior do corpo social". Enfim, o poder moderno depende de relações individuais não-institucionais, não apenas dos atos das instituições sobre os indivíduos.[167]

Evitar a análise da modernidade como uma dominação total não significa ignorar a importância das instituições, e dentre elas a posição relevantíssima do Estado, porém visa tornar mais complexa a visão de como elas interagem na rede social. Assim, perceber que o "governo dos homens" não advém exclusivamente de uma estrutura superior, pois na verdade é uma forma precária de múltiplos vetores que também possui múltiplas origens e destinações.

---

165 FOUCAULT, *História da sexualidade 1:* a vontade de saber, p. 99.

166 FOUCAULT, *Em Defesa da Sociedade:* curso no Collège de France (1975-1976), pp. 15-16.

167 FOUCAULT, *Em Defesa da Sociedade:* curso no Collège de France (1975-1976), p. 24.

É certo que o Estado nas sociedades contemporâneas não é simplesmente uma das formas ou um dos lugares – ainda que seja o mais importante – de exercício do poder, mas que, de um certo modo, todos os outros tipos de relação de poder a ele se referem. Porém, não porque cada um dele derive. Mas, antes, porque se produziu uma estatização contínua das relações de poder (apesar de não ter tomado a mesma forma na ordem pedagógica, judiciária, econômica, familiar). Ao nos referirmos ao sentido estrito da palavra "governo", poderíamos dizer que as relações de poder foram progressivamente governamentalizadas, ou seja, elaboradas, racionalizadas e centralizadas na forma ou sob a caução das instituições do Estado.[168]

Pensar o Estado continua sendo essencial, entretanto, é preciso assimilar o fato de que há uma "governamentalização" difusa, com inúmeros focos, inúmeros poderes instáveis. A forma moderna de "governo" vai muito além do Estado em si e dos que estão em sua dianteira, a modernidade é uma forma de governar que não se atém a certas instituições, mas as racionalidades e éticas que fazem funcionar relações de poder.

A forma de ler as dinâmicas sociais da modernidade através do conceito de governamentalidade permitiu a Foucault promover uma hipótese reversa do pensamento crítico tradicional: não pensar num movimento contínuo de extensão do poder central do Estado por sobre a sociedade, mas perceber que, a partir de determinado momento, os Estados se organizaram conectando-se com uma diversidade de forças e grupos que já há longo tempo e por muitas formas modelavam e administravam as vidas individuais com vários objetivos.[169]

Para entender o ocidente, não se deve ficar preso à análise do "Estado-coisa". Dar atenção à mecânica do poder escapando de uma lógica unitária e automática que funciona sobre os indivíduos, não ver o Estado como uma estrutura concreta, mas o Estado como uma "prática". O importante desta guinada é trazer à luz o fato de que há maneiras de governar, técnicas de agir e de fazer interagir com o governo, e elas não estão sempre subordinadas ao Estado. O Estado não se sustenta fora dos súditos.[170]

O Estado ainda é relevante, mas enquanto agente participante de um campo de correlações de forças. O sistema "soberano-lei", que fascina a maior parte dos pensamentos políticos, não se dá conta de que o poder moderno é uma técnica, porque se prende a um poder enquanto estrutura rígida de força, que pode ser controlado, conquistado como quem assume um trono.[171]

---

168 FOUCAULT, O Sujeito e o Poder, p. 244.

169 ROSE; O'MALLEY; VALVERDE, Governmentality, p. 87.

170 FOUCAULT, Segurança, território, população: curso no Collège de France (1977-1978), p. 369.

171 FOUCAULT, História da sexualidade 1: a vontade de saber, p. 107.

Foucault lembra que é fundamental "deontologizar" o Estado, perceber que ele (e o poder) não possui uma essência, não possui sempre a mesma função, não age sempre da mesma forma. Ele é versátil, dá-se por interação perante muitos fluxos, produz e é produzido por várias governamentalidades.

> É que o Estado não tem essência. O Estado não é um universal, o Estado não é em si uma fonte autônoma de poder. O Estado nada mais é que o efeito, o perfil, o recorte móvel de uma perpétua estatização, ou de perpétuas estatizações, de transações incessantes que modificam, que deslocam, que subvertem, que fazem deslizar insidiosamente, pouco importa, as fontes de financiamento, as modalidades de investimento, os centros de decisão, as formas e os tipos de controle, as relações entre as autoridades locais, a autoridade central, etc. (...) O Estado não é nada mais que o efeito móvel de um regime de governamentalidades múltiplas. É por isso que eu me proponho analisar essa angústia do Estado, essa fobia do Estado, que me parece um dos traços característicos de certas temáticas correntes na nossa época. Ou antes, proponho-me retomá-la e testá-la, mas sem procurar arrancar do Estado o segredo do que ele é.[172]

Nem Estado-centrismo, nem Estado-fobia. Não há uma verdade a se extrair por trás do Estado, portanto é tão ineficaz centrar os esforços em torno da tomada do Estado quanto da rejeição essencializada do Estado. Se há uma situação de dominação e ela performa utilizando o Estado, isto não significa que sua força se dê exclusivamente a partir do Estado. Foucault produziu uma teoria da governamentalidade moderna ao invés de atender à incessante demanda por uma teoria do Estado.[173]

As complexas relações políticas, mediante verdades, instituições e sujeitos, vão além do enquadramento da soberania. É preciso extrair das relações de poder estes "dispositivos de dominação" que não são inteligíveis a partir da linguagem da lei, pois os poderes não derivam de um único centro, e sim de uma "tecnologia", um "modo" de controle que se repete.[174]

Se a modernidade se constitui como essa rede individualizante e totalizante de poder pastoral, é justamente porque utiliza não apenas a força do aparato estatal. Sua estratégia não está na mão de ferro do Estado, depende de uma racionalidade que se produz no campo do saber e da ética, está dentro dos sujeitos. O governo no ocidente não é da ordem

---

172 FOUCAULT, *Nascimento da biopolítica*, p. 105.

173 BECKER; EWALD; HARCOURT, Becker on Ewald on Foucault on Becker, p. 5.

174 FOUCAULT, *Em Defesa da Sociedade:* curso no Collège de France (1975-1976), p. 38.

da "superestrutura" porque está fundamentalmente "integrado no jogo, na distribuição, na dinâmica, na estratégia, na eficácia das forças".[175]

É precisamente por isso que Foucault se nega a investigar o poder por meio de uma oposição entre Estado e sociedade. Em entrevista concedida em 1980, ele reforça a necessidade de compreensão do poder enquanto aquilo que também está no indivíduo, que o sujeito produz como racionalidade.

> Considero que a oposição teórica entre Estado e sociedade civil, na qual trabalha a teoria política há 150 anos, não é muito fecunda. Uma das razões que me levam a colocar a questão do poder, tomando-a em seu próprio meio, lá onde se exerce, sem procurar nem suas formulações gerais nem seus fundamentos, é que não aceito a oposição entre um Estado que seria detentor do poder e que exerceria sua soberania sobre uma sociedade civil, a qual, em si mesma, não seria depositária de semelhantes processos de poder. Minha hipótese é que a oposição entre Estado e sociedade civil não é pertinente.[176]

Não dividir em dois polos que se opõem, o correto é perceber como eles são âmbitos que se justapõem, diria Bourdieu: "a alternativa indivíduo/estrutura, que faz belas dissertações, é fraca, pois a estrutura está no indivíduo tanto quanto na objetividade".[177]

Há que se verificar, diante disto, que as instituições são movidas por movimentos que as transcendem, que são de condução "de si e dos outros" por meio de fluxos circulares e não apropriáveis mediante exclusividade. É de uma rede de alianças que o poder se constitui, a partir de vários "pontos de apoio" que estão tanto dentro quanto fora do Estado.[178]

Como ressalta Deleuze, a visão foucaultiana se nega a uma matriz piramidal, de formato "comando-comandados", já que apresenta uma "microanálise funcional". Melhor explicando, o poder moderno se dá em "espaço serial", pois seu formato está inserido de forma imanente nas instituições e nos indivíduos. As técnicas de controle dependem de inúmeros segmentos (família, escola, quartel, fábrica e, se necessário, prisão), e não há uma continuidade rígida, uma "centralização global" que dê conta de explicar a mecânica a partir de uma "unificação transcendente".[179]

---

175 FOUCAULT, Os anormais: curso no Collège de France (1974-1975), p. 45.

176 FOUCAULT, Conversa com Michel Foucault. In: Repensar a política (Ditos e escritos VI), p. 340.

177 BOURDIEU, Sobre o Estado, p. 101.

178 FOUCAULT, Segurança, território, população: curso no Collège de France (1977-1978), p. 157.

179 DELEUZE, Foucault, p. 37.

Há que se falar, diante disto, em "fatos gerais de dominação" somente na medida em que se percebe uma estratégia de poderes locais heteromorfos, intervalado com incoerências e resistências. Se há processos mais ou menos coerentes de larga escala, não decorrem de um "fato primeiro e maciço de dominação" (polos rígidos, dominantes sobre dominados), porém de uma "produção multiforme" de relações de dominação "parcialmente integráveis a estratégias de conjunto".[180]

Um governo dos homens que se opera por "técnicas" é a forma que Foucault encontra para dar à realidade uma leitura que extrapola o Estado e as instituições. As técnicas não têm caráter fixo, são móveis e fluem por onde existirem relações de condução da vida, sendo equivocado depositar no Estado a exclusividade destes movimentos, sob o risco de se pleitear políticas que pouco podem contribuir para modificar a realidade.

Um entendimento preso ao Estado corre o risco de buscar soluções estritamente mediante fortalecimento de órgãos que façam frente ao suposto poder centralizado, e não raro o que se vê são teorias políticas que a título de "enfrentar" o Estado vigente demandam a criação de instituições nos mesmos moldes deste.[181]

> É como se, enfim, algo de nosso surgisse depois de Marx. É como se uma cumplicidade em torno do Estado fosse rompida. Foucault não se contenta em dizer que é preciso repensar certas noções, ele não o diz, ele o faz, e assim propõe novas coordenadas para a prática. Ao fundo, ressoa uma batalha, com suas táticas locais, suas estratégias de conjunto, que não procedem, todavia, por totalização, mas por transmissão, concordância, convergência, prolongamento. Trata-se justamente da questão: que fazer? O privilégio teórico que se dá ao Estado como aparelho de poder leva, de certa forma, à concepção prática de um partido dirigente, centralizador, procedendo à conquista do poder de Estado, mas, inversamente, é esta concepção organizacional do partido que se faz justificar por esta teoria do poder.[182]

Resta vazia a questão, para muitos central, em torno da tomada do Estado ou da extinção do Estado. A questão fundamental é perceber como o poder se exerce, como ele se utiliza do Estado e vai além do Estado, e como as relações sociais estão relacionadas com o Estado, influenciando e sendo influenciadas por ele, mas que não estão exclusivamente submetidas à instituição e nem estão absolutamente livres dela.

---

180 FOUCAULT, Poderes e estratégias. In: *Estratégia, saber-poder* (Ditos e escritos IV), p. 248.

181 FOUCAULT, Poder-corpo. In: *Microfísica do poder*, p. 149.

182 DELEUZE, *Foucault*, p. 41.

Uma teoria política presa à matriz da soberania do Estado não permite contemplar a modernidade em sua maior peculiaridade, o fato de que o poder "passa pelos indivíduos". Se o poder se infiltra por racionalidades e códigos morais, não faz sentido pensar política em termos de "tomada do poder", eis que o poder é tão interno quanto externo ao indivíduo, sendo "ingênuo crer que basta ocupar o aparelho de estado para mudar o mundo (como a história ainda não cansou de nos demonstrar)".[183]

Eis porque Foucault adentrou no campo das "microfísicas do poder". Aprofundar nas formas de governo era mais importante do que permanecer parado no Estado, pois as múltiplas peças políticas se sustentam em forças não necessariamente institucionais, já que estão presentes em todas as formas de influir sobre o comportamento alheio (ação sobre ação).

Se a governamentalidade moderna realmente procede de uma circularidade entre verdade-governo-subjetivação (saber-poder-sujeito), ela está diluída nas relações sociais e não se detém exclusivamente a comandos de uma verticalidade que sempre se dá na mesma direção. Ele é multidirecional, depende de vários pontos de sustentação, está espalhado.

> Essa tecnologia é difusa, claro, raramente formulada em discursos contínuos e sistemáticos; compõe-se muitas vezes de peças ou de pedaços; utiliza um material e processo sem relação entre si. O mais das vezes, apesar da coerência de seus resultados, ela não passa de uma instrumentação multiforme. Além disso, seria impossível localizá-la, quer num tipo definido de instituição, quer num aparelho do Estado. Estes recorrem a ela; utilizam-na, valorizam-na ou impõem algumas de suas maneiras de agir. Mas ela mesma, em seus mecanismos e efeitos, se situa num nível completamente diferente. Trata-se de alguma maneira de uma microfísica do poder posta em jogo pelos aparelhos e instituições, mas cujo campo de validade se coloca de algum modo entre esses grandes funcionamentos e os próprios corpos com sua materialidade e suas forças.[184]

É este cuidado com o "micro" que ajuda a esclarecer como o poder não pode ser uma propriedade do Estado. A extensa rede de relações ativas não pode se reduzir a um privilégio de instituição ou cargo, e a aparente estabilidade das desigualdades sociais na modernidade ocidental deve ser atribuída "a disposições, a manobras" de relações "sempre tensas".[185]

Mais uma vez, destacar este aspecto individualizante não se traduz em negar a importância do Estado nem o pôr em "posição de proeminência".

---

[183] NUNES, Como não ler foucault e deleuze? Ou: para ler foucault e deleuze politicamente, p. 575.

[184] FOUCAULT, *Vigiar e punir*, p. 29.

[185] FOUCAULT, *Vigiar e punir*, p. 29.

A análise dos "micropoderes" pretende não se limitar a um domínio ou local de poder, ela pretende fazer emergir um "método de decifração" válido para compreender várias grandezas.[186]

São nas "micropráticas" que se tem melhores possibilidades de compreender a dinâmica do poder, pois elas dão conta das formações ativas das relações e podem ser associadas às instituições estatais ou não. O poder vem de baixo e vem de cima:

> Para compreender o poder e sua materialidade, seu funcionamento diário, devemos nos remeter ao nível das micropráticas, das tecnologias políticas onde nossas práticas se formam. (...) O poder não está restrito às instituições políticas. O poder representa um "papel diretamente produtivo", "ele vem de baixo", é multidirecional, funcionando de cima para baixo e também de baixo para cima. Apesar de as relações de poder serem imanentes às instituições, poder e instituições não são idênticos. Não são, contudo, relações de mera associação, nem tampouco posições de simples superestrutura.[187]

O Estado é ator e também efeito do poder. Há uma "multiplicidade de engrenagens e de focos" que se situam em um nível diferente do institucional, que utilizam as instituições, mas não são dominados por elas. Essa atenção às relações individuais faz com que se perceba que, na verdade, há uma série de exercícios que o Estado "aprova, controla ou se limita a preservar" em vez de ter a exclusividade em sua criação.[188]

Por sua vez, para evitar confusões, cabe esclarecer que o destaque sobre o micro não visa negar a existência de um macro. Ou seja, dar atenção aos modos de governo não é negar a existência da força institucional de larga escala, é sim trazer à tona o fato de que mesmo as grandes manobras estatais e seus efeitos em massa são movimentados por certas formas de agir e certas racionalidades. É evocar um duplo aspecto do poder.

> A história do Estado deve poder ser feita a partir da própria prática dos homens, a partir do que eles fazem e da maneira como pensam. O Estado como maneira de fazer, o Estado como maneira de pensar. Creio que essa não é, certamente, a única possibilidade de análise que temos quando queremos fazer a história do Estado, mas é uma das possibilidades, a meu ver, suficientemente fecunda, fecundidade essa ligada, no meu entender, ao fato de que se vê que não há, entre o nível do micropoder

---

186 SENELLART, Situação do curso. In: FOUCAULT, *Segurança, território, população*: curso dado no Collège de France (1977-1978), p. 520.

187 DREYFUS; RABINOW, *Michel Foucault, uma trajetória filosófica*: para além do estruturalismo e da hermenêutica, p. 203.

188 DELEUZE, *Foucault*, p. 35.

e o nível do macropoder, algo como um corte, ao fato de que, quando se fala num, não se exclui falar no outro.[189]

Aqui, Joel Birman destaca que há uma inversão de perspectiva frente à filosofia política clássica e mesmo frente à visão crítica majoritária, pois Foucault demonstra que a problemática do poder está mais difusa do que estas linhas acreditavam, na medida em que o poder está em todo o espaço social, "atravessado por diferenciais de força entre os corpos", e as relações de dominação e assujeitamento não podem ser compreendidas apenas em uma relação entre Estado e cidadãos.[190]

Se o poder moderno é aquele que está no "centro" (Estado) e na "periferia" (campo social), uma teoria que insiste em enxergar as relações de poder apenas entre instituições e indivíduos, em que um polo concentra toda a força e outro toda a submissão, não pode ser uma boa descrição da realidade dos últimos séculos do ocidente.

Na mesma linha, Roberto Machado esclarece que o estudo das formas gerais de dominação e dos saberes que as instruem ficaria muito limitado caso restrito às ações do Estado. As forças sociais do ocidente extravasam em muito os instrumentos estatais, sendo mais correto indicar que estes dão vazão a "formas mais gerais de dominação".[191]

O que o ocidente demonstra é a existência de uma relação de forças em cadeia, e bem por isso não pode ser apossado pelo Estado, tal como uma riqueza ou um título. Se o poder é algo que se exerce em rede, deve-se notar que os indivíduos não estão fixos em um local de comando ou em um local de dominado, ele é fluido. Os sujeitos são sempre "intermediários", o poder "funciona" porque transita pelos sujeitos.[192]

É por isso que Foucault ressaltava uma "onipresença do poder", e é precisamente por isso que o poder deve ser encarado como uma situação complexa e estratégica. O governo de condutas está em todos os lugares, não se limitando a uma estrutura prefixada, produz-se a cada instante em todos os pontos: "o poder está em toda parte; não porque englobe tudo e sim porque provém de todos os lugares".[193]

---

189 FOUCAULT, *Segurança, território, população*: curso no Collège de France (1977-1978), p. 481.

190 BIRMAN, Jogando com a Verdade. Uma Leitura de Foucault, p. 310.

191 MACHADO, Introdução. In: FOUCAULT, *Microfísica do poder.* p. XIV,

192 FOUCAULT, *Em Defesa da Sociedade:* curso no Collège de France (1975-1976), p. 26.

193 FOUCAULT, *História da sexualidade 1:* a vontade de saber, p. 103.

Se o poder está difuso, a lente deve estar direcionada não sobre "quem" detém o poder, e sim sobre "como" se exerce o poder; por isso o foco nas tecnologias de poder. Trata-se de um deslocamento que permite Foucault se livrar das teorias centradas nas instituições para uma teoria que abrange os "modos de atuação" do poder. O poder não pode ser propriedade.[194]

O foco nas "tecnologias do poder" era a maneira como Foucault concretizava sua guinada para fora das instituições. Conforme explica de maneira mais clara em seu curso de 1978, seu método realizava um tríplice deslocamento: extrainstitucional, não-funcional, não-objetivo. Promove, assim, uma saída ao exterior, pois não se prende às funções e aos objetos internos das instituições, para perceber como elas compõem peças de um jogo maior e mais complexo.[195]

Para o autor, o poder na modernidade é uma forma específica de controle mediante normalizações e, para tanto, utiliza-se técnicas que conectam as vontades individuais a certos arranjos sociais. Eis uma forma, muito mais sutil e eficaz, de organizar conformações de comportamentos favoráveis a determinados tipos de exclusões e privilégios.

> E aquilo que se deve compreender por disciplinarização das sociedades, a partir do século XVIII, na Europa, não é, sem dúvida, que os indivíduos que dela fazem parte se tornem cada vez mais obedientes, nem que elas todas comecem a se parecer com casernas, escolas ou prisões; mas que se tentou um ajuste, cada vez mais controlado – cada vez mais racional e econômico –, entre as atividades produtivas, as redes de comunicação e o jogo das relações de poder.[196]

Percebeu o autor que se formava uma verdadeira "sociedade disciplinar", que se nutre de instituições e de um mecanismo "indefinidamente generalizável". O panóptico é um ícone, é importante porquanto permite ver um "panoptismo", a maneira de gestão social que se infiltra e funciona como intermediária das relações de poder, ligando, prolongando, vetando, conduzindo efeitos até os elementos mais tênues, "infinitesimal".[197]

Uma multiplicação dos mecanismos de governamentalidade, fazendo que estes se tornem os dispositivos preponderantes que atravessam as relações sociais, passando pelo Estado, mas com tendência crescente

---

194 ALVAREZ; LEMOS; CARDOSO JUNIOR, Instituições, confinamento e relações de poder: questões metodológicas no pensamento de Michel Foucault, p. 101.

195 FOUCAULT, *Segurança, território, população*: curso no Collège de France (1977-1978), pp. 156-159.

196 FOUCAULT, O Sujeito e o Poder, p. 240.

197 FOUCAULT, *Vigiar e punir*, p. 204.

de "desinstitucionalizar-se". A existência de uma sociedade disciplinar na modernidade representa um processo flexível de controle, que tem capacidade de transferência e adaptação, de circular em estado "livre" fora dos muros.[198]

> Em poucas palavras, a disciplina é um dispositivo, vale dizer, uma rede de relações entre elementos heterogêneos (instituições, construções, regulamentos, discursos, leis, enunciados científicos, disposições administrativas) que surge com vistas a uma determinada finalidade estratégica (nesse caso, a produção de indivíduos politicamente dóceis e economicamente rentáveis) e cujo funcionamento e cujos objetivos podem modificar-se para adaptar-se a novas exigências.[199]

O panóptico de Julius e Bentham se infiltra nas engrenagens sociais, por isso sua importância é representar uma inovação de época que não está apenas ligado à prisão, ao hospital, à fábrica ou ao convento. Atuar sobre o espaço, sequestrar o tempo e conduzir ao agir em cada instante da existência, em que o controle é cotidiano e se dá tanto pela força (punitivo) quanto pelas moralidades.[200]

A modernidade é um ponto em que se somam códigos de poder. Totalização e individualização em todos os locais, normalizando por meio de técnicas que vigiam e punem, mas que igualmente criam éticas e desejos. O poder sobre a vida deve funcionar sobre todos, estando estes presos ou a céu aberto.[201] Em uma entrevista concedida em 1975, Foucault falava deste caráter "sináptico" do poder, era a forma com que finalmente ele afastava o marco jurídico e situava sua concepção das governamentalidades não centradas no soberano:

> O século XVIII encontrou um regime, por assim dizer, sináptico do poder, de seu exercício no corpo social. Não acima do corpo social. A mudança de poder oficial foi ligada a esse processo, mas através de decalagens. É uma mudança de estrutura fundamental que permitiu que fosse realizada, com uma certa coerência, essa modificação dos pequenos exercícios do poder. É verdade também que foi a montagem desse novo poder microscópico, capilar, que impeliu o corpo social a ejetar elementos como a corte, o personagem do rei. A mitologia do

---

198 FOUCAULT, *Vigiar e punir*, p. 199.

199 CASTRO, *Introdução a Foucault*, p. 92.

200 HARCOURT, Situação do curso. In: FOUCAULT, *A sociedade punitiva*: curso no Collège de France (1972-1973), p. 255.

201 FOUCAULT, *Segurança, território, população*: curso no Collège de France (1977-1978), p. 14.

soberano não era mais possível a partir do momento em que uma certa forma do poder se exerce no corpo social.[202]

Por tudo indicado, o poder não está nas mãos do Estado porque está numa "forma capilar de existir". A fuga ao exterior das instituições é o meio que Foucault utiliza para trazer ao centro do debate a forma com que a política moderna teve sucesso em constituir uma rede de forças descentralizadas, que "encontra o próprio grânulo dos indivíduos, atinge seus corpos, vem inserir-se em seus gestos, suas atitudes, seus discursos, sua aprendizagem, sua vida cotidiana".[203]

O governo é sobre a vida, poder de fazer viver de uma determinada maneira a partir de certas verdades e subjetivações. Eis a terceira ruptura que a teoria foucaultiana permite compreender sobre o que ocorre na atualidade: o poder moderno não está apenas no Estado, ele está capilarizado.

3.2.4. Subjetivante (não humanismo)

Uma última característica metodológica ainda precisa ser esclarecida, é aquela que separa o pensamento foucaultiano das teorias centradas no "humanismo". Percebeu o autor que as três dimensões circulares verdade-governo-subjetivação não podiam ser compatíveis com uma leitura transcendental do sujeito, pois esta rigidez remetia a consequências inadequadas na análise da modernidade.

Por isso, a visão de Foucault encontrou desde muito cedo em Nietzsche a importância de uma visão "genealógica", aquela que não pressupõe um sujeito fixo, e a partir de então extrai uma série de consequências na interpretação do campo social e político. Já em 1966, o livro "As palavras e as coisas" introduzia uma dúvida no centro dos debates das ciências humanas:

> A verdadeira contestação do positivismo e da escatologia não está, pois, num retorno ao vivido (que, na verdade, antes os confirma, enraizando-os); mas, se ela pudesse exercer-se, seria a partir de uma questão que, sem dúvida, parece aberrante, de tal modo está em discordância com o que tornou historicamente possível todo o nosso pensamento. Essa questão consistiria em perguntar se verdadeiramente o homem existe.[204]

---

202 FOUCAULT, Entrevista sobre a prisão: o livro e o seu método. In: *Estratégia, saber-poder* (Ditos e escritos IV), p. 161.

203 FOUCAULT, Entrevista sobre a prisão: o livro e o seu método. In: *Estratégia, saber-poder* (Ditos e escritos IV), p. 161.

204 FOUCAULT, *As palavras e as coisas*: uma arqueologia das ciências humanas, pp. 443-444.

As ciências humanas, assim compreendidas, encontram-se em geral atadas a uma visão rígida do sujeito (humanismo) que o localiza como dado universal a priori. Partem de uma suposta "essência" do homem, da "individualização de uma espécie", segundo a qual não há espaço para muitas singularidades e grandes modificações sociais. A realidade estaria presa a uma natureza do homem.[205]

As grandes matrizes científicas de leitura da realidade constroem-se sobre a suposta "verdade do homem". A cientificidade regida por uma "história da humanidade" acaba amarrando efeitos proféticos, "ciências proféticas" que difundem uma força coercitiva em decorrência de uma certa verdade sobre o sujeito. Enfim, fixar o passado do homem (sua natureza) é fixar também o seu futuro, e uma pressão sobre a verdade possível se estabelece.[206]

Uma proposta genealógica percebe a historicidade não apenas dos saberes e das práticas, igualmente está atenta para a historicidade do próprio sujeito. Como já indicado, o sujeito é produto e produtor da modernidade, parte-se da premissa de que o próprio indivíduo é resultado de processos de "subjetivação" e, nesse sentido, o sujeito deve ser concebido como portador de uma história. Foucault indica no material preparatório do curso dado em Nova Iorque em 1981:

> Assim, procurei explorar o que poderia ser uma genealogia do sujeito, mesmo sabendo que os historiadores preferem a história dos objetos e que os filósofos preferem o sujeito que não tem história. O que não me impede de me sentir em parentesco empírico com o que chamamos de historiadores das "mentalidades", e em dívida teórica para com um filósofo como Nietzsche, que colocou a questão da historicidade do sujeito. Tratava-se, pois, a meu ver, de desvencilhar-se dos equívocos de um humanismo tão fácil na teoria e tão temível na realidade; tratava-se também de substituir o princípio da transcendência do ego pela busca das formas da imanência do sujeito.[207]

Um sujeito imanente à realidade de seu tempo é a premissa das genealogias. Desta forma, escapa-se do "humanismo" enquanto teoria da realidade, pois ele acaba por prescrever uma "teoria do possível". Humanismo entendido, assim, como o pensamento que concebe um homem transcendental, homem dado a partir de categorias sem história.

---

205 FOUCAULT, O que é a crítica?, p. 185.

206 FOUCAULT, Metodologia para o conhecimento do mundo: como se desembaraçar do marxismo. In: *Repensar a política* (Ditos e escritos VI), p. 191.

207 FOUCAULT, *A hermenêutica do sujeito:* curso no Collège de France (1981-1982), p. 474.

Significa divorciar-se da linha "categoria universal – posição humanista – análise ideológica – programação de reforma". Recusa dos universais sobre o homem que cristalizam os "pontos de aceitação" dos programas políticos de reforma, pois se o homem é um dado fixo, as políticas sociais não podem fazer mais do que "respeitar" sua natureza. A posição "anti-humanista" corresponde consequentemente a uma posição anticonformismos.[208]

Logicamente, um "anti-humanismo" não significa uma recusa em termos de direitos, retrocesso, mas é precisamente aquilo que abre uma possibilidade indefinida de conquistas. A questão é não fixar a demanda por direitos a uma suposta "essência do ser humano em geral" ou a uma forma de governo específica.[209]

O mecanismo discursivo humanista, se bem visto, é portador essencialmente de uma maleabilidade inconfessável, pois seus partidários sempre se beneficiam de conclusões que se valem por referência a um ponto de vista sobre o homem que ao fim não é seguro.

> Não se deve concluir daí que tudo aquilo que se reivindicou como humanismo deva ser rejeitado, mas que a temática humanista é em si mesma muito maleável, muito diversa, muito inconsistente para servir de eixo à reflexão. E é verdade que, ao menos desde o século XVII, o que se chama de humanismo foi sempre obrigado a se apoiar em certas concepções do homem que são tomadas emprestadas da religião, das ciências, da política. O humanismo serve para colorir e justificar as concepções do homem às quais ele foi certamente obrigado a recorrer.[210]

Bem por isso, os humanismos servem para fundamentar qualquer regime, mesmos os mais rigorosos[211], cada qual com uma visão sobre a suposta natureza humana. São táticas discursivas de legitimação que podem servir a vários fins políticos, mas cuja natureza é se calcar em um pressuposto hipoteticamente irrefutável: enfim, se assim é a natureza humana, cabe somente atender às consequências decorrentes.

Nesse viés, caberia ao poder uma posição de mero "respeito ao saber". As teorias clássicas fazem crer em um poder que "cessa" o saber: "o poder torna louco, os que governam são cegos". Nesta referência a uma

---

208 FOUCAULT, *Do governo dos vivos*: curso no Collège de France (1979-1980), p. 74.

209 FOUCAULT, Entrevista a John de Wit. In: FOUCAULT, *Malfazer, dizer verdadeiro*: função da confissão em juízo: curso em Louvain, 1981, p. 228.

210 FOUCAULT, O que são as Luzes? In: *Arqueologia das Ciências e História dos Sistemas de Pensamento* (Ditos e Escritos II), p. 346.

211 O autor cita o Nazismo e o Stalinismo como regimes que usavam o discurso humanista. FOUCAULT, Entrevista a John de Wit. In: FOUCAULT, *Malfazer, dizer verdadeiro*: função da confissão em juízo: curso em Louvain, 1981, p. 227.

origem por natureza, a descoberta da verdade se anuncia como um distanciamento do poder, um saber que se alcança na necessária ausência do poder. Ciência imparcial, ciências humanas como ciências naturais.[212]

Daí toda uma linha de pensamento que se protege sob o discurso da objetividade. Segundo os humanismos, a verdade só é detectada por um método não-político, saber e poder não devem se misturar. Trata-se, de fato, de uma técnica para traçar conclusões inquestionáveis, pois se estabelece sobre verdades supostamente *in natura*.

> O humanismo moderno se engana, portanto, ao estabelecer essa divisão entre saber e poder. Eles são integrados, e não se trata de sonhar com um momento em que o saber não dependeria mais do poder, o que é uma maneira de reconduzir sob forma utópica o mesmo humanismo. Não é possível que o poder se exerça sem saber, não é possível que o saber não engendre poder.[213]

Ao contrário, como indica a ideia de verdade-governo-subjetivação, a circularidade entre saber e poder é uma das premissas fundamentais, e assim não se pode partir de uma natureza humana original porque a subjetividade se produz a cada momento histórico. Contra um conceito passivo, evocar um conceito ativo de sujeito.

Isto permite recordar todo o debate em torno das "ideologias", entendidas em sua acepção de "discursos falsos" ou "discursos de ocultação da verdade". Segundo certa tradição filosófica, a história das dominações políticas deve ser lida unicamente como o exercício dos poderosos para introduzir pensamentos falsos, a fim de preservarem sua situação vantajosa.[214]

É por engano sobre a verdade que as desigualdades se operam e se perpetuam. Na base dos regimes opressivos, segundo esta filosofia, sempre a verdade sobre o homem está sendo mascarada, sempre um humanismo aviltado. O poder pode ser analisado como aquilo que ofusca a verdade do sujeito, seguindo certos parâmetros privilegiados de ser humano.[215]

---

212 FOUCAULT, Entrevista sobre a prisão: o livro e o seu método. In: *Estratégia, saber-poder* (Ditos e escritos IV), p. 172.

213 FOUCAULT, Entrevista sobre a prisão: o livro e o seu método. In: *Estratégia, saber-poder* (Ditos e escritos IV), p. 172.

214 Segundo Michel Senellart, todos os cursos da dec. 1970 foram dedicados à "crítica da ideologia" em vários dispositivos específicos – judiciário, carcerário, psiquiátrico, governo econômico. SENELLART, Situação do curso. In: FOUCAULT, *Do governo dos vivos*: curso no Collège de France (1979-1980), p. 314.

215 FOUCAULT, Poder-corpo. In: *Microfísica do poder.* p. 148.

Por sua vez, Foucault parte das relações de veridicção, da verdade como uma produção de seu tempo, acontecimento. Traz, nesta tarefa, as condições políticas para o campo dos saberes, ou seja, o próprio saber está conectado com o poder, restando infrutífero pensar em termos de uma verdade para além da história, pré-histórica. Em outras palavras, "as condições políticas, econômicas de existência não são um véu ou um obstáculo para o sujeito de conhecimento, mas aquilo através do que se formam os sujeitos de conhecimento".[216]

Ora, o indivíduo não é um dado objetivo, ele é uma realidade que se fabrica por tecnologias específicas de poder e saber. Mais uma vez, recordar, não se deve encarar o poder apenas a partir de seu aspecto negativo (excluir, censurar, rejeitar, esconder), na modernidade ele age muito mais por seu aspecto positivo (produz verdades, sujeitos, objetos).[217]

Encarar as relações de poder apenas enquanto "opressor", e os discursos da ordem sempre como "engano", significa conceber um conceito muito restrito de poder, inadequado para compreender o ocidente. Como diria Elena Larrauri, a crítica que parte do conceito de ideologia ignora que todo conhecimento está "imerso nas relações de poder".[218]

Logo, antes de ideologizar, abstrair ou ocultar, a relações sociais já constituem verdades, desejos, éticas. Tanto os discursos quanto os sujeitos estão desde sempre perpassados por regimes de veridicção, jogos de certo e errado. O engano efetivamente ocorre, nem todos os discursos são verdadeiros, mas sua veridicção não decorre de uma matriz única isenta de suas conjunturas históricas.[219]

Nessa direção, o suposto par de opostos ciência/ideologia sempre renova um postulado metafísico. Crer em um "puro sujeito cognoscente" alheio ao poder é confirmar a possibilidade de um indivíduo "livre em relação ao poder", humanismo como porto seguro em oposição ao "véu" do poder.[220]

Como diriam Harcourt e Brion, a base nietzschiana de Foucault lhe propiciava ver a verdade e o sujeito imersos em uma história sem origem, restando infrutífero identificar o poder com enganos discursivos. O poder está infiltrado nas racionalidades:

---

216 FOUCAULT, *A verdade e as formas jurídicas*, p. 27.

217 FOUCAULT, *Vigiar e punir*, p. 185.

218 LARRAURI, *La herencia de la criminologia critica*, p. 238.

219 DELEUZE, *Foucault*, p. 38.

220 SENELLART, Situação do curso. In: FOUCAULT, *Do governo dos vivos*: curso no Collège de France (1979-1980), p. 314.

Implementar o aparato de ideologia era sugerir que existe tanto um sujeito prévio ao conhecimento e um objeto, e entre eles um véu que pode ser removido; era afirmar que, paralelas à falsa consciência de alguém, existem outras conscientizações que podem ser reveladas como verdade. O que Foucault quis demonstrar, contudo, é que "as condições políticas e econômicas de existência não são um véu ou barreira ao sujeito de conhecimento, mas que segundo os quais os sujeitos de conhecimento são formados, e assim também as relações de verdade." Isto era evidentemente um retorno a Nietzsche: ao invés da verdade, o desafio era fazer a história do sujeito pressuposto por um discurso de ciência.[221]

Também é o que indica Birman, acentuando que a genealogia não se respalda em uma maneira unidirecional nem "subalterna" das relações entre poder e saber. Primeiro, porque o saber não decorre como "simples efeito linear" de nenhuma formação social, como uma superestrutura que segue objetivamente uma infraestrutura. Segundo, porque o saber não provém de forma exclusivamente "submissa" ao poder, já que as posições privilegiadas de poder não detêm domínio sobre todo o saber e quando se inserem nos discursos, não influem sobre uma verdade original a ser reprimida.[222]

O problema dos humanismos foi também especificamente explorado por Foucault no artigo "O homem está morto?", publicado em 1966. Aqui, o autor percebe como as próprias filosofias dialéticas seguem a mesma linha humanista, tomando como base uma verdade original sobre o sujeito despida do poder, que promete ser reconciliada no futuro.[223]

Nota Foucault que a dialética é uma filosofia do "retorno a si mesmo", que promete "ao ser humano que ele se tornará um homem autêntico e verdadeiro". Enfim, prometer "o homem ao homem", na medida em que crê em um processo fatal de encontro último com o sujeito síntese das contradições. Por isso, conclui: "neste sentido, os grandes responsáveis do humanismo contemporâneo são evidentemente Hegel e Marx".[224]

Como recorda Edgardo Castro, a dialética é uma forma de manipular a luta, a guerra, o enfrentamento em uma lógica de contradição, cujo objetivo final remete à constituição de um "sujeito universal". A dialética idealiza uma reconciliação após os opostos, encontrando-se finalmente

---

[221] HARCOURT; BRION, The louvain lectures in context. In: FOUCAULT, *Wrong-doing, truth-telling*: the function of avowal in justice, p. 285.

[222] BIRMAN, Jogando com a Verdade. Uma Leitura de Foucault, p. 309.

[223] FOUCAULT, O homem está morto? In: *Arte, epistemologia, filosofia e história da medicina* (Ditos e escritos VII), pp. 151-157.

[224] FOUCAULT, O homem está morto? In: *Arte, epistemologia, filosofia e história da medicina* (Ditos e escritos VII), p. 152.

a verdade pós-poder. Logo, é uma outra forma de prometer um sujeito-verdade sem poder, o suposto humano em forma "pura".[225]

A teoria foucaultiana, de forma ainda mais clara em sua terceira fase, também não se compatibiliza com as dialéticas porque não acredita na lógica da contradição. A verdade final sobre o sujeito não é uma crença de Foucault, e qualquer pretensão nesse sentido foge essencialmente do modelo genealógico.

> No fundo, a dialética codifica a luta, a guerra e os enfrentamentos dentro de uma lógica, ou pretensa lógica, da contradição; ela os retoma no duplo processo da totalização e da atualização de uma racionalidade que é a um só tempo final, mas fundamental, e em todo caso irreversível. Enfim, a dialética assegura a constituição, através da história, de um sujeito universal, de uma verdade reconciliada, de um direito em que todas as particularidades teriam enfim seu lugar ordenado. A dialética hegeliana e todas aquelas, penso eu, que a seguiram devem ser compreendidas como a colonização e a pacificação autoritária, pela filosofia e pelo direito, de um discurso histórico-político que foi ao mesmo tempo uma constatação, uma proclamação e uma prática da guerra social. (...) A dialética é a pacificação, pela ordem filosófica e talvez pela ordem política, desse discurso amargo e partidário da guerra fundamental.[226]

Se o "poder" é percebido por Foucault como verdade-governo-subjetivação, é porque vale destacar como o agir sobre as ações alheias se dá por muitas formas, e qualquer binarismo se torna insuficiente para entender. Induzir práticas, ao menos na modernidade, se dá muito mais por meio da atuação sobre a ação, sobre a própria "vontade de saber". Bem por isso, as relações de poder em regra não se dão por "contradição" entre os indivíduos.

Muitas das relações marcadas por intensa desigualdade não se movem por uma "oposição lógica", ainda que o desnível deva ser alvo de atenção. Encarar as relações de poder a partir do prisma da dialética, diria Foucault, é aderir a uma lógica "verdadeiramente muito pobre" para quem pretende dar conta de forma precisa das "significações, descrições e análises de processos de poder" típicas da modernidade.[227]

No ocidente, a maioria das formas de dominação mais aviltantes se dá mais por confluência entre vontades. Sendo certo que o poder se insere

---

225 CASTRO, *El vocabulario de Foucault*, p. 126.

226 FOUCAULT, *Em Defesa da Sociedade:* curso no Collège de France (1975-1976), pp. 49-50.

227 FOUCAULT, Diálogo sobre o poder. In: *Estratégia, saber-poder* (Ditos e escritos IV), p. 261.

sobre a verdade e sobre a própria formação que o sujeito faz de si mesmo (cuidado de si), a modernidade é mais marcada por "servidões voluntárias" do que por oposições reprimidas.

Em entrevista concedida a Jacques Rancière em 1977, Foucault trouxe à tona a necessidade de superar tanto o modelo contratual quanto o dialético, focando enfim em uma visão genealógica sobre as relações políticas:

> Mas o problema é saber se a lógica da contradição pode servir de princípio de inteligibilidade e de regra de ação na luta política. Toca-se, aqui, em uma questão histórica considerável: como aconteceu que, a partir do século XIX, se tendesse tão constantemente a dissolver os problemas específicos da luta e de sua estratégia na lógica pobre da contradição? Há, para isso, toda uma série de razões que se deveria tentar analisar um dia. Em todo caso, é preciso pensar a luta, suas formas, seus objetivos, seus meios, seus processos, segundo uma lógica que será liberada de coações esterilizantes da dialética. Para pensar o laço social, o pensamento político "burguês" do século XVIII se deu a forma jurídica do contrato. Para pensar a luta, o pensamento "revolucionário" do século XIX se deu forma lógica da contradição: esta não vale mais do que a outra. Em contrapartida, os grandes Estados do século XIX se deram um pensamento estratégico, enquanto as lutas revolucionárias só pensaram sua estratégia de um modo muito conjuntural, e tentando sempre inscrevê-lo no horizonte da contradição.[228]

Eis o quadro sobre o qual o método foucaultiano de três dimensões se desenha em distanciamento dos humanismos. Perceba-se que, assumir uma concepção positiva (produtiva) dos sujeitos, a chamada "subjetivação", opera uma série de deslocamentos teóricos no campo dos saberes sobre as relações de poder. Concebendo um sujeito sem origem e sem fim, restam "possibilidades indefinidas de transformação do sujeito".[229]

Esta outra filosofia crítica oferecida por Foucault não se atém a uma imagem passada nem futura do sujeito. O sujeito é sempre uma interação cíclica com o seu tempo, influencia-se pelos pensamentos predominantes mas está sempre passível a novas interações e, portanto, já não pode se fechar a uma racionalidade universalista ou carente de historicidade.[230]

---

[228] FOUCAULT, Poderes e estratégias. In: *Estratégia, saber-poder* (Ditos e escritos IV), p. 250.

[229] FOUCAULT, *A hermenêutica do sujeito*: curso no Collège de France (1981-1982), p. 475.

[230] DREYFUS; RABINOW, *Michel Foucault, uma trajetória filosófica*: para além do estruturalismo e da hermenêutica, p. 286.

Para uma filosofia de emancipação, é fundamental evitar que a crítica se opere por pesquisas de "estruturas formais que têm valor universal". Urge investigar historicamente os acontecimentos que levam a constituir o sujeito na modernidade, que fazem com que ele se reconheça como sujeito que "faz, pensa, diz". É o sujeito que só pode ser compreendido a partir da sua dupla referência às formas de verdade e aos modos de governo.[231]

No artigo denominado "O que são as luzes?", publicado em seu último ano de vida, Foucault reforça algumas das posições que o afastam das filosofias humanistas, direcionando o leitor para um campo aberto de possibilidades de mudança do sujeito e da realidade:

> Nesse sentido, essa crítica não é transcendental e não tem por finalidade tornar possível uma metafísica: ela é genealógica em sua finalidade e arqueológica em seu método. Arqueológica – e não transcendental – no sentido de que ela não procurará depreender as estruturas universais de qualquer conhecimento ou de qualquer ação moral possível; mas tratar tanto os discursos que articulam o que pensamos, dizemos e fazemos como acontecimentos históricos. E essa crítica será genealógica no sentido de que ela não deduzirá da forma do que somos o que para nós é impossível fazer ou conhecer; mas ela deduzirá da contingência que nos fez ser o que somos a possibilidade de não mais ser, fazer ou pensar o que somos, fazemos ou pensamos.[232]

Os fundamentos de uma nova filosofia política devem partir desta tarefa fundamental de "desantropologizar a história". Encarar a "descontinuidade" dos fatos só é de fato viável quando se está descomprometido com uma visão estática do sujeito, daí porque sempre evocar a matriz das subjetivações.[233]

Os fundamentos da racionalidade sobre um homem universal apresentam limites ao conhecimento, de forma que uma verdade última da ética é incessantemente perseguida, ou melhor, funciona como modelo que força a realidade e restringe liberdades.[234]

Conforme ensina Nietzsche, quando não se pretende extrair do homem de hoje certos pressupostos "imutáveis", abre-se uma valiosa válvula de escape das antropologias filosóficas, que em sua maioria são formas mar-

---

[231] FOUCAULT, O que são as Luzes? In: *Arqueologia das Ciências e História dos Sistemas de Pensamento* (Ditos e Escritos II), p. 347.

[232] FOUCAULT, O que são as Luzes? In: *Arqueologia das Ciências e História dos Sistemas de Pensamento* (Ditos e Escritos II), p. 348.

[233] CASTRO, *El vocabulario de Foucault*, p. 517.

[234] NEUMAN, Stirner e foucault: em direção a uma liberdade pós-kantiana, p. 102.

cadas por um positivismo patente. Desvencilhar-se do "homem original" é desatar-se deste último campo da metafísica nas ciências humanas.[235]

Uma grande tarefa é pensar a subjetivação sem o horizonte do sujeito ideal, escapar do "sujeito revolucionário". Diante da eterna possibilidade de mudança do presente, e logicamente das instituições, não se deve partir de uma diretriz única sobre verdade, ou mesmo de uma condição material que preceda fundamentalmente o surgimento de novas subjetividades.[236]

O sujeito não tem "substância", é uma forma cambiante que se "metamorfoseia" com regimes de verdade e prática. A imanência do poder é também uma imanência das verdades e dos indivíduos, o "governo de si" está em constante renovação e sempre passível de se introduzir em novas relações de poder, mais ou menos horizontais.[237]

Encarar o sujeito como produção, não mais como um "fundamento" rígido que funcionaria como um dogma. O processo de subjetivação é fruto de uma interação ativa entre o sujeito e os jogos de veridicção aos quais está conectado, e o "sujeito" tomado pelas teorias metafísicas como dado universal não é mais do que apenas uma "forma de subjetivação", historicamente situada.[238]

> Queria ver como estes problemas de constituição podiam ser resolvidos no interior de uma trama histórica, em vez de remetê-los a um sujeito constituinte. É preciso se livrar do sujeito constituinte, livrar-se do próprio sujeito, isto é, chegar a uma análise que possa dar conta da constituição do sujeito na trama histórica. É isto que eu chamaria de genealogia, isto é, uma forma de história que dê conta da constituição dos saberes, dos discursos, dos domínios de objeto, etc, sem ter que se referir a um sujeito, seja ele transcendente com relação ao campo de acontecimentos, seja perseguindo sua identidade vazia ao longo da história.[239]

O método genealógico, em conclusão, ao operar uma mudança sobre a concepção do sujeito, desloca-se dos "humanismos" e assim produz consequências importantíssimas em toda concepção das relações sociopolíticas. Permite um novo tipo de leitura do presente e abre novas possibilidades propositivas, novas maneiras de interagir sobre as próprias relações de

---

235 DEFERT, Situação do curso. In: FOUCAULT, *Aulas sobre a vontade de saber:* curso no Collège de France (1970-1971), p. 254.

236 FOUCAULT, Metodologia para o conhecimento do mundo: como se desembaraçar do marxismo. In: *Repensar a política* (Ditos e escritos VI), p. 206.

237 WELLAUSEN, Michel Foucault: parrhésia e cinismo, p. 121.

238 BIRMAN, Jogando com a Verdade. Uma Leitura de Foucault, p. 322.

239 FOUCAULT, Verdade e poder. In: *Microfísica do poder,* p. 7.

poder. Eis o quarto reflexo a ser destacado na teoria foucaultiana: o poder moderno é subjetivante.

Resta agora, a partir destas perspectivas teóricas, tentar compreender como o método foucaultiano de interpretação do ocidente pode impactar no campo da Criminologia. Sendo certo que Foucault deixou uma obra-prima sobre a temática, provavelmente seu livro mais popular – Vigiar e Punir –, tal tarefa se encontra relativamente facilitada, mas não se deve parar por aí.

É importante resgatar o que estava presente no livro de 1975 e, ainda, utilizar suas demais produções para traçar um quadro mais qualificado sobre como seu método pode impactar nos estudos de Criminologia. Mais especificamente, a epistemologia foucaultiana parece oferecer uma ferramenta de utilidade singular para tornar mais potente e completa a crítica do sistema penal, e assim tirar definitivamente os abolicionismos penais da estante das utopias.

4. CRÍTICAS

Se a metodologia foucaultiana permitiu várias compreensões inovadoras na leitura da modernidade ocidental, é válido investigar como ela é aplicável para propor uma percepção igualmente peculiar da justiça penal moderna ocidental. A tarefa é discernir como a adesão ao modelo de três focos (verdade-governo-subjetivação) pode impactar em uma Criminologia com foco no abolicionismo, conectando-se com vários outros saberes críticos sobre a questão criminal.

Antes um esclarecimento. Aqui se toma como base o conceito de Criminologia a partir do paradigma da reação social, ou seja, "a criminologia que optou por incluir o exercício do poder punitivo e analisar seu funcionamento".[240] Consequentemente, não se trata da ciência que foca exclusivamente nas condutas criminalizáveis, mas que as integra aos debates sobre a justiça criminal como veículo modulável de criminalização.

Sem dúvidas, se assim é proposto, é porque se considera que a teoria abolicionista demanda uma perspectiva criminológica coerente com uma proposta política de superação da justiça penal. Interpretar os fatos a partir de outras matrizes, que definitivamente não legitimem o modelo penal e abram o espaço necessário para se pensar uma justiça não-penal.

Toda política é desenhada a partir de uma leitura da realidade, os discursos políticos como maneira de produzir ações sobre a vida necessariamente partem de uma certa visão do que se passa. Se a adesão por "políticas criminais" é o que prepondera na modernidade, certamente isto se deu porque há "pensamentos criminológicos" que as alimentam, ainda que nem sempre essa base seja expressa ou consciente.

Precisamente por isso, tudo leva a crer que o passo a ser dado em direção às pesquisas sobre modelos abolicionistas de lidar com os conflitos sociais depende de uma visão diferenciada sobre a justiça criminal. Sem dúvida, tal caminho já começou a ser traçado por inúmeras pesquisas que permitiram desvincular o exercício penal do discurso de defesa social que tradicionalmente o acompanha, contribuindo para o esclarecimento de como este modelo de justiça é danoso.

É possível afirmar que desde o surgimento dos primeiros discursos legitimantes também se viu a aparição de discursos "deslegitimantes". Todavia, como é compreensível, os jogos de veridicção que estão em compasso com as governamentalidades predominantes tendem a levar vantagem sobre as críticas, ainda que esta não seja uma regra fundamental

---

240 ZAFFARONI, *A palavra dos mortos*: conferências de criminologia cautelar, p. 188.

e insuperável. A história não é feita apenas de continuidades ou evoluções (historicismo), mas de rupturas, quebras, desvios de rota.

O que se vê já há bastante tempo é que a crítica da justiça penal também soube se qualificar, vem agregando inúmeros saberes que questionam o tipo de "governo pela verdade" promovido por esta forma de fazer justiça, e apresenta novas formas de pensá-la rompendo com as visões tradicionais. Mas, como fazer para que este "conjunto crítico" acumulado contribua para emancipar o abolicionismo do rótulo de "ilusão" ou "romantismo"?

A princípio, é preciso avançar sobre como a meta de superação do cenário penal pode se respaldar em uma melhor interpretação do que se passa na atualidade. O impulso para incentivar verdadeiramente pesquisas avançadas sobre modelos de "política não-criminal" deve estar bem fundada numa interpretação criminológica coerente.

Inegavelmente, abolir a justiça criminal na atualidade não representa um puro ataque às suas agências – policiais, judiciais, executórias. Além da expressão física do poder, há uma densa produção no campo dos saberes, valores e linguagens que precisa ser encarada tanto em seu aspecto de "veridicção" quanto em seu aspecto de "ética". Não basta demolir as paredes das instituições penais, é preciso demolir os saberes que as sustentam. Uma mudança deve se dar no campo das racionalidades.

Caso se pretenda refutar a governamentalidade da justiça criminal, é preciso fazer uma crítica coerente como esse ímpeto de não ser governado. Como dizia Foucault, a crítica é essencialmente a "arte de não ser governado desta forma", uma "indocilidade refletida" ou "inservidão voluntária":

> E se a governamentalização é mesmo esse movimento pelo qual se tratasse na realidade mesma de uma prática social de sujeitar os indivíduos por mecanismos de poder que reclamam de uma verdade, pois bem, eu diria que a crítica é o movimento pelo qual o sujeito se dá o direito de interrogar a verdade sobre seus efeitos de poder e o poder sobre seus discursos de verdade; pois bem, a crítica será a arte da inservidão voluntária, aquela da indocilidade refletida. A crítica teria essencialmente por função a desassujeitamento no jogo do que se poderia chamar, em uma palavra, a política da verdade.[241]

A crítica deve ser esse espaço de introdução de novas racionalidades, permitir novos campos de "verdade" sobre o mundo e, assim, alimentar novas práticas em substituição das que deixam de fazer sentido. No campo das ideias, a intromissão de modelos a dar suporte a novas relações.

Formular, portanto, uma "filosofia crítica das veridicções", entendendo a mecânica dos discursos, suas bases, as práticas por meio das quais se estabelecem, para então propor uma contestação. Verificar a quais jogos a verdade em curso se refere, a fim de pensar e produzir novos caminhos.

---

241 FOUCAULT, O que é a crítica?, p. 174.

> No caso de uma filosofia crítica que investiga veridicção, o problema é de saber não sob que condições uma afirmação é verdadeira, mas quais são os diferentes jogos de verdade e falsidade que estão estabelecidos, e de acordo com quais formas eles estão estabelecidos. No caso de uma filosofia crítica das veridicções, o problema não é saber como um sujeito em geral pode entender um objeto em geral. O problema é saber como sujeitos estão efetivamente atados por dentro e pelas formas de veridicção nas quais se engajam.[242]

Utilizando como base a leitura foucaultiana da modernidade, cabe agora agrupar uma série de contribuições de vários autores que refletiram sobre uma Criminologia de contestação da justiça penal, e talvez formular compreensões da realidade coerentes com a possibilidade de se superar este modelo. Caso se tenha sucesso nesse labor, será demonstrado que a abolição é tanto uma "possibilidade" quanto a melhor escolha a se fazer.

Enfim, a crítica deve indicar "as condições e as indefinidas possibilidades de transformar o sujeito"[243], de forma que a resistência potente passe por uma compreensão das racionalidades vigentes enquanto passíveis de derrocada, desnecessárias, modificáveis, substituíveis.

Investigar a veridicção é adentrar no campo das ideias que instrumentalizam práticas, e necessariamente tal passagem se dá pela constituição de sujeitos específicos. Tomando uma base genealógica, os saberes e poderes dependem de éticas, e por isso sempre há de se recordar que as "verdades" e "práticas" se traduzem em uma visão de indivíduo. Desestabilizar os pensamentos da criminologia tradicional reflete em novas subjetivações, como destaca Harcourt, em seu livro "Ilusão de ordem":

> Em suma, a abordagem de manutenção de ordem converge para uma rica noção de propensões, mas falha ao não explorar suficientemente como tal conceito é construído, por longo período de tempo, por práticas e instituições em torno de nós. Enquanto a abordagem se concentra na construção do meio social, falha ao não prestar suficiente atenção para o modo como o meio social pode construir o sujeito e como nossa compreensão do sujeito promove certas estratégias disciplinares. O foco no meio social é uma importante contribuição para a justiça criminal, mas é crucial investigar, além do impacto do meio social sobre o comportamento, o efeito das políticas praticadas sobre o sujeito.[244]

Adentrar em uma "genealogia dos regimes veridicionais", já partindo do pressuposto de que o sujeito não tem "essência". Repensar a justiça criminal

---

242 FOUCAULT, *Wrong-doing, truth-telling*: the function of avowal in justice, p. 20.

243 HARCOURT; BRION, The louvain lectures in context. In: FOUCAULT, *Wrong-doing, truth-telling*: the function of avowal in justice, p. 293.

244 HARCOURT, *Illusion of order*: the false promise of broken windows policing, p. 180.

deve pôr em questão o próprio "direito de verdade", do discurso que formula o que pode ser verdadeiro e falso. Uma criminologia abolicionista deve ser capaz de desestabilizar o conjunto de regras que permitiu estabelecer quais enunciados são "corretos" e quais são "errados" no atual jogo discursivo.[245]

O aspecto técnico das práticas corresponde a racionalidades, e o agir estratégico concebe este campo como fundamental para abrir o caminho para além das regras do jogo. De alguma forma, questionar racionalidades já é ingressar estrategicamente na apresentação de novas racionalidades.[246]

Vale lembrar, segundo Foucault, que a crítica dos pensamentos que animam as práticas e os sujeitos deve ser encarada como uma "atitude". Mais do que um conjunto de postulados rígidos, a crítica deve ser uma postura de questionamento dos parâmetros que foram apresentados.

> É preciso considerar a crítica de nós mesmos não certamente como uma teoria, uma doutrina, nem mesmo como um corpo permanente de saber que se acumula: é preciso concebê-la como uma atitude, um êthos, uma via filosófica em que a crítica do que somos é simultaneamente análise histórica dos limites que nos são colocados e prova de sua ultrapassagem possível.[247]

Fica cada vez mais claro que o "governo dos homens", na modernidade, equivale a atos e racionalidades. Para cada política, uma "dimensão programática da arte de governar", e a boa crítica é aquela capaz de ir suficientemente a fundo nos parâmetros filosóficos das diretrizes de conduta.[248]

Para tanto, partir de um espaço amplo de possibilidades e ter consciência de que as racionalidades vigentes não são implacáveis. As veridicções são "estilos de pensamento", formas de "tornar a realidade pensável em uma tal direção". Toda governamentalidade se relaciona com uma "episteme", os cálculos dos programas de atuação são um terreno fundamental de qualquer esforço que pretenda gerar conquistas políticas.[249]

Por isso, recorda Nildo Avelino a proposta foucaultiana de uma concretude epistemológica que confira aos discursos o mesmo grau de realidade que normalmente se atribui apenas aos fatos. O real é composto por

---

245 FOUCAULT, *Nascimento da biopolítica*, p. 49.

246 FOUCAULT, O que são as Luzes? In: *Arqueologia das Ciências e História dos Sistemas de Pensamento* (Ditos e Escritos II), p. 350.

247 FOUCAULT, O que são as Luzes? In: *Arqueologia das Ciências e História dos Sistemas de Pensamento* (Ditos e Escritos II), p. 351.

248 AVELINO, Governamentalidade e anarqueologia em Michel Foucault, p. 145.

249 AVELINO, Governamentalidade e democracia liberal novas abordagens em Teoria Política, p. 97.

uma articulação entre "poder" (governo) e "saber" (verdade), de forma que ambos estão em pé de igualdade de importância, sem que se possa atribuir primazia a um ou a outro.[250]

As práticas se inserem em tecidos de ideias inteligíveis e historicamente situadas. Dispensando os universalismos, todas as formas de "verdade" se tornam precárias e modificáveis, e mapear o terreno das ideias que favorecem as práticas é um momento crucial de qualquer empreendimento crítico.

Se bem compreendida a premissa filosófica da coemergência entre fatos e pensamentos (saber é poder, e vice-versa), fazer uma genealogia da justiça penal moderna não pode ser reduzida à pretensão de mostrar a "verdadeira" história dos fatos, e sim mostrar uma história da sua objetificação.[251] Em outras palavras, mostrar como as práticas da justiça penal somente se tornaram aceitáveis diante de certas racionalidades (verdades-subjetividades) que já não eram mais vistas como apenas uma maneira de pensar, mas como a única forma de pensar.

A adesão ao método genealógico, nesta linha, não pretende uma "crítica da razão em si", e muito menos se limita a uma denúncia de atos praticados. Trata-se de mostrar e pôr em cheque formas específicas de saber, entender quais "razões" estão operacionalizando as práticas que já não se quer aderir. Eis uma forma de lutar contra as permanências que atravessam as relações sociais.

> Consequentemente, aqueles que resistem ou se rebelam contra uma forma de poder não poderiam contentar-se com a denúncia da violência ou a crítica a uma instituição. Tampouco basta culpar a razão em geral. O que é preciso questionar é a forma de racionalidade envolvida. A crítica do poder exercido sobre os doentes mentais ou os loucos não pode restringir-se às instituições psiquiátricas; tampouco aqueles que questionam o poder de punir podem contentar-se com a denúncia das prisões enquanto instituições totais. A questão é: como são racionalizadas as relações de poder? Perguntá-lo é a única maneira de evitar que outras instituições, com os mesmos objetivos e os mesmos efeitos, assumam os mesmos papéis.[252]

Portanto, o ingresso no campo de uma Criminologia de negação da justiça criminal deve se dar por uma nova história das "almas" da modernidade. Não como "almas" eternas, às quais o poder vem se enquadrar ou perturbar, e sim como "almas" construídas, que se formularam na interação com um "real" específico. Não à toa, o livro Vigiar e Punir

---

250 AVELINO, Apresentação: Foucault e a anarqueologia dos saberes. In: FOUCAULT, *Do governo dos vivos: curso no Collège de France, 1979-1980*, p. 36.

251 VORUZ, The politics of the culture of control: undoing genealogy, p. 156.

252 FOUCAULT, Omnes et singulatim: por uma crítica a "razão política". In: *Estratégia, saber-poder* (Ditos e escritos IV), p. 375.

deixou suficientemente claro que a ascensão das práticas penais "iluministas" atendia a um poder de normalização viabilizado pelos saberes da modernidade. A justiça penal é um advento da modernidade, e por isso permeado por uma "cientificidade" típica de seu tempo, vale recordar:

> Objetivo deste livro: uma história correlativa da alma moderna e de um novo poder de julgar; uma genealogia do atual complexo científico-judiciário onde o poder de punir se apoia, recebe suas justificações e suas regras, estende seus efeitos e mascara sua exorbitante singularidade.[253]

Adentrando nas relações de governamentalidade a partir do viés estratégico, constitutivo, capilarizado e subjetivante, pode-se perceber que a justiça penal da atualidade é composta por várias racionalidades de suporte, mas que podem ser agrupadas a partir de dois regimes de veridicção principais: o crime e a pena.

Opta-se, daqui em diante, por investigar esses dois "jogos de verdade", crendo que a partir deles será possível abrir as análises mais frutíferas sobre como se "desembaraçar" do modelo penal. O "crime" e a "pena" são muito mais do que atos, eles são principalmente discursos de racionalização da realidade, discursos de produção da verdade.

4.1. O CRIME

4.1.1. Infração

Como já dito, o que se nomeia hoje por "justiça penal" é uma experiência da modernidade. Isso não significa dizer que todas as práticas e todos os discursos que se relacionam com ela sejam, essencialmente, originais, evidentemente não o são, e sim que, a partir do século XVIII, elas se organizam de forma peculiar e produzem, consequentemente, efeitos diferenciados na organização social. Portanto, aproximadamente, há três séculos, o ocidente se vê intimamente relacionado com uma forma diferenciada de justiça, que tem tido sucesso em preservar certos traços essenciais.

As práticas punitivas não são uma novidade do Estado e muito menos da modernidade, a história o demonstra à saciedade. Contudo, quando se fala de uma "justiça penal", a referência é o surgimento do Estado-nação e seu progressivo crescimento ao longo dos séculos, bem como os discursos que se inserem neste processo. Convencionou-se denominar "justiça penal" como o braço estatal de investigação, julgamento e punição.

---

253 FOUCAULT, *Vigiar e punir*, p. 26.

Desde o surgimento das primeiras experiências de estatização política na Europa, datadas do século XIII, as práticas punitivas "oficiais" já se apresentavam como uma potente manobra de gestão social, produzindo "saberes", exercendo poder e acumulando riquezas. No processo de racionalização deste poder, Foucault destacaria o surgimento de um determinado conceito de "infração", que estaria assim na base das legitimações destes aparatos de sanção.

> Uma noção absolutamente nova aparece: a infração. Enquanto o drama judiciário se desenrolava entre dois indivíduos, vítima e acusado, tratava-se apenas de dano que um indivíduo causava a outro. A questão era a de saber se houve dano, quem tinha razão. A partir do momento em que o soberano ou seu representante, o procurador, dizem "também fui lesado pelo dano", isso significa que o dano não é somente uma ofensa de um indivíduo ao outro, mas também uma ofensa de um indivíduo ao Estado, ao soberano como representante do Estado; um ataque não ao indivíduo mas à própria lei do Estado. Assim, na noção de crime, a velha noção de dano será substituída pela de infração.[254]

Sobre uma gama de condutas praticadas na sociedade, cria-se um rótulo que pretende indicar seu caráter de violação da "ordem pública". O ato já não é uma ofensa apenas à vítima, sua natureza é marcada por uma violação da autoridade que preserva os interesses públicos, por isso: "em toda infração há um *crimen majestatis*, e, no menor dos criminosos, um pequeno regicida em potencial".[255]

O conceito de "crime", que muito deve aos conceitos de "pecado" ou "heresia" tão caros à inquisição religiosa, consagra, progressivamente, ao Estado este poder de "laicizar" a teologia processual penal, conferindo uma racionalidade "técnica" no lugar da fé religiosa e permitindo expandir uma determinada operação processual de coerção.[256]

Como era típico do próprio enredo medieval, a utilização da figura de uma "objetividade detestável" proporciona uma linha de saberes da qual se desenrola uma série de práticas de julgamento e sanção. Sendo o "mal" pré-estabelecido, decorrem novas lógicas atreladas à "descoberta da verdade" e a "efeitos de verdade".

É o que destaca Franco Cordero, investigando o surgimento de toda uma nova trama judicial que decorre desta "violação primordial". A partir do discurso de "infração", uma série de novos saberes a autorizar

---

254 FOUCAULT, A verdade e as formas jurídicas, p. 66.

255 FOUCAULT, Vigiar e punir, p. 53.

256 BOLDT; CARVALHO, Processo e tragédia: a sentença penal como locus da crise sacrificial, p. 160.

práticas punitivas, mas de forma que, progressivamente, a inquisição se torne um método não-religioso.

> Na primeira metade do século XIII se apresenta organicamente a revolução inquisitória, anunciada pelo IV Concílio de Latrão. De expectador impassível que era, o juiz se converte no protagonista do sistema, excluídas as heresias ou descobertos os delitos. Mudam as técnicas: não há debate contraditório; tudo se leva a cabo secretamente; no centro está, passivo, o investigado; culpado ou não, sabe algo e está obrigado a dizer.[257]

De alguma forma, o que se procedeu do século XIII até o século XVIII foi um duelo entre modelos de justiça, mais especificamente, entre um modelo reparatório (germânico) e um modelo punitivo (romano). Segundo interpreta Larrauri, a "vitória" do modelo punitivo encampado pela justiça penal não foi fruto de seu sucesso pacificador, e sim de uma demanda de aumento de poder nas mãos da monarquia estatal, potencializada pelo uso da força punitiva.[258]

Ao longo de praticamente cinco séculos, foi-se construindo um aparato de punições que ganhava peso na medida em que o próprio Estado assumia maior relevância na política social. O processo de elevação de poder do Estado caminhou de mãos dadas com a progressiva concentração em suas mãos do poder oficial de coagir, ainda que jamais tenha ocorrido um total monopólio da atividade punitiva.[259]

> O sistema punitivo de controle criminal foi criado pela cultura europeia na alta Idade Média, próximo do século XIII, e alcançou sua organização completa na segunda metade do século XVIII. Entre 1200 e 1850, ele gradualmente se desenvolveu de um sistema civil de reparação e compensação para o sistema de dolorosa repressão pública que hoje conhecemos. O primeiro "crime" no termo moderno não foi assassinato ou homicídio, mas a heresia definida pela Sagrada Igreja Romana.[260]

A história deste processo de acumulação de poderes se deveu a muitas batalhas, de forma que se investisse prioritariamente no Estado as coisas de interesse "geral" e se enfraquecesse as demais instituições e coalisões. Por um lado, esse acúmulo de poder na rede "oficial" correspondia a fortalecer novos arranjos políticos, por outro, a um afrouxamento de uma série de laços sociais antes estabelecidos, logicamente contando com o auxílio eventual das punições.

---

257 CORDERO, *Procedimiento penal*, p. 19.

258 LARRAURI, *Criminologia crítica*: abolicionismo y garantismo, p. 20.

259 FOUCAULT, *A sociedade punitiva*: curso no Collège de France (1972-1973), p. 129.

260 BIANCHI, *Justice as sanctuary*: toward a new system of crime control, p. 16.

Por isso, pode-se afirmar que a ascensão do Estado e da nova trama social da modernidade também se deveu a este combate às demais redes comunitárias no mundo ocidental. Era preciso que ele assumisse uma posição às custas do enfraquecimento de outros agrupamentos estratégicos, pois o rearranjo das relações de poder demandava novos protagonismos.[261]

A modernidade marca o momento em que o Estado assume um status diferenciado de relevância política, o que certamente não significa "monopolizar" o poder. Seu acúmulo de importância na mecânica social instaura uma série de novos jogos de verdade e éticas, instaurando relações, representações, sob a premissa de sustentar sua crescente posição de força correspondente à responsabilidade de ser guardião do bem comum.

Estado decola sob a estratégia política do discurso de legítima proteção do "universal". O seu grande diferencial é conseguir estabelecer uma rede como nunca antes vista sob o fundamento da ideia republicana, falar e fazer em nome do bem público o permitiu acumular poderes e se infiltrar em áreas até então fora da sua competência.[262]

Pode-se dizer que o século XVIII é o momento em que o Estado alça essa posição de grande destaque político, e o faz por meio do alcance ao uso privilegiado desse "interesse público". Melhor dizendo, os saberes jurídicos utilizam o "bem público" para estabelecer novos arranjos políticos, assim aos poucos vai tendo maior sucesso em reduzir resistências e tornar "natural" o lugar do Estado como protetor do interesse geral. O Estado se confunde com seu objeto.

> O originário é o lugar do essencial, o lugar em que se veem as lutas, pois as resistências à constituição do Estado são muito importantes. Os melhores historiadores, por motivos que é possível compreender, esquecem os grupos marginais, as pessoas dominadas. Evidentemente, estudam-se as revoltas contra o imposto, mas não se estudam as resistências à unificação linguística ou à unificação dos pesos e medidas. Se os inícios são interessantes, não é na qualidade de lugar do elementar, mas na qualidade de lugar em que se vê a ambiguidade fundamental do Estado, que é o fato de que aqueles que teorizam sobre o bem público são também os que dele se aproveitam. Vê-se muito melhor o lado biface do Estado nos seus primórdios porque o Estado existe em nossos pensamentos e estamos constantemente aplicando um pensamento de Estado ao Estado. Sendo nosso pensamento, em grande parte, o produto de seu objeto, ele não percebe mais o essencial, em especial essa relação de pertencimento do sujeito ao objeto.[263]

---

261 DELMAS-MARTY, *Os grandes sistemas de política criminal*, p. 308.

262 BOURDIEU, *Sobre o Estado*, p. 102.

263 BOURDIEU, *Sobre o Estado*, p. 94.

Assim a ferramenta punitiva toma igualmente um alcance jamais visto, tudo sob a égide da vontade pública: porque algo violou a todos. O conceito de crime é o que incorpora, no saber punitivo estatal, esta posição do bem comum violado que precisa ser tutelado por um órgão potente. É a ontologização do ilícito com a ideia de quebra da paz pública.[264]

Não é outra coisa que se vê nos grandes discursos contratualistas, que fazem preponderar a ideia de "razão de Estado" sobre as antigas justificações monarcas sobre a "razão do príncipe". Mesmo em Thomas Hobbes, o soberano se justifica pelo bem geral, pois ele próprio é a representação desta necessidade de um governo que represente os súditos. Pacificar o estado de guerra generalizada por meio da concessão dos direitos de governar a si mesmo, a multidão se une e cede ao Estado seus poderes, a multidão constitui o próprio *Civitas*.[265]

O Estado, e sobretudo seu aspecto coercitivo, está autorizado pela necessidade de conformar vontades usando a força necessária, instituindo a civilização e a paz. O crime, que por sua vez representa a negação desta paz, é o símbolo máximo da violação do pacto, é a negação em si do próprio soberano e do que ele representa: a vontade pactuada dos súditos.

> A essência do Estado consiste nisso e pode ser assim definida: uma pessoa instituída, pelos atos de uma grande multidão, mediante pactos recíprocos uns com os outros, como autora, de modo a poder usar a força e os meios de todos, da maneira que achar conveniente, para assegurar a paz e a defesa comum. O titular dessa pessoa chama-se soberano, e dizemos que possui poder soberano. Todos os restantes são súditos.[266]

Veja-se que algo muito semelhante é utilizado por John Locke, quando prega a necessidade de um pacto de proteção da "propriedade" (vida, liberdade, bens) por meio de uma abdicação do exercício irregular dos poderes individuais. O órgão oficial tece sua legitimidade mediante a necessidade de concessão do direito de punir as transgressões através de regras que a "comunidade concorde e estabeleça". O crime viola a propriedade de todos, o Estado estabiliza a demanda geral por proteção.[267]

Segundo J. J. Rousseau, o Estado encarna a vontade geral inevitavelmente. A lei não pode ser injusta porque é fruto desse interesse coletivamente pactuado, de forma que seria uma contradição esperar que os cidadãos sejam

---

264 CARVALHO, *Criminologia, (in)visibilidade, reconhecimento:* o controle penal da subcidadania no Brasil, p. 150.

265 HOBBES, *Leviatã*, p. 141.

266 HOBBES, *Leviatã*, p. 142.

267 LOCKE, *Segundo tratado sobre o governo*, p. 85.

injustos consigo mesmos. É a própria vontade de todos que constrói o lícito e ilícito, estes conceitos decorrem muito naturalmente do interesse coletivo.[268]

Com certeza, portanto, o infrator é tomado como "traidor", deu um passo para fora da civilização. O crime traz à luz o inimigo, que desrespeita o tratado e torna-se passível das consequências típicas de quem quer declarar guerra à coletividade. O crime é a expressão máxima da negação do interesse geral.

> Ademais, qualquer malfeitor, atacando o direito social, torna-se por seus crimes rebelde e traidor da pátria, deixa de ser um de seus membros ao violar suas leis e até lhe faz guerra. Então, a conservação do Estado é incompatível com a sua, sendo necessário que um deles pereça, e, quando se faz morrer o culpado, é menos como cidadão que como inimigo. Os processos e o julgamento são as provas e a declaração de que ele rompeu o tratado social e, por conseguinte, de que já não é membro do Estado. Ora, como ele se reconheceu como tal, ao menos por sua residência, deve ser afastado pelo exílio como infrator do pacto, ou pela morte como inimigo público; pois tal inimigo não é uma pessoa moral, é um homem, e então o direito de guerra é o de matar o vencido.[269]

A mesma lógica seria encampada pelos iluministas do campo penal. O "penalismo ilustrado" e seu linguajar inovador no campo punitivo preservam esta marca essencial em que se pretende amalgamar "crime" e "ofensa pública", "criminoso" e "inimigo social".[270]

O modelo contratual é o que veicula a "verdade" sobre a autoridade do Estado, portanto, seu poder de demarcar crimes e agir sobre eles. Por mais paradoxal que possa parecer, tudo se passa como se os próprios cidadãos consentissem sobre a autoridade de se fazer recair sobre eles as mais severas punições, pois aceitar as leis no papel de cidadão significa também aceitar as ferramentas que irão puni-los.[271]

Para legitimar esta posição do Estado enquanto órgão fundamental de preservação da ordem, são utilizadas todas as teorias sobre a base democrática da criação de leis. Seja na crença da intrínseca benevolência social do rei, seja na crença do ideário de representatividade dos componentes do legislativo, o que não poderia ser rompido é a fidelidade da lei como expressão do bem geral. Logo, crime é a grave violação do público, grave violação de todos em um só ato.[272]

---

268 ROUSSEAU, *O contrato social*, p. 47.
269 ROUSSEAU, *O contrato social*, p. 44.
270 BECCARIA, *Dos delitos e das Penas*. CARRARA, *Programa do curso de direito criminal.*
271 FOUCAULT, *Vigiar e punir,* p. 86.
272 RANCIÈRE, *O desentendimento*: política e filosofia, p. 117.

Mas, confirmando o que Foucault anunciava acerca da genealogia da modernidade, logo se fez ouvir no campo penal como os saberes se articulam com poderes por meio de éticas, e uma série de discursos surgiriam para demonstrar como o crime é uma expressão subjetiva, um dado interno do infrator.

Segundo aponta Alan Norrie, toda a figura do "crime" e a responsabilidade que gira em torno do "criminoso" foi moldada a partir de uma noção kantiana de racionalidade individual abstrata. As categorias legais tomam como pressuposto uma subjetividade entendida como "controle cognitivo das ações", compartilhado por todos os indivíduos de forma "fixa e estável". Partem de uma separação entre os sujeitos, de maneira que as categorias legais supõem uma imutabilidade individual que advém do seu próprio interior, independente das interações que vivencia.[273]

A responsabilidade individual precisa considerar um sujeito padrão, de racionalidade padrão, homem médio. Um individualismo psicológico e político, que sustenta a responsabilidade em uma autonomia do sujeito, e marca este como um ser "apolítico" e "associal". Por via de consequência, o local do crime é de um ato que não obtém seu valor do contexto social, mas da própria cognição. O ilícito é símbolo também de uma falha na razão.

Deste ponto decorre a ideia de "culpabilidade", em voga em todas as codificações e tratados de direito penal ocidental. A violação da vontade geral se vincula a uma matriz psicológica abstrata nos modelos jurídico-penais, e comodamente se estabelece sobre esta base de concepção universalista do sujeito.[274] O sujeito é culpável na medida em que, a despeito de portador do mesmo aparato racional de todos, faz a opção pela via ilícita. Poderia respeitar e não respeitou, desprezando seu potencial interno de seguir as normas, fator universalizável de maneira idêntica por todos os possuidores da devida sanidade.

Kant quer usar bases morais absolutas, que politicamente pretendem escapar do caráter maleável do sujeito. O sujeito universal kantiano oferece uma "serena dominação do bem sobre o mal", de forma que o poder penal busca estar legitimado sobre valores objetivos. Naturalizando a infração, pretende-se discursivamente naturalizar a obediência, como aponta Saul Neuman:

> O problema de Kant é que ele abre caminho para uma autonomia individual e reflexão crítica nos limites do sujeito, apenas para reinscrevê-lo no espaço fechado por uma noção transcendental de racionalidade e moralidade que requer obediência absoluta.[275]

---

273 NORRIE, *Punishment, responsability and justice*: a relational critique, p. 12.

274 CARVALHO, *Penas e medidas de segurança no direito penal brasileiro*: fundamentos e aplicação judicial, p. 57.

275 NEUMAN, *Stirner e foucault*: em direção a uma liberdade pós-kantiana, p. 120.

O discurso liberal registra, no campo das ideias, o criminoso enquanto violador racional de uma ordem geral, que pelo uso indevido de seu livre-arbítrio vai de encontro à paz instituída. Por uma "culpa" que decorre de sua própria má gestão dos atos internos, viola a mais racional de todas as normas, a de que o convívio social pacífico tem um padrão de conduta naturalmente aceito e não ultrapassável.

Em um segundo momento, como tornou-se usual indicar, surgiriam a partir do século XIX os chamados "positivismos criminológicos". Adentrando no recorte da constituição psíquica dos criminosos, apresentam aparentemente uma visão determinista da subjetividade, e em decorrência disso uma aproximação com os discursos de patologização do criminoso.

O que importa aqui destacar, preliminarmente, é que tais "cientificidades" a recair sobre os criminosos não significaram uma modificação no tocante a ideia de crime como "dano social". Elas apenas apresentavam novas justificações de como o indivíduo se torna um violador do pacto, e nunca representaram uma verdadeira oposição ao que havia de mais essencial na teoria liberal sobre o "crime".

Não à toa, liberalismo e positivismo andam ainda hoje lado a lado, sem grandes incoerências a dar suporte ao imaginário do crime. Seja fundado em uma liberdade racional, seja calcado em um determinismo de personalidade, seja fundindo as duas premissas, a figura do criminoso manteve ilesa a posição do "crime" como ofensa contratual. A modificação só se operou no "porquê" da prática do dano público, e não na natureza pública da agressão. As experiências "científicas" de fixação do crime não são uma real supressão do caráter "moral" do desvio, são uma tentativa de fixação dos motivos internos que levam à imoralidade.

O imaginário penal nunca ignorou o aspecto "interno" do delito. Bem por isso, é possível dizer que o "crime" nunca foi descrito na modernidade como pura quebra "política" do pacto, mas sempre foi conectada com um traço de imoralidade do delinquente, ainda que tal imoralidade viesse de uma ferida na "racionalidade". Conforme Foucault demonstraria com maior clareza no curso "A sociedade punitiva", houve uma indexação dos ilegalismos como "atos moralmente condenáveis", de maneira que o fundamento político do delito se ocultasse em favor de uma naturalização dos "juízos de valor" do ato.[276]

Os positivismos criminológicos marcam o momento em que o caráter ético do crime é ontologizado em torno de uma "personalidade desviante", mas

---

[276] HARCOURT, Situação do curso. In: FOUCAULT, *A sociedade punitiva*: curso no Collège de France (1972-1973), p. 270.

isso não significou romper com o caráter "abstrato" do desvio. O par entre "sujeito de direito" e *homo criminalis* andam em compasso até os dias atuais.[277]

O desvio criminal, ainda caracterizado como ofensa geral e imoral, é visto como uma expressão de um interior perigoso, uma constituição ética potencialmente ameaçadora. Do inimigo social nasce o "desviador", e tal figura "traz consigo o perigo múltiplo da desordem, do crime, da loucura".[278]

Não por acaso, o maior símbolo do positivismo criminológico não foi um jurista nem um sociólogo, mas um psiquiatra: Cesare Lombroso. Interessante perceber, ainda com Foucault, esta aproximação da persecução criminal com o laudo médico, e todo o suposto avanço das técnicas de identificação da "personalidade delinquente":

> O laudo psiquiátrico, mas de maneira mais geral a antropologia criminal e o discurso repisante da criminologia, encontram aí uma de suas funções precisas: introduzindo solenemente as infrações no campo dos objetos suscetíveis de um conhecimento científico, dar aos mecanismos da punição legal um poder justificável não mais simplesmente sobre as infrações, mas sobre os indivíduos; não mais sobre o que eles fizeram, mas sobre aquilo que eles são, serão, ou possam ser.[279]

O "exame psiquiátrico" surge como aquilo que refletia dos discursos criminológicos o duplo "psicológico-ético" do delito, confirmando a imoralidade do ato por meio de uma imoralidade do autor. Ele faz aparecer por trás do delito a sua "alma" correspondente, *homo penalis* é aquele que está fadado à imoralidade nos gestos gerais.[280]

Daí se desenrola todo um jogo de controle não meramente das agressões, mas das próprias agressividades, perversões, impulsos, desejos. São elementos do sujeito que se evoca em julgamento para captar até que ponto da vontade do réu (culpabilidade) estava envolvida no crime. São as "sombras que se escondem por trás dos elementos da causa" que são julgadas, elas representam a base causal das imoralidades penais.[281]

Mais uma vez recordar, na linha da pastoral religiosa, o poder moderno se ancorando em éticas. Se na moral cristã não se pune o pecado, mas se penitencia o pecador, aqui o Estado não basta agir sobre o crime, e sim controlar o criminoso. O pecado se atualiza como crime, o pecador como criminoso.[282]

---

277 FOUCAULT, *Do governo dos vivos*: curso no Collège de France (1979-1980), p. 74.

278 FOUCAULT, *Vigiar e punir*, p. 284.

279 FOUCAULT, *Vigiar e punir*, p. 23.

280 FOUCAULT, *Os anormais*: curso no Collège de France (1974-1975), p. 15.

281 FOUCAULT, *Vigiar e punir*, p. 22.

282 CASTRO, *Introdução a Foucault*, p. 91.

Desta forma, o artifício "etiológico" da criminalidade é o que fixa o indivíduo ao seu ato, sujeito representado como matriz da ação. O discurso do crime é uma forma de identificar ato e autor, a fim de que o agente passe a se reduzir à ação como face fatal do seu ser, tornar o indivíduo "unidimensional", como diria Nils Christie:

> Mas as pessoas são os seus atos? Em caso positivo, quais partes dos seus atos as definem? Roubar é a maior característica de um ladrão, ou matar, a de alguém que já matou? Mas podemos ver que as pessoas são multidimensionais. Alguém pode ter cometido um ato que deploramos, mas ele possui outras faces.[283]

Ao longo do século XX uma grande tradição crítica "anti-positivista" se desenvolveria, desestabilizando pouco a pouco uma série de saberes calcados no âmbito etiológico do crime. Desta maneira, o despertar da criminologia da reação social se inicia justamente ao demonstrar quanto o imaginário penal depende e se sustenta no estereótipo do criminoso/inimigo. Deontologizar o crime e o criminoso, eis as novas tarefas.[284]

Entretanto, aparentemente uma parcela importante dos discursos positivistas ainda predomina sobre as "verdades" da justiça criminal, se reatualizando nos saberes com alguma estabilidade. Ainda que afrontadas boa parte das bases "biológicas" e uma parcela relevante das bases "sociológicas" das justificações positivistas em torno do ato criminoso, parece que o processo se deu sobre uma "politização" insuficientemente questionadora.[285]

É o que indica Stanley Cohen, ressaltando que nem todos os "determinismos" foram alvo dos pensamentos criminológicos de contestação. Um setor relevante do pano de fundo da autoridade punitiva permanece viva, novas ontologizações se apresentaram e sustentam o modelo de justiça penal ainda que sob a etiqueta de grandes discursos de questionamento da ordem.

> Não é que a nova semiologia meramente inverteu a imagem positivista substituindo determinismo por liberdade. Apenas algumas formas de determinismo foram atacadas; o determinismo sociológico permaneceu vivo e bem, tido como inquestionável o pano de fundo contra o qual todo o jogo estava sendo adotado. Este pano de fundo veio à tona agora com uma apresentação especificamente marxista. Ambos, o determinismo do positivismo psicológico e o suposto voluntarismo da nova teoria do desvio, foram banidos por um poderoso novo jogo de forças: circuns-

---

283 CHRISTIE, *Uma razoável quantidade de crime,* p. 82.

284 BIANCHI, Abolition: assensus and sanctuary, p. 114.

285 COHEN, *Against criminology,* pp. 116-117.

tâncias materiais, a persuasão da ideologia burguesa, o potencial para a biografia ser ossificada pelo aparato de controle.[286]

O que se indica, portanto, é que de certa maneira se perpetua uma ontologização, acompanhando o próprio rótulo de crime. É necessário investigar como seria possível fazer aparecer o elemento de autoridade que acompanha tais discursos, desatar os conflitos do âmbito limitado do discurso criminal e escapar definitivamente das reminiscências positivistas.

4.1.2. Conflito

O foco central do conceito de crime nunca foi sobre a existência de um conflito, o que o define por excelência é o seu caráter de "infração" da autoridade. A centralidade do próprio conceito de crime como ente jurídico sem qualquer cerne de materialidade o permite circular livremente, é possível tipificar qualquer coisa, e por isso não haverá uma verdadeira interrogação da justiça penal enquanto não se proceder um questionamento profundo do próprio papel deste conceito.

A artificialidade do termo "crime" era tão nítida para Stanley Cohen que lhe parecia melhor pensar em termos de "anticriminologia". Uma ciência que pretende focar sobre um objeto intrinsecamente sem "natureza" lhe parecia querer perpetuar a ilusão de que se pode alcançar uma "teoria geral" sobre a causação do crime. Preferia escapar deste risco.[287]

Bem por isso, Louk Hulsman pontuava sempre seus discursos a partir da uma necessária quebra da própria figura de crime. O crime seria assim o primeiro grande "tabu" a ser questionado, a fim de abrir novas portas para os saberes libertários.

> Ora, a prática demonstra que não basta procurar uma solução mais social do que jurídica para o conflito; o que é preciso sim é questionar a noção mesma de crime, e com ela, a noção de autor. Se não deslocarmos esta pedra angular do sistema atual, se não ousarmos quebrar este tabu, estaremos condenados, quaisquer que sejam nossas boas intenções, a não sair do lugar.[288]

Apesar da teoria do delito sempre buscar se referir a um "bem jurídico violado" ou ao menos um "perigo de dano", certo é que se pode perceber com facilidade que a conflitividade social nunca foi o centro do debate quando se trata do conceito de crime. Isso pode ser mais claramente percebido mediante quatro dados acerca da forma com que o modelo

---

286 COHEN, *Against criminology*, p. 128.

287 COHEN, *Against criminology*, p. 46.

288 HULSMAN; CELIS, *Penas Perdidas. O sistema penal em questão*, p. 95.

penal atua: 1) há crimes que não representam conflitos; 2) as pessoas diretamente envolvidas não podem interferir na definição de crime; 3) as pessoas envolvidas via de regra não podem interferir na resolução do caso; 4) a resposta ao crime foca apenas em quem praticou o ato criminoso e ignora a vítima.

Uma rápida análise da codificação penal ocidental da atualidade demonstra com facilidade a existência de inúmeros atos que são tidos como criminosos, mas que não representam um conflito real. A ideia de conflito pressuporia, obviamente, um descompasso de interesses, um descontentamento por parte de alguém diretamente afetado.

Todavia, a título de tipificar "perigos abstratos", inúmeros atos são legalmente abraçados pelo rótulo de "crime" sem que produzam qualquer "vítima". O conflito é tanto pressuposto quanto a "vítima" é meramente imaginária. Há casos de descrições criminosas onde o interesse das pessoas envolvidas até mesmo conflui, em outros tantos casos descreve-se atos individuais que não envolvem nenhuma outra pessoa.

É mais que ilustrativo, neste passo, o fato de que o tipo penal que na atualidade mais gera condenações em muitos países seja justamente um destes tipos "sem conflito": o comércio de drogas.[289] Nestes casos, é nítido, as pessoas diretamente envolvidas no ato estão de comum acordo, um quer comprar e o outro quer vender, e a criminalização extrapola totalmente qualquer tentativa de se enxergar ali um conflito.

O efeito real do ato em si não é o elemento que determina se uma conduta é ou não criminosa. A gravidade do dano praticado não é um traço do conceito de crime, mesmo porque inúmeros tipos penais tomam como suficiente um "dano pressuposto" ou um dano meramente indireto. Princípios como da lesividade e ofensividade na tipificação não correspondem à realidade das legislações penais modernas.

> O grau efetivo de tutela e a distribuição do status de criminoso é independente da danosidade social das ações e da gravidade das infrações à lei, no sentido de que estas não constituem a variável principal da reação criminalizante e da sua intensidade.[290]

---

[289] Tal é o caso do Brasil, pois o mais recente relatório do Infopen (junho/2016) indica que havia naquele período 176.691 pessoas presas sob a incursão no crime de tráfico de drogas, o que representa 28% do sistema prisional nacional. BRASIL, Ministério da Justiça e Segurança Pública. Levantamento nacional de informações penitenciárias: INFOPEN,

[290] BARATTA, *Criminologia crítica e crítica do direito penal,* p. 162.

Há casos ainda de criminalização de atos que, por sua vez, encontram respaldo na maior parte da população, é uma criminalização que vai de encontro ao próprio interesse da coletividade. No Brasil, pode-se destacar a criminalização dos jogos com apostas (ex: bingos, jogo do bicho), bem como a ampla aceitação social diante do comércio de produtos "falsificados" de baixo custo e das casas de prostituição.

Sendo assim, é fato inquestionável que a ideia de crime está apartada da ideia de conflito neste primeiro grupo de casos, pois a descrição típica do fato criminoso não apresenta um dano real, sequer pode ser entendida como uma desconexão de interesses entre pessoas determinadas, ou mesmo encontra ampla aceitação social.

A segunda hipótese levantada remete à constatação de que a criminalização moderna não se preocupa com os conflitos porque não considera o interesse real das pessoas envolvidas. A metodologia utilizada pelo modelo penal toma a negatividade pública do ato como dada pela legislação, e menospreza completamente o interesse das pessoas envolvidas nos conflitos reais.

Aqui, como por muitos já levantado, a justiça penal demonstra estar ligada essencialmente ao "paradigma do consenso", em que a instituição do marco legal hipoteticamente converge com a vontade geral por meio do sistema de representatividade do legislador. Forja-se uma presunção de que as normas legais se identificam com as normas sociais.[291]

> De forma mais realista, todavia, uma maioria crescente das normas legais carece de uma correspondência específica com qualquer norma social. O anúncio de normas legais é mais e mais comumente o resultado de conflitos entre diferentes sub-coletividades com diferentes normas, do que uma expressão do consenso geral, e o anúncio de normas legais acaba sendo mais uma técnica de conflitos entre grupos do que a direta expressão das normas sociais ou mesmo de um compromisso político.[292]

O discurso penal utiliza o consenso pressuposto como legitimação da lei criminal. É uma objetificação das conflitividades, de forma que a descrição típica deve funcionar automaticamente como uma demarcação do ato inaceitável, ditando leis "naturais ou sociais invariáveis".[293]

---

[291] CARVALHO, *Penas e medidas de segurança no direito penal brasileiro*: fundamentos e aplicação judicial, p. 86.

[292] TURK, Conflict and criminality, p. 346.

[293] CARVALHO, *Criminologia, (in)visibilidade, reconhecimento*: o controle penal da subcidadania no Brasil, p. 107.

No campo penal, diria Juarez Cirino dos Santos, tanto os enfoques conservadores quanto liberais não questionam a estrutura social que é dada como certa pela legislação, pois em sua base está essa ancoragem discursiva respaldada por um hipotético consenso geral inerente aos atos legislativos devidamente instituídos. Tudo ocorre como se houvesse uma "minoria criminosa" que fere a ordem vigente da maioria.[294]

O interesse social passa como sendo representado pela lei, e o desvalor do ato passa a decorrer imediatamente do dado normativo. A "ritualística" penal legitima a si mesma sob uma visão de compartilhamento de valores do grupo, este entendido como todas as pessoas presentes no território do Estado-nação. Eis uma experiência compartilhada presumida, não real.[295]

Por este motivo, Zaffaroni e Nilo Batista diriam que os códigos penais modernos implicam uma "ditadura ética": pressupõem falsamente um sistema único de valores, ou melhor, geram por conta própria os valores éticos que desejam sob o fundamento da representatividade.[296]

A encarnação do "comum" da sociedade em leis produzidas, a ditar danos que são inaceitáveis, é uma manobra de legitimidade que afasta as pessoas concretas, dita relações fictícias como forma de legitimidade do seu aparato de funcionamento. Manejam discursivamente consentimento e legitimidade das forças do Estado sob a matriz contratual.[297]

É inevitável concluir que, seguindo estes moldes, há precisamente uma falha crucial da justiça criminal tanto de caráter democrático quanto republicano. O sistema deliberativo dos países ocidentais não permite dizer que há um reconhecimento geral das regras por todos, a patente desigualdade social e marginalização não permitem generalizar os valores, e, portanto, as normas penais não podem se justificar por um interesse comum.[298]

A atuação penal calcada em um conflito hipotético – crime – afasta os envolvidos no fato, pois o valor oficial do ato já está dado de uma vez por todas. Em uma linha de apropriação que decorre da definição do delito – investigação, persecução, julgamento e execução – as agências oficiais automatizam seu funcionamento e tomam como irrelevante o interesse dos indivíduos da trama real.

---

294 SANTOS, *A Criminologia Radical*, p. 4.

295 HULSMAN, Critical criminology and the concept of crime, p. 68.

296 ZAFFARONI; BATISTA; ALAGIA; SLOKAR, *Direito Penal Brasileiro:* primeiro volume, p. 125.

297 RANCIÈRE, *O ódio à democracia*, p. 64.

298 GARGARELLA, *Castigar el prójimo:* por uma refundación democrática del derecho penal, pp. 14-15.

Ainda quando há efetivamente um agressor e um agredido, estes não são convocados a dizer se querem incidir sobre a qualificação do ato que os conecta. O conflito é "confiscado" das partes, expropriado, porque o valor dado ao ato e a incidência do Estado não estão em suas mãos.[299]

O direito penal, com seu "rígido sistema tipológico", pode funcionar apenas se forem totalmente ignoradas as "relações, os modelos de significado, as interações, as condições e os papéis sociais" envolvidos. O método de padronização dos conflitos é um traço essencial de sua ação em todos os países ocidentais.[300]

Como insistia Hulsman, a organização cultural da justiça criminal cria "indivíduos fictícios" e uma interação "fictícia" entre eles. Tal ficção não pode ser perturbada em nenhum momento do desenrolar processual, sob pena de ferir uma lógica basilar deste modelo punitivo.[301]

A burocratização inerente à justiça penal funciona operando um corte nas relações sociais. Sendo o caráter de "ofensa pública" atestado em completa indiferença às partes, o ato judiciário é uma mera inquirição que visa averiguar se houve o fato e a sua autoria, pois a normatividade não é passível de ser tocada pelos sujeitos da relação. Logo, enquanto houver um monopólio estatal de dizer o que é lícito e o que é ilícito em termos formais a priori, muito pouco se pode esperar de esforços de envolvimento comunitário na justiça, pois estes ficam atrelados a valores fixos. O formato penal impõe limites de valoração.[302]

O corte operado sobre os conflitos a partir do conceito de crime fornece uma margem do que é "importante" ao processo, e todo o resto é remetido ao espaço das "irrelevâncias". A maneira de atuar demanda que muitos aspectos do ocorrido seja extirpado do debate, de forma que a própria formação do jurista para agir no campo penal exige um "treinamento" do que "não é permitido considerar", cria-se uma ente jurídico que não acompanha a complexidade dos casos reais, supõe-se igualdades que não existem.[303]

Enfim, a demonstração de que as pessoas envolvidas nos conflitos não possuem liberdade para deliberar sobre a valoração do ato que os põe em relação é um dado constitutivo essencial da justiça penal moderna,

---

299 ZAFFARONI; BATISTA; ALAGIA; SLOKAR, *Direito Penal Brasileiro:* primeiro volume, p. 114.

300 RUGGIERO, *Il delitto, la legge, la pena*: la contro-idea abolizionista, p. 197.

301 HULSMAN, Temas e conceitos numa abordagem abolicionista penal da justiça criminal, p. 199.

302 COHEN, *Against criminology,* p. 229.

303 CHRISTIE, Victim movements at a crossroad, p. 117.

e por isso mais uma vez se torna patente o fato de que este modelo de realização de justiça não está focado na resolução de conflitos.

Indo adiante, pode-se ingressar no terceiro tipo de aspecto deste desprezo do modelo penal pelos conflitos: as partes não são convocadas a falar sobre a resolução do caso. Ou seja, mais do que retirar dos cidadãos envolvidos no ato a possibilidade de dizer como dão significado ao ocorrido, é-lhes subtraído também o direito de agir sobre a solução do conflito.

A fórmula apresentada pela moderna codificação penal define preliminarmente não apenas o caráter "violatório" do ato, ela também predetermina o tipo de "solução" a ser dada. Crê-se em um rol de soluções gerais padronizadas para descrições estáticas.

> Não pode haver soluções gerais totalmente válidas, apenas esforços temporários baseados em nossos valores claramente definidos e nosso senso de singularidade de cada conjuntura histórica. A questão do crime gera valores absolutos - justiça, bem social, liberdade individual, compaixão - os quais são incompatíveis entre si e não podem ser objetivamente ranqueados. Nem certezas científicas e políticas podem servir para tomar difíceis escolhas morais. O uso de valores como bondade e justiça pode ilustrar os perigos deste absolutismo.[304]

O processo penal inicia e termina sem a consulta efetiva das partes. Veja-se, a vítima tanto não tem o direito de se expressar sobre a validade ou não do ato que lhe diz respeito, quanto não pode interferir sobre "quem julga" e "como julga". O conflito está capturado por terceiros, do começo ao fim.

Como então pretender que se dê uma "solução" ao caso quando sequer há uma preocupação sobre a legitimidade conferida pela vítima sobre como e quem irá julgar? Não há disponibilidade sobre o julgamento, este acaba sendo uma atividade completamente alheia aos diretamente interessados.[305]

Perceba-se, a matriz moderna de julgamento penal tem tido como fator rígido uma predominância dos agentes estatais sobre as partes. O poder de dizer o direito sobre as consequências do ato é inteiramente monopolizado, pessoas ausentes do fato, que jamais foram afetadas pelo ato ocorrido e que assim permanecerão.

Como anunciou Nils Christie, a justiça penal "roubou" o conflito das partes. Para além dos casos em que sequer há conflito, nos casos em que efetivamente há uma contenda esta acaba sendo tomada por terceiros, os conflitos se tornam posse de "juristas". São sempre outros que manejam o conflito.[306]

---

304 COHEN, *Visions of social control*: Crime, Punishment and Classification, p. 244.
305 HULSMAN, Critical criminology and the concept of crime, p. 76.
306 CHRISTIE, *Conflict as property,* p. 5.

Neste formato, vale ressaltar, não apenas se evita os desejos punitivos mais cruéis que porventura as vítimas podem ter, igualmente se afasta a possibilidade do simples perdão. A escolha de "dizer pelas partes" nega o direito de se reinterpretar sentimentos e vontades, mesmo nega-se o direito de se dizer que o conflito não existe mais.[307]

Com a padronização de respostas apresentadas pela autoridade, cala-se tanto vítima quanto agressor, e toda a complexidade que envolve as lides sociais é abafada por um conteúdo de "justiça" que já está dado previamente pelo Direito Penal. Importante pesquisa feita por André Giamberardino envolvendo casos de Tribunal de Júri permitiu-lhe chegar à seguinte conclusão:

> Não há homogeneidade nas "falas" dos sujeitos diretamente envolvidos no conflito, em relação às percepções de justiça e censura. Há, ao contrário, interações profundamente complexas que são violentamente reduzidas ao serem inseridas no quadro formal do sistema punitivo.[308]

Uma "firme delimitação" tanto das ações ilícitas quanto das consequências possivelmente aplicáveis (penas) foi tradicionalmente vista pelo Direito Penal como uma tarefa fundamental de afastamento das arbitrariedades. Burocratizar foi a opção, para tornar previsível o jogo penal.[309]

A monopolização das agências oficiais sobre o conflito, produzida sob os auspícios do "interesse geral", distancia os sujeitos de suas interações. Melhor dizendo, as partes deixam de ser "sujeitos" para serem "objetos" da justiça, a máquina penal desconsidera o interesse dos diretamente envolvidos para privilegiar um suposto (e meramente suposto) interesse da coletividade naquele tipo de resposta.[310]

René van Swaaningen sublinha o fato de que esta captura do conflito por meio de respostas padronizadas gera um efeito de "desabilitar" as pessoas a lidarem com suas diferenças. Ao se situar no direito de exclusividade sobre conflitos criminais, a justiça criminal promove ainda mais

---

[307] Destaca-se, como o faz Daniel Achutti, a decisão proferida pelo Supremo Tribunal Federal na Ação Direta de Inconstitucionalidade nº 4424, que declarou a impossibilidade da renúncia da vítima à eventual ação penal envolvendo lesão corporal contra a mulher. A decisão impede que a justiça reconheça a reconciliação das partes, muitas vezes cônjuges na constância do vínculo afetivo, para afirmar o prosseguimento do feito processual a um julgamento que já não interessa aos envolvidos. ACHUTTI, *Justiça restaurativa e abolicionismo penal*, p. 172.

[308] GIAMBERARDINO, *Crítica da pena e justiça restaurativa*: a censura para além da punição, p. 31.

[309] BELING, *Esquema de derecho penal*, p. 37.

[310] POSTAY, ¿De qué hablamos cuando hablamos de abolicionismo penal? Reseña histórica. 1968-2012, p. 5.

a desagregação social na medida em que a comunidade não é incentivada a refletir e tentar soluções reais para os problemas que emergem.

> Primeiramente, o sistema de justiça criminal monopolizou a interferência sobre conflitos criminalizáveis e, em segundo lugar, - por causa deste monopólio - as pessoas perderam a habilidade (de-skilled) de lidar com conflitos, mesmo antes que eles sejam definidos como crimes.[311]

Por mais este motivo, fica claro que o rótulo "crime" não se apresenta como uma forma de resolução de conflitos, pois sequer autoriza a consulta das pessoas envolvidas sobre como pretendem ver o problema solucionado. Mas a este ponto se acrescentaria ainda uma quarta hipótese.

O formato penal está exclusivamente direcionado ao violador da norma. Perante os dois polos possíveis de um conflito (vítimas e agressores), ele opta por concentrar seus esforços de maneira privilegiada sobre quem pretensamente pratica a infração, e deste jeito exclui quem mais deveria ter interesse em uma resposta sobre o ocorrido.

Como a justiça está concentrada no "crime", descobrir quem praticou o ato parece bastar para que todo o desenrolar das consequências judiciais se opere. Uma vez comprovado o fato tipificado e quem o concretizou, a resposta já pode advir da palavra do magistrado, pois somente a este cabe definir o direito.

O sistema de representações segundo as quais se molda este tipo de justiça substitui a voz da vítima, o Estado se põe em seu lugar para dizer o que deve ser feito, um silenciamento forçado surge como consequência desta arquitetura institucional. A constatação do crime basta a si mesmo, e o efeito jurídico não consulta quem foi avíltado no caso concreto.

> Então, no julgamento criminal moderno, duas coisas importantes aconteceram. Primeiro, as partes estão sendo representadas. Segundo, a parte que é representada pelo Estado, denominada vítima, é tão completamente representada que ela ou ele na maioria dos procedimentos é completamente empurrada para fora da arena, reduzida à exclusão da coisa toda.[312]

A vítima resta muda diante do desenrolar penal. Aquela que deveria ser a maior protegida, diante do dano que lhe acometeu, não tem qualquer protagonismo e assume uma posição de simples "prova" no processo. Duplamente vitimizada.

Por todos estes indicativos, pode-se concluir que a justiça criminal não foi construída com vistas ao conflito. Sua preocupação fundamental em partir do conceito de "crime", que nada guarda referência ao interesse das partes diretamente envolvidas, remete ao fato de que seu objetivo fundamental é fazer funcionar um tipo de relação hierárquica, instituir uma posição de autoridade.

---

311 SWAANINGEN, What is abolitionism? An Introduction, p. 16.

312 CHRISTIE, *Conflict as property*, p. 3.

4.1.3. Autoridade

É o exercício de autoridade que está no centro da questão. Ao dispensar as partes da arena de debates, ou mesmo incidir sobre atos cujo efeito danoso é presumido, resta evidente que se visa tornar automática uma posição de poder. Não se trata de uma resposta que é invocada por necessidade real, mas de uma resposta que é imposta.

O conceito de "crime" é um produto de autovalorização da justiça penal, é o objeto por meio do qual a autoridade fundamenta seu funcionamento em exclusividade, afastando-se das "incertezas" que a atuação das partes poderia representar.[313]

Pretendendo demarcar os atos mais inaceitáveis no contexto social, o Estado cria os tipos penais e produz a partir de então um fluxo de legitimação por apropriação. Pondo-se na posição de único responsável pela paz social, o "crime" é o que permite confirmar o fato de que a "segurança pública" é objeto que só pode ser fornecido pelo Estado. O Estado cria a própria demanda.[314]

Simplificar os fundamentos, simplificar os procedimentos, simplificar as consequências. Aceitar o formato de atuação que parte de "crimes", esta figura abstrata e sem identidade, é aceitar um saber que molda uma arte de governar e os poderes viabilizados pela mesma.[315]

O Direito Penal deve ser percebido como uma das mais importantes formas de tornar vigente a obrigação de obediência na modernidade. Sendo construído sobre o fundamento da soberania, e do interesse público que supostamente só ele pode tutelar, dá-se um regime de veridicção sobre a vida.

> Afirmar que a soberania é o problema central do direito nas sociedades ocidentais implica, no fundo, dizer que o discurso e a técnica do direito tiveram basicamente a função de dissolver o fato da dominação dentro do poder para, em seu lugar, fazer aparecer duas coisas: por um lado, os direitos legítimos da soberania e, por outro, a obrigação legal da obediência.[316]

Assim sendo, cai por terra a ideia de que o poder penal se exerce em virtude de um "direito moral".[317] Sua função estratégica se deve a fomentar verticalidades no campo das relações sociais a partir de uma posição de privilégio que tende a se preservar.

---

313 RUGGIERO, *Il delitto, la legge, la pena*: la contro-idea abolizionista, p. 247.
314 CHRISTIE, *Uma razoável quantidade de crime,* p. 65.
315 STEINERT, Marxian Theory and Abolitionism: Introduction to a Discussion, p. 34.
316 FOUCAULT, Soberania e disciplina. In: *Microfísica do poder,* p. 181.
317 TAYLOR; WALTON; YOUNG, (org.) *Criminologia crítica,* p. 35.

Não por outro motivo, notou Christiano Fragoso que o autoritarismo é uma permanência histórica dos sistemas penais, cujo funcionamento pode se expressar em quatro contextos globais: como abuso de autoridade, como regime político, como ideologia política, como pré-disposição psicológica.[318]

Percebe o autor, desta forma, que o autoritarismo penal encontra eco no campo institucional e subjetivo, trazendo ao debate uma série de pesquisadores (tais como Marcuse, Adorno, Fromm, Milgram, Rokeach) que se aprofundaram na constatação de que o modelo penal está em constante relação com uma "dinâmica psicológica autoritária".

> Em suma, o autoritarismo psicológico, seja a partir de explicações psicanalíticas, cognitivas ou de aprendizado social, é criado e fortemente estimulado pelo sentimento de medo, e se caracteriza, por: (I) concepções maniqueístas e arraigadas do mundo; (II) distinções fortes, a partir de um valor de identidade, de grupos-dentro e grupos-fora; (III) maior necessidade de ordem e de segurança; (IV) prontidão de submissão e obediência à autoridade, conformidade e apego à tradição e a normas convencionais; (V) privilégio à autoridade, em detrimento do indivíduo; (VI) propensão à intolerância e até à hostilidade; (VII) tendência à seletividade; e (VIII) tendência a raciocinar por preconceitos e por estereótipos.[319]

Nestes termos, percebe que o autoritarismo é uma marca que extrapola o Estado, mas que é influenciado e influencia a dinâmica punitiva estatal. Pode-se assim notar que o "crime" e todo o discurso que o envolve são peças de uma rede de simbologias autoritárias.

Não muito distante, Edson Passetti acentua a existência uma "sociabilidade autoritária"[320] que está em mútua referência com a seara penal. Recorda para tanto muitos cenários de uma cultura de autoridades (pai, médico, professor, delegado, pastor, psicólogo, juiz, especialista, político), trazendo à tona esta teia de relacionamentos hierárquicos com as quais o Estado faz conexões.

> A sociabilidade autoritária deve ser compreendida, então, como forma de poder pastoral por meio da continuidade da soberania pelas ações dos súditos. Considera-se como tal o domínio do assujeitamento das pessoas à estrutura hierarquizada da família, escola e organizações que balizam-se pelo poder centralizado, afirmando a naturalização das desigualdades sociais e, por conseguinte, da violência, fazendo destes protocolos os principais restauradores da soberania da lei universal.[321]

---

318 FRAGOSO, *Autoritarismo e sistema penal*, pp. 109-111.

319 FRAGOSO, *Autoritarismo e sistema penal*, p. 108.

320 PASSETTI, *Anarquismos e sociedade de controle*, p. 150.

321 PASSETTI, *Anarquismos e sociedade de controle*, p. 217.

Na modernidade, enfim, é possível perceber um regime de veridicções cujo mecanismo é propiciar múltiplas verticalidades. Trata-se de uma "técnica", pois o conteúdo da ordem é modulável, bem como é cambiável quem assume a voz de comando. O autoritarismo seria esse tipo de relação onde a posição comando-comandado se automatiza, fazendo com que a legitimidade da ordem decorra do status diferenciado de quem ostenta. Obediência por status, funcionar uma hierarquia.

É preciso sempre recordar que a justiça penal, assim como outras instituições estatais e não-estatais, são formas de estabelecer relações de poder a partir de posições institucionais. Trata-se de centralizações, que logicamente ganham sentido apenas na relação que estabelecem sobre o entorno social, não meramente em si mesmas e sobre as pessoas diretamente tocadas.

De alguma forma, a simbolização sobre o "crime" remete sempre a uma justificativa do porquê desta autoridade. A criação de uma "criminalidade" é a forma discursiva primordial da criação de uma "necessidade" do aparato de poder penal, e isso pressupõe uma adesão à ideia de que somente mediante a forma de um aparato central se possa realizar o objetivo de segurança.

Sendo assim, faz parte do imaginário penal pôr-se em oposição às comunidades sem autoridade, concebidas como pré-civilizadas. A força do Estado se institui contra a barbárie, onde a ausência de uma autoridade permitiria uma imensa confusão valorativa e fática, vista a carência do consenso que só pode ser operado mediante um órgão central de organização.[322]

Por isso, Sebastian Scheerer nos faz recordar esta eterna referência dos fundamentos penais ao *bellum omnium contra omnes* hobbesiano. A centralidade do poder se posiciona como aquilo que traz a paz civilizatória, porque a segurança real só pode ser alcançada mediante um órgão permanente, racional e implacável, afastando o indivíduo de uma vida "solitária, pobre, detestável, brutal e curta".[323]

Curiosamente, vale destacar que Hobbes foi explícito sobre o fato de que não possuía dados históricos suficientes para indicar que os Estados europeus haviam se instituído sobre uma base prévia de guerra generalizada. Sua hipótese era sustentada sobre os "povos selvagens" da América:

---

[322] Veja-se o livro "Os anarquistas" escrito pelo pai do positivismo criminológico. Nesta obra, Cesare Lombroso aponta uma série de elementos segundo os quais se comprovaria o caráter atávico daqueles que são contra o Estado. DEL OLMO, *A América Latina e sua criminologia*. p. 48. Gabriel Tarde foi outro positivista ferrenhamente contra os anarquistas. ANITUA, *Histórias dos pensamentos criminológicos*, p. 437.

[323] SCHEERER, Hacia el Abolicionismo, p. 27.

> Alguém talvez possa pensar que nunca existiu um tempo ou condição para uma guerra semelhante; eu creio mesmo que, de modo geral, nunca ocorreu em lugar algum do mundo; entretanto, há lugares em que o modo de vida é esse. Os povos selvagens de vários lugares da América, com exceção do governo de pequenos grupos, cuja concórdia depende da concupiscência natural, não possuem um governo geral e vivem, em nossos dias, da forma embrutecida acima referida.[324]

A América indígena foi o grande lastro de prova hobbesiano do suposto "estado de guerra" selvagem, aquele que fatalmente ocorre quando não há um "poder comum a temer". A pura liberdade dos indivíduos isolados sem Estado, onde tudo é válido e "nada pode ser injusto" era supostamente a situação dos americanos, demonstrando ao mundo o grande perigo de uma vida fundada na "força" e na "fraude".[325]

Segundo o autor, a situação de mútuo acordo atende aos desejos decorrentes do "medo da morte", do conforto das coisas e da esperança de obtê-las por meio de seu trabalho. Tal era a paz que não existia entre os americanos, e, portanto, estava selada a necessidade de um órgão central de poder.[326]

O antropólogo Pierre Clastres atesta que toda uma literatura política europeia se inicia no século XVI com base nas "notícias do novo mundo". Os primeiros relatos da situação vista entre os nativos americanos davam conta de tribos "sem chefe", ou chefes "sem poder", povos onde a ausência do rei, da lei e da igreja provocavam uma desorganização fatal:

> É mais ou menos nesses termos que os primeiros europeus julgaram os índios da América do Sul, na aurora do século XVI. Constatando que os "chefes" não possuíam nenhum poder sobre as tribos, que ninguém mandava e ninguém obedecia, eles disseram que esses povos não eram policiados, que não eram verdadeiras sociedades: selvagens "sem fé, sem lei, sem rei".[327]

Os "selvagens" americanos foram o ponto de partida do conceito antropológico clássico de sociedade primitiva: sociedade sem Estado, "cujo corpo não possui órgão separado do poder político". Dessa maneira, faz-se entender que antes de uma divisão clara institucional entre os que mandam e os que obedecem, o que existe é apenas "infrassocial". Há confusão, não há sociedade.[328]

---

324 HOBBES, *Leviatã*, p. 109.

325 HOBBES, *Leviatã*, p. 110.

326 HOBBES, *Leviatã*, p. 110.

327 CLASTRES, *Arqueologia da violência: pesquisas de antropologia política*, p. 147.

328 CLASTRES, *Arqueologia da violência: pesquisas de antropologia política*, pp. 145-146.

Contudo, foi justamente sobre tais povos que Clastres desenvolveu suas pesquisas de antropologia política. Adentrando nas tribos da América, descobriu algo diferente das narrativas clássicas, algo que pode ser valioso para pensar as relações de poder e as instituições aparentemente tão óbvias da modernidade ocidental. Era preciso sair do etnocentrismo europeu, refletido nos discursos políticos, para compreender de fato o que os americanos representavam.

Conforme registra, o dado mais homogêneo das descrições antropológicas sobre os povos nativos da América era que o chefe do clã nunca ostenta autoridade coercitiva. Como o poder é pensado na modernidade através do caráter "repressivo" (repressivismo), parecia aos cientistas que esses povos não tinham organização.[329]

O modelo civilizatório da Europa, uma vez constituída sobre relações hierarquizadas e autoritárias de comando-obediência, e reduzida a uma "relação privilegiada que exprime a priori sua essência", conduzia o formato político indígena a um espaço onde bárbaros vivem ao gosto da batalha.[330]

Clastres se opõe demonstrando que a desordem violenta não é o retrato fiel das tribos americanas. Nestes locais, o político se constitui como um campo "fora de toda violência", onde o não exercício de uma verticalidade mediante força está na essência do próprio funcionamento a favor da coesão grupal.[331]

Foi isso que lhe permitiu concluir em metáfora que os agrupamentos indígenas originários americanos não eram sociedades "carentes de Estado" ou "prévias ao Estado", e sim sociedades "contra o Estado". Eles se organizavam contra formas de centralização burocrática de poder, o faziam de forma voluntária, eis uma resposta a Hobbes e aos seus signatários:

> Incapaz de pensar o mundo primitivo como um mundo não natural, Hobbes foi no entanto o primeiro a ver que não se pode pensar a guerra sem o Estado, que os dois devem ser pensados numa relação de exclusão. Para ele, o vínculo social institui-se entre os homens graças a esse "poder comum que mantém a todos em respeito": o Estado é contra a guerra. Que nos diz, em contraponto, a sociedade primitiva como espaço sociológico da guerra permanente? Ela repete, invertendo-o, o discurso de Hobbes, ela proclama que a máquina de dispersão funciona contra a máquina de unificação, ela nos diz que a guerra é contra o Estado.[332]

---

329 CLASTRES, *A sociedade contra o Estado: pesquisas de antropologia política*, p. 47.
330 CLASTRES, *A sociedade contra o Estado: pesquisas de antropologia política*, p. 33.
331 CLASTRES, *A sociedade contra o Estado: pesquisas de antropologia política*, p. 30.
332 CLASTRES, *Arqueologia da violência: pesquisas de antropologia política*, p. 270.

A "história dos povos sem história", portanto, é uma história da sua luta fundamental contra a centralização do poder, contra instituições privilegiadas de coerção. Os mecanismos de poder eram organizados de forma a funcionar como uma barreira a estas instituições, seu modelo pressupunha poderes em rede contra autoridades.[333]

Não é de se espantar que o termo "crime" (ou algo que o faça as vezes) seja algo estranho a estes modelos de sociedade, o que não quer dizer que eles não tenham de lidar com conflitos internos e externos, ou que as formas de resolução que utilizam sejam sempre mais válidas e eficazes para resolver contendas. O que muda é a forma de valorar os problemas e organizar as tentativas de resolução.

Quanto a este ponto, o antropólogo jurídico Norbert Rouland afirma que a grande novidade da justiça moderna foi desagregar o protagonismo das partes na resolução de seus conflitos, desagregar o "sistema vindicativo". O modelo penal vem acrescentar não uma forma menos violenta por excelência, ele vem se instaurar como rito que retira das pessoas o direito de lidar com suas divergências.

> Tudo muda não com o Estado em geral, mas com uma forma particular de Estado, característica o mais das vezes das sociedades modernas: a do Estado unificado e centralizado, onde o poder político, muito especializado, arroga-se o monopólio da violência lícita. O sistema vindicativo se desagrega, a vingança perde seus ritos: deixa de ser um modo de relação entre grupos complementares e antagonistas e se torna o mais das vezes, numa metamorfose moderna, sinônimo de pura violência.[334]

Aqui o autor denomina "vingança" como um termo aberto, significando o exercício do ímpeto da vítima em direção à resolução do dano sofrido. Ao conceber vingança como uma resposta não necessariamente violenta, trata do fato de que os laços sociais são desconsiderados quando as instituições rompem o conflito com o calar das vozes das partes. Portanto, vingança não como sinônimo de violência.

Ao contrário, o que muitos antropólogos têm demonstrado é que as sociedades com maior centralização possuem uma tendência a serem menos pacíficas. Pesquisas amplas demonstram que quanto mais se preserva a liderança das partes no lidar com seus problemas, maior a chance de um resultado final com menos violência.[335]

---

333 CLASTRES, *A sociedade contra o Estado*: pesquisas de antropologia política, p. 231.

334 ROULAND, *Nos confins do direito*: antropologia jurídica da modernidade, p. 120.

335 ROULAND, *Nos confins do direito*: antropologia jurídica da modernidade, p. 124.

Também estes dados vêm confirmar que utilizar algo como a etiqueta "crime", enquanto fundamento de um tipo de justiça que precisa afastar-se das partes, não representa solucionar o caso na maioria das vezes. Remover o interesse dos diretamente envolvidos, a título de proteção do "bem comum", tem sido de fato uma manobra para concretizar outros tipos de obrigações, introduzindo e preservando relações de obediência que podem ser administradas.

O funcionamento da justiça penal se insere como um tipo de produção de relação social da modernidade, mediante regimes de verdade que visam multiplicar tecnologias de poder. É uma das formas de capilarizar o compromisso com a obediência, que pode assumir conteúdo mandamental variável, mas que deve ser preservada como formato mais ou menos estável de exercício de comandos.

Por isso, Foucault nota que um dos aspectos mais importantes do poder na modernidade é operar o "princípio da obediência". Conforme já indicado, o poder pastoral que é base da política na modernidade traz como formato de funcionamento um "governo de si" conectado com o "governo dos outros", e a lógica da disciplina deve se preservar como instância permanente sobre a vida.

> A diferença entre o ascetismo cristão e outras formas que puderam prepará-lo e precedê-lo deve ser posta nesta dupla relação: relação com outro mundo a que teríamos acesso graças a esse ascetismo e princípio de obediência ao outro (obediência ao outro neste mundo, obediência ao outro que é ao mesmo tempo obediência a Deus e aos homens que o representam). E é assim que veríamos se esboçar um novo estilo de relação consigo, um novo tipo de relações de poder, um outro regime de verdade.[336]

A justiça penal é uma das formas de construir este estado de coisas. O Estado moderno resulta destas relações e as faz operar, que a obediência fundada na divindade se traduza agora como obediência fundada no interesse público, tendo o Estado como gestor preferencial neste campo.

O mundo ocidental, com suas técnicas de verdade-governo-subjetivação, tem como objetivo central uma complexa teia para que mantenha vigente certo "regime de obediências", internalizada em verdades e éticas, externalizada em palavras/gestos de sujeição ao outro.

> A partir daí, e por um longo tempo, o destino do sujeito verdadeiro no Ocidente estará fixado, e procurar a verdade íntima será sempre continuar a obedecer. Mais genericamente, a objetivação do sujeito em um discurso verdadeiro não adquire historicamente sentido senão a

---

[336] FOUCAULT, *A coragem da verdade:* curso no Collège de France (1983-1984), p. 283.

partir dessa injunção geral, global, permanente de obedecer: somente sou sujeito da verdade, no Ocidente moderno, no princípio e no termo de uma sujeição ao outro.[337]

A justiça estatal punitiva é apenas uma das formas de dar continuidade a este formato de poder, ainda que seja das mais importantes. O discurso em torno dos atos socialmente intoleráveis (crimes) é o primeiro eixo fundamental que visa motivar e automatizar a interferência da máquina penal na sociedade, podendo fazê-lo sob a ideia de que o ato em questão necessariamente ofende algo maior do que a vítima concreta (quando esta existe).

Faz-se corresponder o sujeito de direito ao sujeito disciplinado. A direção religiosa (obediência permanente, não importa a qualidade do mestre, não-instrumental) é laicizada como direção social, e o modelo penal é uma das peças fundamentais deste processo: "obedecer em tudo e não ocultar nada".[338]

A justiça penal se insere no contexto das ferramentas ocidentais de normalização, tendo como peculiaridade seus "jogos de verdade" e suas práticas punitivas. Ela é uma das formas mais marcantes do poder da modernidade, que viabiliza este formato de sujeição da vida às normas instituídas: sujeito obediente, sujeito governado.

Aqui, vale lembrar o que foi dito acerca do caráter capilarizado do poder moderno, e acentuar o método foucaultiano de passagem ao exterior do Estado. Para o autor, ainda que reconhecido o grande peso da incidência do Estado no enredo social, e consequentemente da justiça penal que ele oferece, não se deve ficar preso a uma visão de exclusividade no exercício do poder.

Se o Estado apresenta uma justiça punitiva como forma de disciplinar para a obediência, este fato não deve ser visto como uma forma de monopolização do poder em suas mãos. O disciplinamento importa como uma tecnologia social, e por isso o exercício penal merece ser compreendido como um dos eixos de controle, que se conecta a outras para gerar efeitos que vão além do mero fortalecimento da instituição.

É preciso definir o poder moderno como um conjunto de táticas de "ação sobre a ação dos outros", e desta forma operar uma "desinstitucionalização"

---

[337] FOUCAULT, *A hermenêutica do sujeito:* curso no Collège de France (1981-1982), p. 460.

[338] FOUCAULT, *Do governo dos vivos:* curso no Collège de France (1979-1980), pp. 241-244.

das relações de poder, a fim de que o Estado apareça também como efeito histórico de "práticas articuladas" de governo de indivíduos e de populações.[339]

> Ora, fica explícito na citação de Foucault que o que se generaliza como sociedade disciplinar não é um modelo de instituição asilar, e sim a disciplina como um mecanismo em meio aberto. É a discussão sobre o panoptismo em *Vigiar e Punir* que abre espaço para a investigação de como os mecanismos de vigilância foram generalizados em meio aberto e desinstitucionalizados em composição e arranjos móveis e dinâmicos, como um diagrama de comunicação intensiva e com várias redes de articulações de visibilidade e de dizibilidade. Jeremy Bentham não teria inventado apenas um modelo de arquitetura no século XIX, e sim uma cartografia da sociedade moderna, de acordo com Foucault.[340]

A disciplina vai muito além das punições penais, ela é um mecanismo tecnológico de normalizar obediências e não se restringe ao Estado. A autoridade estatal e as práticas punitivas por ela exercida se situam em um contexto mais amplo, juntam-se a outros cenários (casa, escola, fábrica, quartel, etc.) para compor um modelo de sociedade. Para o autor, era relevante estudar as práticas penais como veículos de um processo maior de normalização disciplinar, que não necessariamente está atrelado aos fundamentos e discursos específicos do "crime".

Foucault via além das prisões, e por isso seria um forte reducionismo dizer que "Vigiar e Punir" é uma obra apenas sobre sistema penal. Ele trouxe à tona a existência de uma "sociedade disciplinar", que se produzia a partir de várias práticas encadeadas por dentro e fora do Estado, e que visavam se somar na tarefa de gerir a vida humana por individualização e totalização.

Para dar conta deste enredo disciplinar que extravasa o Estado, o autor criou a expressão "arquipélago carcerário". Percebia as várias instituições conectadas por uma lógica de funcionamento, uma tecnologia, estando maleáveis para exercer papéis estratégicos no seio social:

> E finalmente essa grande organização carcerária reúne todos os dispositivos disciplinares, que funcionam disseminados na sociedade. Vimos que, na justiça penal, a prisão transformava o processo punitivo em técnica penitenciária; quanto ao arquipélago carcerário, ele transporta essa técnica da instituição penal para o corpo social inteiro.[341]

---

339 ALVAREZ; LEMOS; CARDOSO JUNIOR, Instituições, confinamento e relações de poder: questões metodológicas no pensamento de Michel Foucault, p. 102.

340 ALVAREZ; LEMOS; CARDOSO JUNIOR, Instituições, confinamento e relações de poder: questões metodológicas no pensamento de Michel Foucault, p. 101.

341 FOUCAULT, *Vigiar e punir*, p. 283.

Conforme insistia, as práticas penais possuem importância enquanto elementos de um diagrama de poder. Ao enxergá-las como técnicas, o objetivo era evitar uma visão autocentrada, indicando que o necessário era perceber como seus efeitos se juntavam a outros, interagindo no cenário social e produzindo verdades, poderes, éticas. Elos no mecanismo mais amplo de disseminação de obediências, eixos de poder que se sustentam reciprocamente.

Portanto, não ficar preso aos discursos pontuais, tal como o "crime" é para a justiça penal. O essencial é perceber uma "tática geral", que é fortalecida e se preserva mesmo quando não atendidos os fundamentos declarados de uma instituição ou outra. Perceber a justiça penal como tecnologia de governo é permitir enxergar além dos pontuais regimes de veridicção.

> Mas, ao estudar a prisão pelo viés das disciplinas, tratava-se, aí também, de curto-circuitar, ou melhor, de passar para o exterior em relação a esse ponto de vista funcional e ressituar a prisão numa economia geral de poder. E com isso se percebe que a história real da prisão sem dúvida não é comandada pelos sucessos e fracassos da sua funcionalidade, mas que ela se inscreve na verdade em estratégias e táticas que se apoiam até mesmo nos próprios déficits funcionais.[342]

A "técnica de correção" penal não visa primordialmente um "sujeito de direito" resultante do pacto social, ela procura constituir o indivíduo sujeito a "hábitos, regras, ordens, uma autoridade que se exerce continuamente sobre ele e em torno dele", pretendendo-se naturalizada (normalizada).[343]

Assumindo esta premissa, duvidar do conceito de "crime" é o primeiro passo para pôr em contestação o modelo penal, pois as racionalidades são aspectos constitutivos dos poderes na modernidade. Se é desejável um movimento de ruptura com as formas de coerção impostas pelo aparato criminal, deve-se partir deste conjunto discursivo que permite menosprezar os interesses das pessoas concretamente envolvidas nos conflitos e ignorar a real necessidade de redução de danos sociais.[344]

É inquestionável que existem fatos danosos e que eles são indesejáveis. Mais do que isso, é válido crer que muitos fatos danosos geram efeitos para além dos próprios envolvidos, assumido proporções de interesse

---

342 FOUCAULT, *Segurança, território, população*: curso no Collège de France (1977-1978), p. 158.

343 FOUCAULT, *Vigiar e punir*, p. 124.

344 Sobre este ponto, a obra-prima de Sutherland destaca como a justiça penal não funciona em compasso com o objetivo de redução de danos sociais. Aponta que, em regra, os delitos de colarinho branco produzem efeitos mais extensos do que a típica criminalidade de rua, porém são muito menos selecionados para punição. SUTHERLAND, *Crime de colarinho branco*: versão sem cortes, p. 9.

público. O que se quer negar não é isto, e sim que um órgão externo possa atuar independente da vontade (e muitas vezes contra) das partes (vítima e agressor).

Ainda, não se trata aqui de rejeitar quaisquer esforços de organização de instituições de auxílio para resolução de conflitos. Parece louvável que se postule mecanismos de ajuda às partes, por dentro ou por fora do Estado, todavia, definitivamente não o formato instituído pela lógica penal, já que sua mecânica não está atenta aos problemas reais e não atua no sentido de intermediar ou produzir um bom final às contendas.

Pensando desta forma, deve-se escapar de todas as tentativas de crítica à justiça penal que passem por uma essencialização às avessas, como se os atos hoje tidos como "criminosos" fossem exclusivamente um pretexto para evocar o Estado, sem qualquer efeito nocivo ou necessidade de interferência externa. Claro, inúmeros atos hoje criminalizados são relevantes e podem eventualmente merecer algum tipo de interferência mesmo em uma perspectiva abolicionista.

A crítica ao conceito de crime não pode permitir tendências "idealistas" que tomem quaisquer atos assim tipificados como "irrelevâncias" sobre as quais a justiça penal sustenta suas ações. Cabe evitar os "romantismos" que tentam apresentar todo e qualquer "ato criminoso" como pura descrição destituída de valor.[345]

Evitar também uma ontologização inversa que mantenha o conceito de crime vinculado estritamente ao campo econômico (economismo). Tentativas de generalizar a definição de criminoso como "vítima do sistema econômico" não permitem a desconexão necessária da justiça penal com as análises deterministas, seria apenas um outro tipo de determinismo.[346]

Conforme já explicado, o método foucaultiano adverte sobre o perigo das análises centradas na economia, e pretender resignificar o crime como um mero reflexo de carência material remeteria a novas formas de positivismo criminológico. A tarefa mais importante para o abolicionismo parece ser deontologizar por completo o "crime", enxergá-lo como uma figura aberta politicamente maleável, para então focar nos conflitos reais.

Há e continuará havendo condutas ofensivas com efeitos diretos e indiretos no meio social, entretanto, é urgente a necessidade de pensar novas políticas de lidar com as mesmas por fora do conceito de "crime" e da justiça penal, dado o caráter profundamente insatisfatório que os mesmos têm apresentado. A opção por tipificar em abstrato situações supostamente

---

345 MATTHEWS, *Realist criminology*, pp. 7-8.

346 COHEN, *Against criminology*, pp. 127-128.

"intoleráveis" e, a partir disto, autorizar a atuação de uma instituição onde o interesse das partes se torna irrelevante, fornece um mecanismo de poder que: ou age sobre casos onde não se deve atuar, ou age de forma inadequada sobre casos em que a atuação poderia ser relevante.

Cumprida a primeira tarefa que se impõe a uma Criminologia coerente com o abolicionismo: rejeitar o conceito de "crime" e os mecanismos de poder que este discurso permite, visando abrir novas possibilidades de se pensar os conflitos e de se iniciar a projeção de uma justiça mais útil à sociedade.

4.2. A PENA

4.2.1. Prevenir com a pena

O segundo grande regime de veridicção da justiça penal é a pena. Crença na punição, crença em sua eficácia, saberes que remetem à ideia de que punir é a única ou melhor medida para lidar com as mais aviltantes violações cometidas pelos indivíduos. Pena como medida essencial de defesa social, pena como medida inevitável da sociabilidade.

Se de alguma maneira o conceito de "crime" parece estar mais próximo de funcionar como legitimação de um órgão de autoridade, as "verdades" em torno da pena parecem estar mais próximas da legitimação que promove a resposta punitiva como meio mais apto a lidar com as ilicitudes. O Direito Penal promove saberes para justificar o porquê da escolha especificamente do método punitivo, dentre outros métodos possíveis.

Portanto, ainda que houvesse consenso sobre a necessidade de uma instituição de gestão de conflitos, seria necessário apresentar os motivos pelos quais este órgão deveria optar prioritariamente pelo uso de punições como "solução", já que é evidente a existência de diferentes de maneiras de se fazer concretizar uma norma. Zaffaroni e Nilo Batista diriam que é possível notar em linhas gerais três tipos de coerção que o Estado exerce sobre os cidadãos: 1) reparadora/restitutiva; 2) direta/policial; e 3) punitiva.[347]

Reparadora ou restitutiva é a medida impositiva que recai sobre uma pessoa em função de um dano praticado por ela no passado, e que tem em vista forçar a realização da devida reparação da vítima. Portanto, este formato tem por objetivo estabelecer uma coação na medida necessária à satisfação do ofendido, fazendo que sua situação (física, mental, fi-

---

347 ZAFFARONI; BATISTA; ALAGIA; SLOKAR, *Direito Penal Brasileiro:* primeiro volume, pp. 101-107.

nanceira) se aproxime ao máximo da que existia no momento prévio à lesão. Seu foco é a satisfação da vítima, e este é o modelo dominante nas decisões decorrentes do Direito Civil.

Já a coerção direta/policial é aquela que se exerce por motivos de urgência, pretendendo impedir uma iminente lesão ou frear uma lesão já em curso. Diante de um risco atual, impõe-se uma medida de contenção tempestiva, com fundamentos e efeitos imediatos. É o que se dá, por exemplo, com medidas administrativas de interdição sanitária de estabelecimentos por oferecerem risco aos clientes.

Como terceiro tipo, a coerção punitiva é aquela que se funda em um ilícito praticado no passado, mas cujo modo de agir não está vinculado a uma reparação da vítima. Por sua vez, seu foco é o praticante do ato ilícito, e seu método é a imposição de uma medida danosa que em regra não guarda relação material com a infração original ou com qualquer necessidade real do ofendido. Esta é a natureza das coerções de caráter penal.[348]

Em síntese, pode-se dizer que a pena (coerção punitiva estatal) é marcada por três características básicas: 1) representa a imposição intencional de um dano ao autor da infração; 2) tem como base um fato passado, pois não visa conter dano atual ou iminente; 3) sua escolha independe do interesse das partes, não visa satisfazer o interesse de quaisquer dos diretamente envolvidos no ato ilícito.

A opção pela terceira modalidade é aquela que define que "fazer justiça" é "punir", ainda que o próprio Estado utilize as outras duas modalidades também a título de concretização do ideal de justiça. É sobre esta escolha que recaem as chamadas "teorias da pena", cujo mote essencial deve ser o oferecimento de justificações das medidas punitivas.

Os tratados de Direito Penal estão acostumados a repetir que as teorias da pena se dividem inicialmente entre absolutas (de retribuição) e relativas (de prevenção). Hipoteticamente, as primeiras seriam aquelas focadas na pena enquanto mera manifestação da inadequação do fato criminoso, enquanto as segundas seriam as que pensam as punições enquanto produtoras de efeitos (diretos ou indiretos) redutores de criminalidade.

As teorias absolutas, sempre referidas a Immanuel Kant e Friedrich Hegel, são narradas como as que justificam a pena pelo puro caráter gravoso do ato criminoso. Se isso fosse verdade, seria fácil dizer que não se

---

348 Segundo David Boonin, a coerção penal deve ser definida em quatro itens: realizada por agente autorizado oficialmente pelo Estado, por motivo de um ato ilícito prévio, com intenção expressa de gerar dano, como forma de expressar simbolicamente desaprovação do ato (Dano intencional retributivo de reprovação autorizada). BOONIN, *The Problem of Punishment*, p. 25.

trata verdadeiramente de uma justificação, pois atos danosos e os castigos impostos a eles não possuem qualquer relação intrínseca natural, este nexo é sempre uma opção concebida sobre uma evidente artificialidade. Em verdade, parece haver um equívoco na interpretação destes autores.

Não é bem o que se passava no pensamento dos dois filósofos citados, eles jamais foram adeptos do puro retributivismo. Kant, crendo na necessidade de responder o mal praticado com uma pena, obviamente pensava nesta prática como forma de pacificação social, e basta uma maior atenção aos seus próprios escritos para perceber que seu pensamento era em verdade filiado ao fim de prevenção.

Ainda que expressamente declarasse defender a pena como um "imperativo categórico" decorrente do dever moral de repudiar o ilícito, divorciando-se das pretensões de correção (prevenção especial) e das teorias de dissuasão (prevenção geral negativa), acabava caindo no âmbito das denominadas "teorias da prevenção" ao conceber a pena como medida necessária para que "conserve o conjunto do povo".[349] Ainda que não fosse a pretensão de efeito imediato, a sanção se justificava com vistas a reestabelecer a ordem ética que permite a convivência social.[350]

Tal conclusão fica mais clara quando, discorrendo sobre o indulto, indica que o soberano não deve exercer tal direito (mesmo em caso de crime de lesa majestade) caso "essa impunidade vier a aumentar o perigo para a segurança do próprio povo". Ao fim, a pena é vista como forma de preservar a "segurança" e a "honra no povo", e por isso é indisfarçável que o autor crê em um fim utilitário preventivo das sanções, ainda que tal enquadramento teórico aparentemente lhe incomodasse.[351]

Não é diferente com Hegel e sua teoria. Ao pretender evocar a questão da pena para um debate mais jurídico do que ético, parecendo suficiente a indicação de que a punição "constitui uma violência contra violência", assim defende a pena a favor da validade final de se exercer "justiça".[352]

---

349 KANT, *Metafísica dos costumes*, p. 95.

350 Até o repisado exemplo da "ilha" foi insuficientemente interpretado. Veja-se, a pena deve se aplicar ao condenado mesmo que a população "decidisse desagregar-se e espalhar-se pelo mundo", tendo como finalidade que a "culpa sangrenta não recaísse sobre o povo, que não fez por merecer essa punição, mas poderia ser considerado cúmplice nessa violação pública da justiça". Enfim, o objetivo da pena é preservar o valor do povo, para não maculá-lo com a infração pública praticada. KANT, *Metafísica dos costumes*, p. 94.

351 KANT, *Metafísica dos costumes*, p. 97.

352 HEGEL, *Princípios de filosofia do Direito*, pp. 92-93.

Ora, a defesa da pena como "justiça" é a forma de restabelecer a ordem jurídica contra o mal que a violou, e tal fim não basta a si mesmo, ele claramente está sendo defendido por Hegel porque crê em um efeito social da preservação desta ordem. Fazer o justo prevalecer sobre o injusto é invocar a atuação do Estado para preservar os efeitos sociais que sua autoridade representa, promover paz e ordem na sociabilidade.

Portanto, quando se fala em teorias da pena na modernidade, sempre se está falando de justificações em torno da crença de que a punição é a melhor forma de produzir paz na sociedade, e isto por meio da prevenção de atos que porventura possam ameaçá-la. As racionalidades inerentes aos saberes penais modernos encontram-se dentro do cenário das teorias preventivas:

> As distintas atribuições de funções manifestas à pena são variantes da função geral de defesa social. Mesmo as construções que renunciam a todo conteúdo empírico ou pragmático (as chamadas "teorias absolutas") chegam à defesa social por via indireta. O maior esforço para negar à pena um fim qualquer foi empreendido por Kant, que não pôde entretanto evitar que seu conceito de pena estivesse permeado pela necessidade de conservar um estado ético no ser humano: sendo a ética pauta de convivência social, qualquer que seja o nome que se queira dar-lhe, a pena assim concebida também ganha cores de defesa social.[353]

Logo, pode-se dizer que Kant e Hegel se inserem dentro das chamadas teorias da prevenção geral positiva, definidas desta forma por conectarem a necessidade da pena à produção de credibilidade social na ordem promovida pela autoridade. Nesta linha de pensamento, a pena visa reforçar a confiança social, e consequentemente reduzir atos criminosos.[354]

As teorias da prevenção geral despontariam na primeira fase da modernidade, gestadas sob o "paradigma liberal-contratualista", e pode-se dizer que são uma grande permanência dos discursos penais até os dias atuais, ainda que com novos nomes e novas ferramentas.[355]

O século XVIII faria ainda surgir um outro aspecto das teorias da prevenção geral, aquele especialmente vinculado à ideia de dissuasão, e por isso denominadas "negativas". O penalismo iluminista se encarrega de fomentar esta ideia, tendo em Cesare Beccaria seu primeiro grande nome. Ao apresentar seu livro em 1764, o italiano introduz em definitivo nos discursos modernos

---

[353] ZAFFARONI; BATISTA; ALAGIA; SLOKAR, *Direito Penal Brasileiro:* primeiro volume, p. 114.

[354] ZAFFARONI; BATISTA; ALAGIA; SLOKAR, *Direito Penal Brasileiro:* primeiro volume, p. 123.

[355] CARVALHO, *Penas e medidas de segurança no direito penal brasileiro*: fundamentos e aplicação judicial, p. 61.

a busca por uma "racionalidade das penas", cuja grande novidade é encontrar "meios que devem causar no espírito público a impressão mais eficaz e mais durável, e, ao mesmo tempo, menos cruel no corpo do culpado".[356]

Sob a influência de Montesquieu, o autor abre a esteira dos discursos da sanção como ameaça utilitarista, e põe em dúvida a credibilidade da lógica de que a maior prevenção se alcança com as penas mais infamantes. Não o caráter cruel, e sim a "infalibilidade" da pena gera o efeito necessário sobre os ânimos individuais, é o momento de pleitear uma "legislação suave" e um judiciário implacável.[357]

Beccaria fomenta a ideia de que o fim preventivo deve se inserir na própria forma com que a punição é pensada e ministrada, a penalogia se torna um cálculo entre a ameaça sancionatória e a "maior a liberdade que o soberano garante aos súditos". É preciso tornar a pena clara, previsível, demonstrando aos cidadãos a medida exata do mal que fatalmente lhes tocará quando fizerem a opção pelo caminho ilícito.[358]

Lógica muito semelhante percorre todos os maiores nomes dentre os "clássicos", acreditando na máxima de que punir é a melhor forma de preservar a paz social, tudo mediante o uso da moderação entre a pena aplicável e o real temor social a ser incutido no nível necessário. Pensar a sanção torna-se uma atividade de lógica, uma técnica.[359]

Deste modo, a modernidade se apresenta como o período em que surge a boa nova da "sobriedade punitiva", é tempo de iniciar uma nova fase onde a punição ocupa um lugar racional, cuja finalidade última é a defesa social. Não mais a vingança do rei em seu espetáculo de dor nos suplícios, o castigo se insere em uma "economia dos direitos suspensos".[360]

É possível analisar esta modificação nos discursos penais como uma adequação às mudanças na lógica do poder no governo iluminista. Assim como era necessário indicar a necessidade de contenção do poder do rei, permitindo-lhe o exercício das suas funções mediante controles e restrições, a razão das penas acabava por se fixar também dentro desta premissa e o uso da força somente passa a ser defendida no "limite do necessário".[361]

---

356 BECCARIA, *Dos delitos e das Penas*, p. 85.

357 BECCARIA, *Dos delitos e das Pena*, p. 91.

358 BECCARIA, *Dos delitos e das Penas*, p. 42.

359 FEUERBACH, *Anti-Hobbes*, p. 106. CARRARA, *Programa do curso de direito criminal*, p. 79. BENTHAM, *O panóptico*, pp. 32-35.

360 FOUCAULT, *Vigiar e punir*, pp. 16-19.

361 FOUCAULT, *Os anormais*: curso no Collège de France (1974-1975), p. 78.

O classicismo é movido por um cálculo de manobras comportamentais, esse é seu eixo central, sua "técnica". Em contrapeso ao "lucro" esperado com o crime, oferecer um "risco" de punição que torne a opção criminosa indesejada. Pretende apresentar ao crime e ao criminoso um "risco penal", uma reação altamente desvantajosa a funcionar sobre a "oferta de crime". O *homo penalis* é um ser "calculável".[362]

Por sua vez, a partir do século XIX se vê a ascensão das teorias da "prevenção especial", intituladas desta forma por professarem a crença na utilidade da pena enquanto produtora de efeitos diretos sobre o agente criminoso concreto. Pretendem justificar a pena com vista à correção (positivas)[363] ou mesmo neutralização/eliminação (negativa) do condenado.

O aumento do foco no agressor é nitidamente uma influência do positivismo criminológico, representada por um grupo de teorias de análise do infrator permeadas de um indisfarçável preconceito, que supostamente inaugura no campo do estudo sobre o crime um cientificismo "empírico-indutivo". Sua ascensão se deve inicialmente à escola positivista italiana.[364]

Uma visão mais "especializada" do criminoso reclamaria soluções moduláveis. Se o crime é proveniente da "personalidade" do agente, encontrar a devida solução passaria por técnicas individualizadas de modulação. Deste ponto, quanto mais se encontrava "diagnósticos" pontuais, mais se reclamava por soluções igualmente pontuais, e as teorias da pena teriam que se adequar a este paradigma. A sanção não basta pretender afetar a racionalidade abstrata da população, ela deve se infiltrar no campo pormenorizado da construção do indivíduo.[365]

Para o determinismo inerente a estas leituras, que supostamente desenvolvem uma ciência da "periculosidade", os modelos jurídicos buscariam formatos de dosagem da punição conforme a necessidade pessoal de contenção/modulação. Por isso, abre-se espaço para as teorias que creem na defesa social por meio de um ajuste específico das punições ao criminoso.

Contudo, quando neste segundo momento o positivismo se apresenta com as teorias correcionalistas/neutralizadoras, não é de fato "contra" as teorias da prevenção geral que elas se afirmam. Na seara jurídica, pelo

---

362 FOUCAULT, *Nascimento da biopolítica*, p. 346.

363 Zaffaroni e Batista denominam as teorias da prevenção especial positiva como "ideologias re", pois se expressam como "ressocialização, reeducação, reinserção, repersonalização, reindividualização, reincorporação". ZAFFARONI; BATISTA; ALAGIA; SLOKAR, *Direito Penal Brasileiro*: primeiro volume, p. 126.

364 LOMBROSO, *Criminal man*. GAROFALO, *Criminologia*. FERRI, *Os criminosos na arte e na literatura*.

365 SHECAIRA, *Criminologia*, p. 108.

contrário, o que se percebe é uma somatória de perspectivas, de maneira que teorias geral e especial progressivamente são utilizadas em conjunto para compor os "saberes" de justificação da opção punitiva.

Conforme se pode perceber, as teorias e legislações facilmente ajustaram os propósitos corretivos e dissuasórios em "sistemas híbridos". O uso conjunto destas teorias a fim de preservar a escolha pelo caminho punitivo demonstra a grande "utilidade política dos discursos polifuncionais", e está à disposição de qualquer penalista criar sua própria teoria "eclética".[366]

É o que faz o austríaco Franz von Lizst na virada do século XX e, em sequência, toda uma linha de aplaudidos autores alemães mais recentes: tais como Hans-Heinrich Jescheck, Winfried Hassemer e Claus Roxin. Em vez de optar por função geral ou especial, preferem acreditar na somatória de efeitos que a "boa pena" pode propiciar.[367]

> O ponto de partida de toda teoria hoje deve basear-se no entendimento de que o fim da pena só pode ser de tipo preventivo. Pois as normas penais só estão justificadas quanto tendem à proteção da liberdade individual e a uma ordem social que está a seu serviço, também a pena concreta só pode perseguir isto, ou seja, um fim preventivo do delito. Disto resulta ademais que a prevenção especial e a prevenção geral devem figurar conjuntamente como fins da pena. Posto que os fatos delitivos podem ser evitados tanto através da influência sobre o particular como sobre a coletividade, ambos os meios se subordinam ao fim último a que se estendem e são igualmente legítimos.[368]

Uma leitura atenta dos principais autores das teorias defensoras da pena na atualidade permite compreender que há na verdade um constante retorno aos mesmos fundamentos, sob novos títulos e novas combinações. Como resume Salo de Carvalho: "as principais hipóteses contemporâneas de justificação são baseadas na renovação ou readequação dos antigos discursos", dando como exemplo as teorias do merecimento de Michael Tonry, Andrew von Hirsch e Andrew Ashworth; a teoria garantista de Luigi Ferrajoli, a teoria neocorrecionalista de David Garland, a teoria funcionalista-sistêmica de Günther Jakobs, bem como as teorias atuariais do cálculo racional de James Wilson e George Kelling.[369]

---

366 CARVALHO, *Penas e medidas de segurança no direito penal brasileiro*: fundamentos e aplicação judicial, pp. 66-67.

367 LISZT, *Tratado de Direito Penal Alemão*. JESCHECK, *Tratado de Derecho Penal*. HASSEMER, *Introdução aos fundamentos do direito penal*.

368 ROXIN, *Derecho Penal. Parte General. Tomo I*: fundamentos, la estrutura de la teoria del delito, p. 95.

369 CARVALHO, *Penas e medidas de segurança no direito penal brasileiro*: fundamentos e aplicação judicial, pp. 92-93.

E é fácil constatar como tal amálgama repercutiu sem grandes dificuldades nas reformas legislativas do século XX, fazendo com que às cominações abstratas de pena se somassem toda uma série de modulações de "circunstâncias" e de "sentenças indeterminadas ou condicionais". A retórica das teorias unificadoras da pena está espelhada nos códigos atuais, foi se incorporando muito comodamente na prática judiciária.[370]

Todas essas teorias visam dar tom de "complexidade científica" ao fato de que a punição é uma forma de prevenir condutas nocivas e promover paz social. Na base de todas elas, uma investigação mais cuidadosa permite perceber, encontra-se uma visão "estática" do sujeito e da sociedade. Seja acreditando no uso da pena como mensagem a todos (geral), seja atuando particularmente sobre o infrator (especial), as teorias preventivas da pena tomam por base um certo "humanismo punitivo".

Os "neoclassicismos" ou "neopositivismos" da pena possuem em comum a necessidade de converter o castigo na exclusiva solução, o "único e invariável recurso".[371] A pena deve ser a solução inevitável, e para tanto os teóricos precisam se remeter a formas de justificação que naturalizam a pena em torno de percepções "inquestionáveis" sobre a sociedade.

Ao falar sobre os grandes desafios do abolicionismo, Sebastian Scheerer nota a existência de uma base "antropológica" ou "sociológica" que sempre acompanham os discursos de sustentação da opção punitiva. Pressupõe-se invariavelmente, como pano de fundo, uma certa visão da natureza humana ou das condições sociais a fim de tornar o paradigma da pena um horizonte intransponível.[372]

Catedrático de Direito Penal e ex-ministro da corte constitucional alemã, Hassemer é um dos autores que permite demonstrar com clareza este liame argumentativo que conecta as teorias da pena a uma respectiva visão rígida da natureza social. Reconhecido por ter sido um dos mais refinados penalistas do século XX, o autor discorre longamente sobre a necessária sustentação dos castigos estatais no livro "Porque não deve suprimir-se o Direito Penal", e indica que o poder público nada mais faz que acompanhar o "controle social". Eles são reflexos um do outro, "controle social e o Direito Penal se regulam mutuamente, caminham de mãos dadas".[373]

---

370 COHEN, *Against criminology*, p. 118.

371 CHRISTIE, *A indústria do controle do crime: a caminho dos GULAGs em estilo ocidental*, p. 63.

372 SCHEERER, *Hacia el Abolicionismo*, pp. 26-28.

373 HASSEMER, *Porqué no debe suprimirse el Derecho penal*, p. 16.

O uso das punições parece tão natural ao autor que chega a comparar as penas ao próprio "clima". Expressões da natureza. Diante do questionamento abolicionista, responde que a pena é uma obviedade que a vida cotidiana demonstra por si mesma, e não há o que se fazer diante disto.

> Este ditame não se baseia em outra coisa além das experiências das nossas vidas cotidianas, e para estes efeitos não se requer uma análise científica mínima. De tal forma que ocasionalmente escutamos a particular pergunta "deve existir a pena?". Uma pergunta assim formulada chama a atenção; e é que, da mesma forma, nós poderíamos perguntar "deve existir o clima?". Com ambas as coisas, a pena e o clima, vivemos, as vezes melhor as vezes pior, e a pergunta acerca de sua supressão segue reformulando-se em primeiro plano e suspeito que continuará por algum tempo.[374]

Para o mesmo autor, pensar na supressão das penas resta como uma quimera, uma ingenuidade. A punição pública é uma opção que decorre do próprio contexto social, de forma que o Direito Penal apenas ocupa um espaço que certamente seria ocupado por outra instância em sua ausência.

> À medida em que os abolicionistas querem abolir o Direito Penal em geral, eles se tornam perigosamente ingênuos. Isto se mostra desde logo, quando se observa o Direito Penal no contexto do controle social, no qual ele está. Com seus elementos estruturais, a norma, a sanção e o processo, o sistema jurídico-penal reflete processos e experiências que estão profundamente enraizadas na nossa vida cotidiana e em nossa cultura. (…) O que também ocupasse o lugar do Direito Penal no sistema de controle social seria pior que o Direito Penal.[375]

Veja-se, curiosamente, que se toma por base uma visão rígida do sujeito e da sociedade, crendo que o punitivismo está fixado na cultura e que quanto a isto nada se pode fazer. Para Hassemer, bem como para outros tantos, atender ao ímpeto sancionatório é um dever da justiça, e é preferível que o Estado assim o faça para que regule da melhor forma esta vontade imperativa de castigar. A pena está na "natureza" da sociedade.

Pode-se ainda convocar um outro autor talvez ainda mais influente no Brasil. O italiano Luigi Ferrajoli, em sua obra "Direito e Razão", discorre longamente sobre o "porque punir" e apresenta seus fundamentos em torno do duplo fim de prevenção que deve nortear as penas: dissuadir os cidadãos às práticas delitivas e evitar a vingança privada.

> Em primeiro lugar porque, enquanto dúbia a idoneidade do direito penal em satisfazer eficazmente o primeiro – não se podendo desconhecer as complexas razões sociais, psicológicas e culturais dos delitos, certa-

---

374 HASSEMER, *Porqué no debe suprimirse el Derecho penal*, p. 16.

375 HASSEMER, *Introdução aos fundamentos do direito penal*, p. 431.

mente não neutralizáveis apenas com o temor das penas (em vez das vinganças) – é, ao contrário, muito mais certa a sua idoneidade para satisfazer o segundo, mesmo se somente por meio de penas modestas pouco mais que simbólicas.[376]

Logo, toma como certa a vingança. Para ele, vingar o mal praticado mediante o uso de um outro mal é um dado inquestionável, que provém de forma indeclinável da própria constituição da subjetividade. A opção pela justiça estatal, e todo regime de imparcialidade que lhe é supostamente inerente, é o que simplesmente confere à resposta vingativa um tom civilizatório de controle racional.

Segundo esta ideia, a pena é o mal menor, eis que não se pode evitar uma má resposta. Cabe, tão somente, ao Direito Penal tornar tal medida mais previsível e mais humanizada. Inserir uma lógica controlada e um terceiro não contaminado pelas emoções do caso concreto, permitindo a vazão do ímpeto punitivo, atendendo ao interesse da "maioria não desviante" pela prevenção de delitos (ne peccetur) e ao "interesse" do culpado por uma pena justa (ne punietur):

> Entretanto, pode-se dizer que a pena é justificada como mal menor - ou seja, somente se menor, menos aflitiva e menos arbitrária - se comparada com outras reações não jurídicas, que, é lícito supor, se produziriam na sua ausência; e que, de forma mais geral, o monopólio estatal do poder punitivo é tanto mais justificado quanto mais baixos forem os custos do direito penal em relação aos custos da anarquia punitiva.[377]

Para o autor, fora das penas só pode haver "anarquia punitiva". Aparentemente, a punição está enraizada na própria essência humana, fazendo com que pensar em sua ausência resulta em uma evidente ilusão. A pena estatal é uma clara evolução diante do fatal quadro punitivo, e as pretensões fora deste prisma estão claramente fadadas a representar uma "regressão" civilizatória.[378]

Ferrajoli qualifica o ideal abolicionista de "falácia naturalista", pois supostamente sonha com uma "sociedade perfeita" despida de qualquer previsão científica. Trata-o, ainda, como "falácia normativa", pois qualquer modelo normativo livre de punições é "irremediavelmente utópico" e só pode viabilizar sistemas sociais totalizantes.[379]

---

376 FERRAJOLI, *Direito e razão*: teoria do garantismo penal, p. 310.
377 FERRAJOLI, *Direito e razão*: teoria do garantismo penal, p. 312.
378 FERRAJOLI, *Direito e razão*: teoria do garantismo penal, p. 320.
379 FERRAJOLI, *Direito e razão*: teoria do garantismo penal, pp. 303-306.

Vale perceber, contudo, que ao refutar os abolicionismos penais por um suposto equívoco "naturalista", acaba por cair em argumentos típicos de um "naturalismo". Querer justificar a opção punitiva do Estado porque, em tese, se evita a vingança, é presumir que o sujeito está fadado a uma única racionalidade para lidar com seus conflitos. Crer no fatalismo das punições é invocar uma "teoria do sujeito", pois fecha as possibilidades do indivíduo a uma certa reação padrão, acreditando poder encerrar o debate ao utilizar o recurso retórico em favor de leis humanas metafísicas.

É como interpreta Elena Larrauri, lembrando que a escolha do modelo penal não pode se referir necessariamente a uma prévia escolha decorrente do direito privado de punir. Discorre a autora que, antes do Estado moderno, muitas instituições eram chamadas a colaborar com o deslinde das contendas, e há farta demonstração histórica de que mesmo para condutas muito graves a solução frequentemente passava por acordos, indenizações ou mesmo o perdão.[380]

Insiste a autora sobre o fato de que não é válida a ancoragem teórica de Ferrajoli com base na conexão entre "direito privado" e "vingança de sangue", questionando a afirmativa de que o Direito Penal vem pacificar a sociedade por oferecer uma solução menos drástica. A resposta privada não remete (nem nunca remeteu) obrigatoriamente a um ato de caráter brutal, e inúmeros dados indicam que antes da modernidade os conflitos também tinham como solução a composição por meios não punitivos, compensatórios.[381]

Não há nada de "natural" na punição, e a posição de Ferrajoli se equivoca ao pretender essencializar um padrão de comportamento humano, tomando por base uma visão estreita das subjetivações. Confunde a importância de se criar instituições para auxiliar na produção de respostas aos conflitos com um tipo específico de resposta, e o faz por aceitar uma visão rígida do sujeito e da sociedade.

O mais importante é perceber que, assim como o autor italiano, toda a extensa linha de teóricos da pena (prevenção) está incursa no mesmo equívoco. Enfim, toda tentativa de definir a punição como sendo sempre a "melhor" solução para condutas danosas criminalizadas toma como fonte uma filosofia humanista, uma filosofia que concebe o sujeito como produto pronto e acabado. Certos aspectos do sujeito seriam imutáveis, na contramão do que demonstra o método genealógico.

Exatamente por isso, o argumento mais frequente contra os abolicionismos penais se referencia a uma visão estática da sociedade, buscando caucionar a prática penal sobre uma posição antropológica ou cultural,

---

380 LARRAURI, Criminologia crítica: abolicionismo y garantismo, pp. 18-20.

381 LARRAURI, Criminologia crítica: abolicionismo y garantismo, p. 20.

e, portanto, imobilizando a posição de imprescindibilidade das punições para a organização social. Como lembra Scheerer, não é por outro motivo que os abolicionistas sempre estão sujeitos a lidar com a alegação de que questionar a justiça penal só é possível na Escandinávia.[382]

O argumento tradicional de que o abolicionismo só funcionaria em uma sociedade "perfeita" demonstra o quanto a sustentação discursiva da punição está em constante referência a uma visão do sujeito e da coletividade que ele participa. Mas não qualquer visão do sujeito, e sim uma visão em que a punição ocupa um lugar seguro, uma visão em que a subjetivação é definitiva, encapsulada.

Este aspecto legitimante das teorias da pena também foi notado por Stanley Cohen, que destacou como mesmo muitas teorias ditas de "esquerda", ou que se intitulam "radicais", acabam se filiando a um determinismo punitivo quando se trata de refletir sobre a possibilidade de mudança do modelo de justiça penal. Por isso denuncia o "positivismo sociológico" como fixação conservadora perene dentro de várias perspectivas que se intitulam progressistas.[383]

Consequentemente, a opção punitiva de resposta institucional encontra-se seguramente protegida pela correlação entre justiça penal e uma concepção rígida do sujeito/sociedade, de maneira que "substituir o direito penal por qualquer outra coisa melhor somente poderá acontecer quando substituirmos a nossa sociedade por uma sociedade melhor".[384]

O mesmo mecanismo retórico está presente quando se sustenta que a justiça penal vem apenas assegurar a vazão de sentimentos sedimentados, tais como a sede por vingança. Ainda quando se expressa a hipotética crença em um futuro "câmbio civilizatório" que retiraria o homem de seu estado vindicativo, a justiça penal continua sendo defendida como remédio do presente (mal menor), e se replica o mesmo humanismo que enrijece o sujeito. Nem Zaffaroni escapou deste tipo de análise:

> O abolicionismo nos demonstra que o poder punitivo é irracional, porque não resolve os conflitos (dado que uma parte do conflito está excluída do modelo), porque não é mais que um instrumento de verticalização social, mas com isto não nos mostra como eliminá-lo. A razão é que se o poder punitivo canaliza a vingança, seria impossível fazê-lo sem antes eliminar a esta e, por certo, essa eliminação exigiria um profundo câmbio civilizatório que, naturalmente, não podem protagonizar o Direito Penal nem os penalistas nem os juízes. Enquanto não se produza este

---

382 SCHEERER, *Hacia el Abolicionismo*, p. 28.

383 COHEN, *Against criminology*, pp. 127-130.

384 BARATTA, *Criminologia crítica e crítica do direito penal*, p. 207.

câmbio social, cultural e civilizatório tão profundo como aparentemente distante, o Direito Penal liberal tem servido – e serve – para conter a vingança e a quem a manipula em seu benefício; sua pretendida inutilidade só pode ser alegada por estes últimos, que as vezes conseguem confundir os outros.[385]

Para outros tantos autores, ao invés de minimizar violências e sentimentos, o poder governamental "introduz na vida dos homens novas violências". E, se sua natureza violenta as vezes é menos evidente por agir como "justiça", as violências estatais podem acabar sendo de maior frequência e intensidade.[386]

Para as teorias fixadas em um homem violento e vingador, e que não conseguem se livrar de uma concepção rígida do sujeito e das instituições, os abolicionismos soam como distopia. Fugir do aparato punitivo é interpretado como deixar livre o campo para as maiores atrocidades, que são tidas como certas neste cenário, e assim se limita as reais possibilidades de se pensar em outras formas de lidar com os conflitos.

O mesmo ponto é sublinhado por Edson Passetti, ao se deparar com as afirmações de que abolicionismo é "coisa para o futuro". A crença em uma estabilidade da demanda punitiva, que na melhor das hipóteses poderia ser superada quando atingida uma "evolução" social, demonstra que a tarja de "utopia" decorre de um convencimento de que a justiça penal é o único caminho hábil para lidar com o tipo de sujeito/cultura do presente.[387]

Todas estas visões ignoram o caráter dinâmico da subjetivação, conforme salientou Foucault, negligenciando também o caráter produtivo das instituições penais. Em outras palavras, isola a justiça penal do seu aspecto de agente de subjetivação, ao pretender indicar que esta é sempre um reflexo da sociedade, isentando-a do efeito contrário. Além de reprodutor

---

385 ZAFFARONI, Prólogo. In: POSTAY (org.). *El abolicionismo penal em América Latina: imaginación no punitiva y militância*, p. IX,

386 Citação completa: "O poder governamental, mesmo que faça desaparecer as violências internas, sempre introduz na vida dos homens novas violências, cada vez maiores em razão de sua duração e de sua força. De modo que, se a violência do poder é menos evidente do que a dos particulares, porque se manifesta não pela luta, mas pela opressão, ela, não obstante, existe, e com maior frequência, num grau mais elevado". TOLSTOI, *O reino de deus está em vós*, p. 171.

387 PASSETTI, *Anarquismos e sociedade de controle*, pp. 217-218.

de uma ética social punitivista[388], é preciso dizer que as demandas sociais por punição também são incentivadas pelas respostas da justiça penal.[389]

Ao se estabelecer como instância de exercício de poder, a justiça penal não simplesmente espelha uma vontade existente no seio social, ela, em verdade, se relaciona com a sociedade em reciprocidade, sendo influenciada mas também influenciando. Desta feita, deve-se trazer à tona o fato de que a justiça penal também contribui para modelar a demandas das pessoas em relação aos seus conflitos, auxiliando na "naturalização" do anseio por punição, para que o sofrimento adquira status de resposta "normal" diante dos conflitos sociais.[390]

A ideia de que as instituições são meros reprodutores da sociedade, inocentando e engessando as políticas escolhidas, só fazem sentido diante de uma visão de sujeito que não está aberta a modificações. A justiça, logo, é vista como puro "espelho ideológico" de um processo social, ao qual só cabe se acomodar, sedimentar e justificar.[391]

Harcourt se empenha na tarefa de elucidar esta questão, evocando a importância de se perceber o aspecto ativo do poder institucional, ou seja, o quanto as práticas penais influem na criação das normas sociais. A atuação penal reforça e contribui para o funcionamento dos estereótipos criminais e das "soluções" punitivas que parecem tão fundamentais.

> Essas categorias, eu sugiro, não são tão naturais quanto parecem, mas na verdade são moldadas por práticas políticas e punitivas. A norma de criação de ordem, assim como as técnicas políticas de manutenção de ordem mediante repressão, modela a categoria dos desordeiros e nossa percepção, pensamento, e julgamentos sobre pessoas desordeiras.[392]

---

388 MOORE; ROBERTS, What lies beyond criminal justice? Developing transformative solutions. p. 130.

389 Larrauri inclusive lembra uma pesquisa apontando que os estados norte-americanos cuja legislação prevê pena de morte são justamente os que mais tem registros de linchamentos urbanos contra suspeitos de prática de crime. LARRAURI, Criminologia crítica: abolicionismo y garantismo, p. 22.

390 SWAANINGEN, What is abolitionism? An Introduction, p. 16.

391 "A ordem jurídica positiva reflete sempre um arcabouço ideológico de uma dada existencialidade concreta. Impõe-se, destarte, que toda estrutura jurídica traduz o jogo de forças hegemônicas de uma organização estatal institucionalizada. Consequentemente, cada sistema jurídico, ao se constituir no espelho ideológico de um processo social determinante, sedimenta e justifica nada menos do que as necessidades político-econômicas do modo de produção dominante". WOLKMER, *Ideologia, Estado e Direito,* p. 164.

392 HARCOURT, *Illusion of order*: the false promise of broken windows policing, p. 162.

Em uma visão genealógica, que percebe o sujeito como resultado de um processo circular e complexo de subjetivação onde atuam "fatores históricos, políticos, culturais e sociais", é fundamental notar a mão dupla de relação entre indivíduo e instituição, percebendo como a sociedade influi nas políticas bem como "o efeito das políticas praticadas sobre o sujeito".[393]

É uma filosofia de abertura sobre o caráter "aletúrgico" do homem que permite avançar contra a condição de segura estabilidade das teorias da pena. Ao lidar com um ser humano que se produz constantemente em relação com governamentalidades, fica cada vez mais evidente que a realidade penal não apenas "assegura" ou "ameniza" qualquer ímpeto social, ela também é constitutiva desta própria realidade.

> O objetivo deste livro, todavia, tem sido enfatizar que independentemente dos tipos de políticas que têm sido propostas – sejam elas de "causa raiz", reabilitativa, visando dissuasão, ou visando induzimento – nós devemos explorar como as políticas propostas irão nos moldar como sujeitos contemporâneos da sociedade.[394]

É preciso se afastar, de uma vez por todas, de uma visão essencialista da justiça moderna como "expressão natural da justiça popular". O modelo estatal de justiça exerce um papel produtivo, procedendo inclusive como forma de conter e abafar outras formas sociais de lidar com os conflitos. O modelo penal "reinscreve", dita formas de funcionamento a partir dos seus atos.[395]

Deve-se destacar o quanto o humanismo punitivo é uma marca presente das teorias legitimantes e um marco fundamental de questionamento para a desestabilização dos regimes de veridicção da justiça penal. Para tanto, o marco filosófico foucaultiano se apresenta mais uma vez como importante veículo para o abolicionismo, cabendo recordar o caráter "positivo" do poder.

Percebendo-se o "poder" enquanto elemento em reciprocidade com a "verdade" e com a "ética", é imprescindível recordar que para Foucault não há uma teoria do sujeito independente da relação com a verdade e com as governamentalidades. Estes três elementos estão em constante referência mútua, criam-se em relação contínua.[396]

---

[393] O autor aproveita para analisar mais detidamente o impacto das políticas norte-americanas de "tolerância zero" sobre a subjetividade. HARCOURT, *Illusion of order*: the false promise of broken windows policing, pp. 167-169.

[394] HARCOURT, *Illusion of order*: the false promise of broken windows policing, p. 242.

[395] FOUCAULT, Sobre a justiça popular. Debate com os maoistas. In: *Repensar a política* (Ditos e escritos VI), p. 34.

[396] FOUCAULT, *Subjetividade e verdade:* curso no Collège de France (1980-1981), p. 13.

Logo, não resta a possibilidade de perceber o sujeito (sociedade, cultura) como a matriz essencial e paralisada das práticas de poder e dos regimes de verdade. Não existe uma teoria universal do sujeito, como já explicado, o método foucaultiano parte de uma essencial "desantropologização do sujeito", o que equivale chamar de posição não-humanista.[397]

Partindo deste viés, Foucault se deslocava de uma percepção do direito calcada no "ser essencial", ao qual as políticas estariam fadadas a uma eterna referência. Não havendo uma natureza estática do sujeito e da cultura, não há que se falar da busca por um direito original ou fundamental, há que se produzir hoje novas formas, novos governos, novos saberes. Essa percepção desde sempre encontrou dificuldades, eis que se divorciava de uma base filosófica já bem estabelecida.

> Outro tipo de crítica das instituições políticas apareceu no século XIX; crítica bem mais radical, pois tratava-se de mostrar não somente que o poder real escapava às regras do direito, porém que o próprio sistema do direito nada mais era do que uma maneira de exercer a violência, de anexá-la em proveito de alguns, e fazer funcionar, sob a aparência da lei geral, as dissimetrias e injustiças de uma dominação. Mas tal crítica do direito ainda é feita sobre o pano de fundo do postulado de que o poder deve, essencial e idealmente, ser exercido de acordo com um direito fundamental.[398]

Da mesma forma que não há "sujeito transcendental", não há "direito transcendental". Nenhuma forma de "governo" advém de uma subjetividade originária, assim como nenhum saber nasce mecanicamente de nenhuma materialidade. Os três eixos verdade-governo-subjetivação são fluidos e circulares, sem que um possa representar sempre a origem, e outro sempre o final.

A adesão ao método punitivo não é um mero reflexo de uma situação social, não é apenas passivo. As políticas mudam subjetividades, e as subjetividades mudam políticas, há uma dupla direção. Considerando a cultura como um campo aberto de criação, as políticas são perfeitamente modificáveis porque também são espaços passíveis de produção.

Significa frisar que todos os jogos de verdade e as práticas de governamentalidade penais são cambiáveis, já que não existe uma "teoria a priori do sujeito". A subjetivação não provém de uma materialidade, ela interage com materialidades, as utiliza, as influencia e por elas é influenciada. Há uma coemergência. Existem sim jogos de verdade com regras sobre sujeitos e mecanismos de atuação por meio das coisas, mas

---

397 FOUCAULT, *Do governo dos vivos*: curso no Collège de France (1979-1980), p. 74.

398 FOUCAULT, *História da sexualidade 1*: a vontade de saber, p. 99.

todos eles instáveis, criativos, passíveis de extinção, conforme Foucault se aprofundou em entrevista concedida em 1984.[399]

Não há, e não pode haver, uma ética primordial da qual se deva ou possa partir. Os universalismos, referenciados à posição humanista, constituem barreiras interpretativas da realidade. Não havendo "sujeito por trás do sujeito", nenhum saber e nenhum poder pode pretender se basear em uma identidade social natural, à qual se poderia acessar quando cerradas as ilusões e os maus poderes. Ilustrava Foucault, no decorrer do curso ministrado em 1980 no Collège de France, que por isso o método genealógico tinha um certo aspecto de anarquia epistemológica.

> Enquanto uma análise em termos de ideologia consistiria em se perguntar: dado o que é a loucura – posição universalista -, dado o que é a natureza humana, a essência do homem, o homem não alienado, a liberdade fundamental do homem – posição humanista -, indagar-se a partir dessas posições, universalista e humanista, a que motivos e a que condições obedece o sistema de representação que levou a uma prática do encerramento que sabemos quão alienante é, em que medida se deve reformá-la. É isso que teria constituído um estudo, digamos de tipo ideológico. O estudo de tipo anarqueológico consistiu, em vez disso, em considerar a prática do encerramento em sua singularidade histórica, isto é, em sua contingência, em sua contingência no sentido de fragilidade, de não-necessidade essencial, o que não quer dizer evidentemente (muito pelo contrário!) que ela não tinha uma razão e que deve ser admitida como um fato bruto. A própria inteligibilidade da prática de encerramento implica que se possa compreender dentro de que tecido, a uma só vez perfeitamente inteligível mas perfeitamente frágil, essa prática do encerramento se instalou. Em outras palavras, tratava-se de não partir de nenhum universal.[400]

A crença na punição como melhor e necessário instrumento de justiça, e o uso intenso das penas estatais na modernidade, são dois dados históricos modificáveis. Por isso, o estudo foucaultiano das instituições austeras (manicômios, presídios) já partia do pressuposto que estas eram uma invenção, aparatos que se sustentavam sobre "verdades" criadas sobre os sujeitos e sobre as coisas.

O mesmo é aplicável para se pensar qualquer modalidade de punição, qualquer forma de justiça. Toda política se posiciona sobre um "tecido" instável de saberes, saberes cambiáveis, e pensar novas políticas também deve atentar

---

[399] FOUCAULT, A ética do cuidado de si como prática da liberdade. In: *Ética, sexualidade, política* (Ditos e Escritos V), p. 275.

[400] FOUCAULT, *Do governo dos vivos:* curso no Collège de France (1979-1980), pp. 73-74.

para esta realidade. Toda governamentalidade se estreita com parâmetros de certo e errado, todos eles precários, históricos, não universalizáveis.

Examinar as coisas a partir do método verdade-governo-subjetivação significa perceber que os atos e discursos são utilizados pelos indivíduos para constituírem a si mesmos como identidades (éticas), que por sua vez pode produzir novas formas de atos e discursos. Opor-se aos universais nas ciências humanas é permitir uma "clínica prática filosófica do sujeito que possibilita os sujeitos desprenderem a si mesmos das identidades por meio das quais eles são governados".[401]

Fugir da pretensão de encontrar uma natureza humana, e de achar uma política compatível com essa "naturalidade". Na linha de Nietzsche, é preciso inscrever definitivamente nos estudos políticos a "morte do homem", e findando essa referência a uma origem primordial, fechar as profecias que acreditam em um objetivo político que oferecerá um "retorno ao que somos".

> Para mim, o que deve ser produzido não é o homem tal como o desenhou a natureza, ou tal como sua essência o prescreve; temos de produzir alguma coisa que ainda não existe e que não podemos saber o que será. Ora, parece-me que a ideia que os representantes dessa escola faziam dessa produção do homem pelo homem consistia, essencialmente, na necessidade de liberar tudo o que, no sistema repressivo ligado à racionalidade ou naquele da exploração ligada a uma sociedade de classe, manteve o homem afastado de sua essência fundamental. (…) Quando falo da morte do homem, quero pôr um fim em tudo o que quer fixar uma regra de produção, um objetivo essencial a essa produção do homem pelo homem.[402]

Nesse sentido, concluindo, há que se partir de um "estranhamento" sobre as punições. Lidando com as penas como "acontecimentos", produções da modernidade (ainda que com suas heranças históricas) que se estabeleceram sobre particulares saberes e subjetivações, está à disposição do teórico questionar o método punitivo.

Considerando essa ausência de obrigatória referência da política a uma substancialidade fixa ou a uma subjetividade imóvel, definitivamente a pena resulta de uma escolha questionável, restando claro que a abolição é uma possibilidade. Um novo tipo de justiça é "viável", cabe agora demonstrar como a abolição é "preferível".

---

[401] HARCOURT; BRION, The louvain lectures in context. In: FOUCAULT, *Wrong-doing, truth-telling*: the function of avowal in justice, p. 310.

[402] FOUCAULT, Conversa com Michel Foucault. In: *Repensar a política* (Ditos e escritos VI), p. 325.

Serão levantados primeiramente os aspectos negativos da pena, e depois será debatida a possibilidade de se alcançar os fins "preventivos" por outros meios. A paz social continua sendo o objetivo primordial, e justamente para isso vale perseguir outras possibilidades.

4.2.2. Efeitos negativos da pena

Negar a opção pela punição não significa dizer que ela não produz efeitos, preferível seria adentrar numa análise mais ampla dos efeitos que ela gera e que dela se pode se esperar. Uma vez aberta a possibilidade de pensar políticas públicas, a escolha pela pena ou por sua derrocada deve vir de uma investigação sobre todas as suas consequências perante o condenado, a vítima e a sociedade.

Levantados os possíveis e prováveis efeitos, será viável fazer uma opção qualificada sobre a melhor política a ser adotada. Para tanto, não é desejável ignorar as teorias preventivas da pena, pelo contrário, elas devem ser utilizadas como maneira de pôr na balança os prós e contra da medida punitiva, podem servir ainda de baliza para verificar a concretização de suas promessas, contribuindo para uma investigação mais acurada.

Trazendo dados de ambos os lados, legitimante e deslegitimante, permite-se sopesar as funções produzidas, e que assim se produza uma conclusão ao menos bem fundamentada. Diante da já mencionada "naturalização" da pena, o que se vê em geral é um completo desinteresse por investigar os efeitos das penas, fazendo valer a máxima "na dúvida: puna-se!". Tal parece ser a opção de autores altamente referenciados, sem qualquer dissimulação:

> Com efeito, poderíamos dizer que um sistema penal somente se justifica se a soma das violências – delitos, vinganças e punições arbitrárias – que este é capaz de prevenir for superior àquela das violências constituídas pelos delitos não prevenidos e pelas penas a estes cominadas. Naturalmente, um cálculo deste gênero é impossível.[403]

O cálculo não é totalmente impossível, e a dúvida não precisa remeter à adesão punitiva. Tal avaliação também não significa recorrer a um privilégio "empírico", todos argumentos acabam possuindo um aspecto de realidade. Entretanto, o que não se pode permitir é que se automatize o privilégio de alguns efeitos sobre outros, que o fiel da balança esteja propenso para um dos lados sem que se pondere todas as consequências relevantes.

Além disso, não cabe ainda menosprezar os eventuais efeitos deletérios da pena sob título genérico de mera falha na execução. A repetição de certos danos sociais deve ser seriamente considerada, certas permanên-

---

[403] FERRAJOLI, *Direito e razão*: teoria do garantismo penal, p. 312.

cias indicam que alguns efeitos não podem ser imediatamente afastados sob argumento de puro equívoco pontual. Existem efeitos negativos que reincidem sistematicamente, e isto deve ser levado em consideração.

Desta maneira, não podem prevalecer análises que, diante de certos insucessos patentes, invoquem a alegação de suficiência do aspecto abstrato de dissuasão (ameaça), pois isto seria apegar-se exclusivamente a um aspecto favorável à pena e ignorar todos os demais de antemão, como aparentemente o faz Claus Roxin:

> O mesmo se aplica para as dificuldades que resultam da observação de que os programas de (re)socialização bem pensados tem-se mostrado até agora como fracassados. Tais fracassos se devem em parte à desatenção aos pontos de vista que se acabou de expor e em parte também ao que o Direito Penal socializador se encontra todavia nos começos de sua realização. Os esforços realizados até agora na República Federal têm produzido múltiplos resultados alentadores. Mas os inevitáveis extravios tampouco podem conduzir a um "fiasco da teoria da pena", porque a função preventiva geral da pena pode fundamentar por si mesma a pena se for necessário e não se vê invalidada pelos fracassos preventivos especiais que podem se ver aqui ou lá.[404]

O fracasso "ressocializador", que se registra em países de primeiro e terceiro mundo, também deve ser posto definitivamente em consideração. Entretanto, também não é desejável ignorar preliminarmente eventuais "sucessos" de medidas de prevenção especial positiva, pois é razoável esperar que em certos casos pessoas evitem reincidência influenciados pela sanção penal que lhes foi aplicada.

Veja-se que avaliar as punições, em uma espécie de "balança das penas", não demanda uma rejeição a priori de eventuais efeitos positivos da pena, valendo especialmente destacar a prevenção geral negativa. Esta é a linha adotada por Sebastian Scheerer, para quem a escolha pelo abolicionismo provém de um sopesamento mais refinado:

> O abolicionismo poderia ganhar muita força se, em primeiro lugar, admitisse a possibilidade do efeito dissuasivo da punição, se, em segundo lugar, aprofundasse os possíveis equivalentes funcionais da punição (incluindo uma possível revisão de sua doutrina da negatividade), e se, em terceiro lugar, entrasse em um sério debate, cujos valores e argumentos pudessem convencer o público geral de que a punição deveria ser abolida, apesar dos seus efeitos dissuasivos.[405]

---

[404] ROXIN, *Derecho Penal. Parte General. Tomo I*: fundamentos, la estrutura de la teoria del delito, p. 96.

[405] SCHEERER, Um desafio para o abolicionismo, p. 228.

Fica claro que a adesão abolicionista é complexa, eis que é razoável esperar que a pena gere alguns efeitos socialmente úteis. Especificamente, o efeito de prevenção geral negativa não precisa ser rejeitado para que o abolicionismo prevaleça, basta que se demonstre que a ele se unem outros tantos efeitos indesejáveis, tornando mais nítido o fato de que a pena é um "mal desnecessário". Se toda escolha política decorre de uma ponderação de efeitos, cabe dar atenção aos dois lados para produzir uma melhor conclusão.

Seguindo Scheerer, é perfeitamente aceitável crer na dissuasão como efeito da pena. A mensagem produzida pela ameaça de uma pena está racionalmente de acordo com a expectativa de que os cidadãos evitem praticar um delito, pois segue a lógica de que toda ameaça de um mal condicionado a uma ocorrência de um fato tem como efeito racionalmente esperado que se reduza a probabilidade de tal fato.

O relatório sobre descriminalização do Conselho da Europa também seguiu caminho semelhante. Confessa que há certa probabilidade de que o efeito de prevenção geral esteja presente, mas por outro lado opta por incentivar a descriminalização em vista das patentes desvantagens produzidas pelo método punitivo. É o que se lê:

> O Comitê está ciente de que, dado o estado das pesquisas sobre prevenção geral, qualquer previsão em relação às consequências da descriminalização deve ser considerada apenas uma probabilidade, e portanto decisões de descriminalizar devem envolver a possibilidade do risco de redução da prevenção geral. Todavia, esse potencial risco deve ser ponderado contra as evidentes desvantagens da presente criminalização. Em muitos casos, o risco será superado pelas vantagens da política de descriminalização (queda da estigmatização, concentração das investigações sobre casos mais sérios, etc).[406]

Trata-se de uma regra simples comportamental. Aceitar o efeito dissuasório imediato também não é menosprezar o fato de que a esta regra de lógica se somam outros vários fatores que influenciam a decisão pela prática ou abstenção de atos ilícitos. Viver em sociedade é se relacionar com inúmeras mensagens simbólicas, e outros tantos vetores se somam à pena. Mas isto não significa desprezar o possível conteúdo inibidor da punição.[407]

Adentrando neste debate, vale ilustrar que a própria psicologia behaviorista pode contribuir para a reflexão. A título de proporcionar uma ciência do comportamento, várias pesquisas foram realizadas a respeito

---

406 COUNCIL OF EUROPE, *Report on decriminalization*, p. 174.

407 CARVALHO, *Penas e medidas de segurança no direito penal brasileiro*: fundamentos e aplicação judicial, p. 68.

dos efeitos estimuladores e efeitos aversivos provocados por certos tipos de reação. Considerando os resultados a partir da propensão de aumento ou diminuição da expectativa de repetição de atos em decorrência de certas posturas de "reforço" (positivo ou negativo), avaliam também as punições e prescrevem uma análise das probabilidades de resultados esperados.[408]

No entanto, ao invés de uma conclusão simplista que levaria à conclusão quase óbvia de que acrescentar uma punição favorece a supressão do ato que a deu causa, as pesquisas mais qualificadas registram uma farta avaliação dos produtos da sanção, e os utiliza no cálculo final dos efeitos da medida.[409]

Assim foi com o maior e mais destacado nome da ciência comportamental: Burrhus Frederic Skinner. Investigando todos efeitos da punição em vários estágios e momentos de repetição, o autor pôde concluir suas investigações com uma mensagem que lhe rendeu inúmeras polêmicas e reações negativas da comunidade científica. O pai do behaviorismo posicionou-se, cientificamente, contrário às punições:

> Isto deve ser atribuído à conclusão de que a técnica tem subprodutos lamentáveis. A longo prazo, a punição, contrário do reforço, funciona como desvantagem tanto para o organismo punido quanto para a agência punidora. Os estímulos aversivos necessários geram emoções, incluindo predisposições para fugir ou retrucar, e ansiedades perturbadoras.[410]

Restou demonstrado, para além dos resultados imediatos de inibição do ato causador, que a medida aversiva (punição) acaba estimulando "qualquer outra coisa que faça evitar a punição e a conduta punida", e então multiplica muitos "subprodutos" indesejáveis, o que patentemente ocorre em menor quantidade no uso de estímulos positivos (reforço positivo direto).[411]

A partir desta conclusão do autor, é fácil perceber que, para pensar políticas públicas de amplitude geral e de efeito permanente a longo prazo, é desejável optar por outras soluções que não a punição. E isto, como já citado, tanto para o bem do "organismo punido" quanto do "organismo punidor", pois o efeito perturbador das sanções é multilateral e progressivo.

Não é diferente a conclusão de outro grande estudioso da ciência comportamental, em um dos livros mais referenciados sobre o tema das punições. Murray Sidman, em "Coerção e suas implicações", dedica uma obra completa ao tema das punições e faz uma leitura específica sobre o que se deve ou não esperar deste tipo de reação perante as ações humanas.

---

408 SKINNER, *Ciência e comportamento humano*, p. 201.

409 SKINNER, *Ciência e comportamento humano*, pp. 202-210.

410 SKINNER, *Ciência e comportamento humano*, p. 199.

411 SKINNER, *Ciência e comportamento humano*, pp. 207-210.

Mais uma vez, incluindo no pacote de efeitos uma grande gama de registros, pôde o autor se posicionar contrário ao uso frequente e generalizado de punições, acentuando os efeitos destrutivos desta forma de reagir a práticas humanas, efeitos estes que não estão presentes em outras formas de reforço.

> Quando levamos em consideração todos os seus efeitos, o sucesso da punição em livrar-se de comportamento parece inconsequente. As outras mudanças que ocorrem nas pessoas que são punidas e, o que é às vezes ainda mais importante, as mudanças que ocorrem naqueles que executam a punição, levam inevitavelmente à conclusão de que a punição é o método mais sem sentido, indesejável e mais fundamentalmente destrutivo de controle da conduta.[412]

Em decorrência de vários estudos, notou os efeitos deletérios das punições sobre o quadro emocional dos seres a elas submetidas, e daí produziu resultados com base em "conclusões racionais baseadas em evidência válida", ainda que conscientemente contrárias à cultura predominante. Afirmou que "os dados de laboratório sustentam fortemente a posição de que punição, embora claramente efetiva no controle do comportamento, tem sérias desvantagens, e que nós precisamos desesperadamente de alternativas".[413]

Conforme notou de suas pesquisas, as pessoas punidas tornam-se menos receptivas a críticas ou a argumentos de "base racional ou factual", contribuindo para a queda na interação social (isolamento) porque promove uma mensagem de que o "caminho mais seguro é ficar quieto e fazer tão pouco quanto possível". Em um processo "potencialmente explosivo", disposições permanentes de punição provocam um estado de ansiedade individual para encontrar "novos modos de evadir ou de destruir objetos e pessoas que estão em nosso caminho".[414]

Qualificando este mecanismo como "tóxico", o autor percebeu que os "ambientes em que somos punidos tornam-se eles mesmos punitivos e reagimos a eles como a punidores naturais", e desta maneira se fixa um estado de insatisfação coletiva com a própria convivência social e com o espaço público. Ansiedade e repulsão difusa.[415]

Portanto, o autor não tem dúvidas ao incentivar a busca por meios alternativos às punições, dado o grande rol de efeitos "colaterais" por elas produzidos. Ainda que em um primeiro momento sejam impopulares e

---

412 SIDMAN, *Coerção e suas implicações*, p. 90.
413 SIDMAN, *Coerção e suas implicações*, p. 83.
414 SIDMAN, *Coerção e suas implicações*, pp. 92-102.
415 SIDMAN, *Coerção e suas implicações*, p. 102.

de execução aparentemente mais complexa, as medidas não-punitivas são desejáveis diante do quadro geral apresentado.[416]

> Se os efeitos da punição fossem confinados aos objetivos construtivos que se reivindica para seu uso, então, para se opor a seu uso seria necessária uma demonstração de alternativas não-coercitivas que atingem os mesmos objetivos. Alternativas estão disponíveis, e eu mostrarei algumas no percurso, mas elas são não-tradicionais, não-familiares, mesmo para a maioria dos psicólogos. Também, alguns métodos não-coercitivos não são tão fáceis de aplicar ou tão rápidos em sua ação, como uma precisa e intensa punição ou reforçador negativo. O que os torna necessários, ainda que eles sejam não-familiares e algumas vezes difíceis de aplicar, é o vasto catálogo de efeitos colaterais da punição — consequências da punição que cancelam seus benefícios e são responsáveis por muito do que está errado em nossos sistemas sociais.[417]

Pensando nos efeitos em pequena e larga escala, Sidman se posiciona a partir da psicologia com grande utilidade para o debate sobre políticas sociais. De certa forma, é possível perceber que os debates sobre prevenção criminal têm ignorado duas das maiores vozes da ciência dos comportamentos, não se pondo à prova diante de fortes evidências contrárias à pena.

Foi o que notou também Stanley Cohen, recordando que o classicismo, tanto nas versões antigas quando nas reformulações contemporâneas, negligencia solenemente evidências comportamentais que remetem ao ideal de uma "sociedade não-punitiva":

> Note-se também, que teorias neo-clássicas de "just-deserts" não são exatamente o mesmo que o puro behaviorismo de Skinner. Como comentadores de Skinner sugeriram, seu objetivo expresso era uma "sociedade não-punitiva". Ele era explicitamente oposto ao velho e utilitário behaviorismo de Bentham, Beccaria e Mill. Reenforço operante – o próprio arranjo do ambiente de contingências – difere tanto de cálculo prazer-dor da teoria preventiva contemporânea quanto da escala kantiana da teoria retributivista contemporânea.[418]

Tais autores situaram a análise das penas em um nível mais profundo de avaliação, e a adesão ao abolicionismo decorreu da percepção de que os muitos reflexos negativos das sanções não compensam os preliminares e aparentes efeitos positivos. Eles foram além de uma mera posição agnóstica.

---

416 O autor indica que as alternativas à punição devem se enquadrar dentro do que se denomina "reforços positivos", e dá exemplos destas práticas. SIDMAN, *Coerção e suas implicações*, p. 246-292.

417 SIDMAN, *Coerção e suas implicações*, p. 93.

418 COHEN, *Visions of social control*: Crime, Punishment and Classification, p. 151.

A bem da verdade, seria inescrupuloso aderir às punições com base apenas em uma "posição de dúvida". Quando se fala de políticas públicas de natureza coercitiva, a lógica deve obviamente pender pela não utilização em caso de dúvida sobre seus efeitos amplos, pelo simples motivo de que a regra não deve ser a coerção, e sim a liberdade. Qualquer liberal concorda com isto. Trata-se de uma máxima que se deve atender, pois coagir a vontade alheia gera em si mesmo um desconforto que só se justifica caso se produza um bem maior complexamente qualificado.

Cabe à pena comprovar sua própria necessidade, o ônus é todo seu. Ela tem que se demonstrar, ao fim, como uma medida justificada funcional e moralmente[419], e o que cada vez mais se demonstra é que tal tarefa não tem sido cumprida. Os incontáveis efeitos negativos da pena estão disponíveis a quem queira enxergar.

Quanto à sua funcionalidade social, o uso da aversão punitiva tem se mostrado incapaz de concretizar de forma permanente seus objetivos declarados. Como confirma Acácio Augusto, em temos sociológicos, o que demonstra cada vez mais é que "a resposta punitiva apenas gera mais dor, multiplica os atos tidos como anti-sociais e produz cidadãos covardemente obedientes".[420]

O uso sistemático das punições proporciona um efeito "dessocializador" sobre o condenado e sobre a própria comunidade, multiplicando problemas de convivência dado seu caráter incômodo e não pacificador. O incentivo a medidas de natureza vingativa proporciona valores de dispersão social, ao invés de coesão.[421]

A pena fatalmente também não é a melhor forma de despertar o sentimento de culpa no agressor, pois em geral "endurece e torna frio" o condenado. Promove uma sensação de distância que torna mais aguda a resistência às interações sociais, pois atua por meio do medo, e por isso não se pode esperar que o agente se torne mais apto à vida em meio à coletividade.[422]

Segundo Christie, a punição se sustenta sobre uma base excludente do diálogo e reconhecimento mútuo. Percebia ele que "entre pessoas que se conhecem, é menos natural aplicar categorias criminais", e que em relações

---

419 Scheerer faz a seguinte comparação entre pena e tortura: "poucas pessoas duvidariam que tortura ajuda a descobrir a verdade, mas estamos de acordo que por um fator moral ela não é aceitável". SCHEERER, Um desafio para o abolicionismo, p. 230.

420 AUGUSTO, Abolicionismo penal como ação direta, p. 156.

421 SWAANINGEN, What is abolitionism? An Introduction, pp. 9-12.

422 NIETZSCHE, *Genealogia da moral:* uma polêmica, pp. 65-66.

mais próximas "não sentimos necessidade de usar as categorias simplórias da lei penal", compreendendo que o modelo penal está intimamente conectado com a reprodução de um padrão fragmentado de convivência.[423]

O afastamento que a justiça penal produz por meio de sua forma própria de visualizar o mundo, usando relações fictícias entre ofendidos e ofensores, que retira deles o próprio conflito (confisco), é pouco fértil para produzir soluções de boa convivência social justamente porque ignora os laços diretos entre as pessoas envolvidas. Ao automatizar-se como veículo de "intermediação" que deixa as partes alheias ao problema ocorrido (fora os casos onde sequer há problema) e às soluções possíveis, não favorece a interação e a aproximação das pessoas.

Aplicando uma consequência indesejada ao "infrator", medida que também não favorece a vítima, pouco se pode esperar de uma promessa de "pacificação" estável por meio das penas. Há uma dupla segregação do debate, de forma que em regra se deve esperar que ambos os lados estão insatisfeitos quando o processo chega ao fim. O causador do dano não se direciona à vítima e a vítima não se direciona ao ofensor, porque o "delito" pertence ao Estado e a justiça penal se dá por satisfeita em punir. Tudo remete a uma desconexão social.

A punição oferecida como resposta única ao delito é uma artificialidade que nada guarda relação com o ato praticado, assim a vítima tende a não se sentir redimida e o agressor tende a não se sentir "cumpridor de uma dívida" (quando ela existe). Sobre os dois lados do conflito, a punição se demonstra como medida que não apenas não contribui para a "solução do caso", o que por si só já favorece um estado de dessocialização, como acrescenta um novo dano no contexto social em questão (o incômodo da pena).

A estigmatização é outro efeito muito frequentemente citado quando se fala de efeitos esperados da pena. Conforme ressalta Maurício Dieter, a punição pública reforça preconceitos contra as pessoas e grupos especialmente selecionados pela justiça, o que tende a se tornar mais agudo quando da ascensão das políticas criminais de caráter atuarial.[424]

Ao operar mediante um processo de seletividade evidente, punindo certos grupos e imunizando outros,[425] reflete e constitui desigualdades no seio social, contribuindo para um quadro de relações de poder mais verticalizadas, de autoritarismos mais extensos e profundos.

---

423 CHRISTIE, *Uma razoável quantidade de crime*, p. 107.
424 DIETER, *Política criminal atuarial*: a criminologia do fim da história, p. 220.
425 SUTHERLAND, *Crime de colarinho branco*: versão sem cortes, pp. 367-368.

Esse reforço de "estereótipos negativos" é uma consequência comum diante das medidas de controle, devendo constituir o arcabouço geral das "múltiplas dimensões normativas do dano". Aos danos já provenientes da própria sociabilidade moderna, unem-se os danos especialmente direcionados às pessoas punidas. Justiça penal como motor de sofrimento.[426]

Tal efeito das punições também consta no relatório do Conselho da Europa produzido no ano de 1980. Vários autores, reunidos para pensar a questão criminal, elaboraram um documento robusto aderindo ao pleito de descriminalização, e para tanto coletaram uma série de considerações internacionalmente balizadas sobre os efeitos das penas. Conforme indicam, a atuação da justiça penal incrementa estigmatizações já existentes e produz novas a partir do rótulo de condenado.[427]

Não custa lembrar que o efeito nocivo da pena em regra não se restringe ao praticante do ato sobre o qual recai. O princípio da "pessoalidade" não é totalmente cumprido, pois uma sanção sempre reflete de várias maneiras sobretudo sobre os familiares do apenado. Pode-se alertar para os efeitos de cunho mais material, tais como a queda na receita da família, como também efeitos da ordem moral, posto que normalmente a estigmatização se expande sobre as pessoas próximas do condenado.[428]

Para David Boonin, no livro "O problema da punição", a pena é sempre uma opção imoral, que não pode ser interpretada como um direito da vítima a ver o sofrimento do agressor. Enfim, a pena tem um efeito desmoralizante não só para o condenado mas também para a vítima e toda a sociedade, pois representa uma tentativa de "ver restituída sua paz por meio do sofrimento alheio". Há um contrassenso valorativo inerente.[429]

Como a natureza da medida (repulsa) é o verdadeiro oposto do seu objetivo (paz), há que se convir que a pena é no mínimo um "paradoxo moral". As medidas que implicam coerção como objetivo em si mesmo demonstram-se, de forma cada vez mais clara, insustentáveis diante da negatividade que proporcionam.[430]

---

426 HARCOURT, *Illusion of order*: the false promise of broken windows policing, pp. 247-248.

427 COUNCIL OF EUROPE, *Report on decriminalization*, p. 24-26.

428 FOUCAULT, *Vigiar e punir*, p. 254.

429 BOONIN, *The Problem of Punishment,* p. 272.

430 COUNCIL OF EUROPE, *Report on decriminalization*, p. 24-26.

Todos esses efeitos destrutivos da punição fizeram com que Herman Bianchi a classificasse como "uma indecência moral".[431] Ao fim, ela promove valores que tendem a resultados opostos do pretendido, o resultado final resta incoerente.[432]

Desestabilizando a pena do seu local de conforto nos regimes de verdade da modernidade, em que deixam de ser a única linha possível de "resposta" em favor de outras modalidades, abre-se espaço para um debate sobre a moralidade de sua natureza. Enfim, é razoável aceitar um instrumento cuja essência é produzir um mal que não visa beneficiar diretamente ninguém?

Michael Zimmerman dedica um livro inteiro sobre a imoralidade das punições, alegando que é justamente a abertura para outros formatos de política, sobretudo as que privilegiam a interação das partes, que torna mais claro o fato de que o alcance dos fins de "reabilitação, incapacitação ou prevenção" não demanda necessariamente pena. Não sendo a pena o único modelo, aliado ao fato de que replica inúmeros efeitos repugnantes, conclui que "sempre há alternativas de menor custo moral".[433]

Aparentemente, os debates atuais se encontram abertos para questionamentos sobre a moralidade de diferentes formatos de pena, podendo-se utilizar como exemplo os vários movimentos contrários à pena de morte ou prisão perpétua, contudo, é evidente que há um enorme tabu quando a questão é interrogar a moralidade do formato punitivo em si.[434]

Em suma, os inúmeros efeitos deletérios inerentes às penas têm sido cada vez mais claramente documentados ao longo das últimas décadas, e compõem um quadro crítico que está à disposição de todos em inúmeras obras nacionais e internacionais[435], sendo certo dizer que é de fato im-

---

431 BIANCHI, Abolition: assensus and sanctuary, p. 118.

432 Sobre este argumento, Willem de Haan recorda que o trabalho de Nils Christie é verdadeiramente uma "negação moral da punição". DE HAAN, The Necessity of Punishment in a Just Social Order: A Critical Appraisal, p. 55.

433 ZIMMERMAN, *The immorality of punishment,* pp. 166-176.

434 Para David Scott, a pena carece de legitimidade moral, pois distribuição consciente de dor é sempre violar os bons valores humanos. SCOTT, Visualising an Abolitionist Real Utopia: Principles, Policy and Praxis, p. 93.

435 CARVALHO, *Criminologia, (in)visibilidade, reconhecimento*: o controle penal da subcidadania no Brasil. ZAFFARONI, *Em busca das penas perdidas.* BATISTA, Política criminal com derramamento de sangue. CASTRO, *Criminologia da libertação.* YOUNG, *A sociedade excludente*: exclusão social, criminalidade e diferença na modernidade recente. ANDRADE, *Pelas mãos da criminologia*: o controle pela para além da (des)ilusão.

possível enumerar exaustivamente todas as consequências danosas que uma medida punitiva pode replicar.[436]

Pode-se chegar a uma conclusão sobre o cotejo a favor e contra as penas. Estando mais nítidos os feitos negativos, certamente os "positivos" não prevalecem, e a opção pelas medidas punitivas se torna um caminho árduo para qualquer teórico. Já não se pode dizer que a pena é uma escolha perante a incógnita das suas consequências.

Isto permite endereçar ao abolicionismo de forma mais consistente, e acredita-se que tal percurso resta mais claro quando afloram formas menos nocivas de prevenção por fora das punições. Sendo desejável pensar em políticas de solução e redução de conflitos, é preciso abrir o leque de possibilidades.

4.2.3. Prevenir sem a pena

Diante dos evidentes efeitos negativos das penas, é preciso questionar como as punições conseguiram se estabelecer de forma tão segura no campo dos saberes como a melhor (ou única) instância de hipotética "solução" de contendas. Aparentemente, as teorias da pena são um enorme sucesso, não apenas no campo jurídico, mas igualmente no campo cultural mais amplo.

Tudo leva a crer que a adesão à pena, essa crença profunda nas punições, se instalou em temos de "verdade" sem grande lastro de demonstração da realidade. Ao longo da modernidade, principalmente, a pena alça uma posição que parece decorrer da "necessidade das coisas", assumindo um posto de "força da natureza".[437]

Trata-se da elaboração de um programa geral que baixa o "limite de tolerância à penalidade", pois ela se pulveriza e obtém o valor de normalidade, infiltrada na subjetividade, "funcionando em toda a amplitude do corpo social e misturando incessantemente a arte de retificar com o direito de punir, baixa o nível a partir do qual se torna natural e aceitável ser punido".[438]

---

436 Nilo Batista e E, R, Zaffaroni, para contrapor as teorias da pena, criaram uma "teoria negativa da pena" a partir destas inúmeras demonstrações dos efeitos aviltantes das penas: "Não se transpõe esse atoleiro com uma nova teoria punitiva, mas sim apelando para uma teoria negativa da pena: deve-se ensaiar uma construção que surja do fracasso de todas as teorias positivas (por serem falsas ou não-generalizáveis) em torno de funções manifestas". ZAFFARONI; BATISTA; ALAGIA; SLOKAR, *Direito Penal Brasileiro:* primeiro volume, p. 98.

437 FOUCAULT, *Vigiar e punir,* p. 102.

438 FOUCAULT, *Vigiar e punir,* pp. 286-287.

> Trata-se ao mesmo tempo de tornar penalizáveis as frações mais tênues da conduta, e de dar uma função punitiva aos elementos aparentemente indiferentes do aparelho disciplinar: levando ao extremo, que tudo possa servir para punir a mínima coisa; que cada indivíduo se encontre preso numa universalidade punível-punidora.[439]

Vigiar e punir. O aumento geral das punições em termos numéricos também repercutiu em uma vitória no nível das "verdades". Imiscuindo-se na própria racionalidade além do jurídico-penal, há um processo de "penalização da existência", que é difusa e cotidiana, que galga o posto de essencialidade, resposta imediata a qualquer equívoco.[440]

Por isso Foucault destacaria a importância de se perceber que a "forma-prisão" é muito mais do que um modelo arquitetônico, ela é propriamente uma "forma social". A punição como forma reiterada de "defesa social" se concretiza e se fortalece como racionalidade. A crença nas punições não está restrita ao campo penal, ela está difundida como modelo de ética, modelo de bem agir social.[441]

O enorme sucesso das punições não é puramente prático, ele é do campo das veridicções. Trata-se de algo que não está contido apenas no cenário da "justiça penal", e sim de um cenário "mais vasto e mais complexo" que pode se denominar "sociedade punitiva", integrando toda uma rede moral que se reflete em políticas diversas: "as crianças são punidas, os alunos são punidos, os operários são punidos. Enfim, se é punido durante toda a vida".[442]

O castigo se estabeleceu na modernidade no nível dos "costumes", e assim produziu pouco a pouco esse efeito de encobrimento das demais ferramentas sociais de intervenção. Cria-se entre o "ato errado" e a "punição" um nexo linguístico quase inseparável, como ressalta Nietzsche:

> Vocês, homens prestativos e bem-intencionados, ajudem na obra de erradicar do mundo o conceito de punição, que o infestou inteiramente! Não há erva mais daninha! Ele não apenas foi introduzido nas consequências de nossas formas de agir – e como já é terrível e irracional entender causa e efeito como causa e punição! – mas fez-se mais, privando da inocência, com essa infame arte interpretativa do conceito de punição, toda a pura causalidade do acontecer. A insensatez chegou ao ponto de fazer sentir a existência mesma como punição – é como se a educação do gênero humano tivesse sido orientada, até agora, pelas fantasias de carcereiros e de carrascos![443]

---

439 FOUCAULT, *Vigiar e punir*, p. 149.

440 FOUCAULT, *A sociedade punitiva*: curso no Collège de France (1972-1973), p. 177.

441 FOUCAULT, *A sociedade punitiva*: curso no Collège de France (1972-1973), p. 206.

442 FOUCAULT, Prisões e revoltas nas prisões. In: *Estratégia, saber-poder* (Ditos e escritos IV), p. 65.

443 NIETZSCHE, *Aurora*, p. 21.

O grande sucesso dessa cultura foi fazer eliminar das mentes as outras formas possíveis de lidar com as práticas sociais indesejadas, tornar tais formas tão descredibilizadas que sequer sejam cogitadas. O pensamento de "prevenir sem a pena" foi conduzido no terreno das utopias.

Como confirma Álvaro Pires, há uma racionalidade que marca o laço entre crime e sanção negativa por uma "identidade de natureza", de forma que fornecer um mal contra outro mal se fixa como único horizonte lógico possível. Correlação entre mal maior e redução de violências.[444]

Indo além, o autor nota que as sanções aflitivas (hostis, autoritárias) alcançaram o status de "melhor meio de defesa", formando um "núcleo identitário dominante da racionalidade penal moderna" segundo a qual só se valoriza os meios mais negativos (sofrimento) em desfavor das reparações.[445]

Todo o conjunto de saberes que gira em torno dos relevantes conflitos sociais passa a ser permeado por um guia de funcionalidades e valores, e no tocante às punições produz-se um lastro de tolerância "humanista". São as penas que ditam o formato de gestão da "paz social", pois conseguiram se estabelecer simbolicamente como máximo veículo de prevenção.

> Enfim, o próprio humanismo é reinterpretado pelas teorias da pena, de modo que nos tornamos responsáveis pela nossa tolerância (note-se: não por nossa intolerância) e favorecemos o crime quando deixamos de punir ou até quando não punimos com severidade suficiente. Em consequência, a falta não punida seria o verdadeiro tormento do verdadeiro humanista.[446]

Pode-se lembrar, inclusive, que há uma tradição "evolucionista" muito presente nos debates sobre a pena, segundo a qual a justiça criminal moderna representa um processo civilizatório que confere moderação e funcionalidade às punições. Portanto, a justiça penal nada mais faz do que refinar uma violência que era ainda maior, que estava na base de qualquer sociabilidade anterior à modernidade.

Esse discurso parece estar presente na maioria dos mais destacados autores de Direito Penal, e foi traduzida exemplarmente em um texto do sociólogo Émile Durkheim. Apresentando uma hipótese sobre as "leis da evolução penal", o autor sentencia que "a intensidade da pena é tanto maior quanto mais as sociedades pertençam a um tipo menos evoluído – e quanto mais o poder central tenha um caráter absoluto". A filosofia iluminista penal é um marco de progresso na grande linha que relaciona as comunidades e os castigos que são supostamente inerentes à convivência humana.[447]

---

444 PIRES, A racionalidade penal moderna, o público e os direitos humanos, p. 42.

445 PIRES, A racionalidade penal moderna, o público e os direitos humanos, p. 43.

446 PIRES, A racionalidade penal moderna, o público e os direitos humanos, p. 47.

447 DURKHEIM, Duas leis da evolução penal, p. 123.

Segundo esta narrativa histórica, o formato penal que desponta no ocidente a partir do século XVIII é fruto de um refinamento valorativo, inspirado pela boa nova da tutela dos direitos humanos que veio revogar os absurdos dos suplícios. Passo decisivo no processo civilizatório, passo para longe da barbárie.

É o que Heinz Steinert chama de "falácia de Durkheim". Segundo o autor, uma breve investigação histórica basta para indicar que os saberes evolucionistas sobre a justiça penal não se confirmam. Se o estilo penal avançou, em linhas gerais, isto não pode ser compreendido como um caminho de redução da violência geral, nem uma queda em favor de castigos mais brandos.[448]

O autor indica como é impossível apontar um momento evolutivo de transição entre modelos de reconciliação e modelos de castigo, sendo mais preciso perceber que o discurso sobre o sistema penal se estabelece sobre uma série de contradições. Tomando como base vários historiadores, conclui que "a lei de fato não é uma contenção do poder de punir", a lei é o que autoriza e incentiva a punição, os novos tempos incrementaram violências.[449]

Para ele, a modernidade produz uma "obsessão pela culpa e pelo castigo", que modula a forma com que se lê a própria história. Invoca para sua leitura os intensos registros sobre uso de modalidades reparatórias como veículo de resolução de conflitos no período prévio ao século XVIII, de maneira que se pode dizer que as reparações eram a forma mais normal de se fazer justiça.[450]

Também Louk Hulsman comenta sobre o equívoco histórico das teorias evolucionistas do Direito Penal.[451] Quanto ao aspecto quantitativo, frisa que o índice de condenações parece ser cíclico e dados recentes do mundo industrializado demonstram um aumento relevante. No tocante ao aspecto qualitativo, apesar da evidente redução da proporção de uso de penas corporais e capitais, traça um paralelo entre o nível de dor da punição e o padrão de qualidade de vida da população, concluindo que também não está convencido de que a justiça penal tem representado uma evolução nesse aspecto.[452]

---

[448] STEINERT, Mas alla del delito y de la pena, p. 42.

[449] STEINERT, Mas alla del delito y de la pena, pp. 45-48.

[450] STEINERT, Mas alla del delito y de la pena, p. 45.

[451] HULSMAN, Critical criminology and the concept of crime, pp. 64-65.

[452] Outro autor de referência que põe em dúvida o decréscimo na "escala de dor" é Nils Christie. Com argumento muito semelhante a Hulsman, adverte que o nível de dor deve ser avaliado "de acordo com sua própria época, pelos destinatários da dor, conforme os valores cotidianos deles e das demais pessoas e à luz do que consideravam enquanto seus pecados". CHRISTIE, *Limites à dor*: o papel da punição na Política Criminal, pp. 23-24.

Em outro texto, Hulsman comenta que durante a maior parte da Idade Média a maioria dos conflitos se resolvia dentro de "marcos compensatórios", visando mais a recomposição do que propriamente uma aplicação estéril de sofrimento. Após o conflito, os laços que ligam o agressor e sua vítima não se extinguiam, e a reparação era o caminho mais racional.[453]

A grande documentação histórica prévia à modernidade é destacada por Boonin, que igualmente ressalta a farta narrativa sobre sistemas de fazer justiça cujo cerne era a restituição. Destaca ele, perante tais constatações, que pensar em outras formas de solução não significa de fato "substituir a punição por algo novo", e sim confiar mais fortemente em um velho formato: compensação das vítimas.[454]

Norbert Rouland também extrai lições sobre o passado, aprofundando-se nos registros antropológicos dos sistemas de resolução de conflitos. Afirma a existência de inúmeros dados catalogados sobre os povos "originários" que dão conta do extenso uso de modelos centrados na compensação, na resolução direta.

Em muitas sociedades "primitivas" percebe-se ausência da lógica da vingança violenta, cita os Esquimós da Groenlândia, os povos da Córsega, os Zunhis na América do Norte, os Mbutis (caçadores-apanhadores) do Congo, os Beduínos da Jordânia, os Gamos da Etiópia, os Mountags do Chade. Em todos eles, o fator comum de que a resolução da contenda passa necessariamente pela interação das partes, e a violência não é a solução na grande maioria dos casos.[455]

Para o autor, parece claro que o Estado moderno não representa efetivamente a contenção do ímpeto punitivo, pois na verdade os povos "sem Estado" utilizam de maneira geral métodos eficazes de resolução de conflito por fora da pena, sendo um absurdo pressupor a hipótese da completa ausência de ordem nestes grupos.[456]

É o que também afirma Mireille Delmas-Marty, chamando atenção para vários modos com que os povos "não-civilizados" lidam de maneiras diferenciadas com seus conflitos. Registra diversas formas de conclusão não-punitiva mesmo como resposta para delitos infamantes:

> Quanto às formas como se organizam as relações com as pessoas diretamente implicadas, o delinquente-desviante e, eventualmente, sua vítima, estas também são extremamente variáveis, indo de sua integração à

---

453 HULSMAN; CELIS, *Penas Perdidas*. O sistema penal em questão, p. 120.

454 BOONIN, *The Problem of Punishment,* p. 215.

455 ROULAND, *Nos confins do direito*: antropologia jurídica da modernidade, pp. 108-110.

456 ROULAND, *Nos confins do direito*: antropologia jurídica da modernidade, p. 121.

família da vítima (no Cáucaso, entre os Ossetas, o assassino pode entrar na família daquele que matou enquanto filho adotivo, e na Sibéria, entre os Tchutches, o assassino é entregue como escravo à família da vítima – mas pode então tornar-se o marido da viúva e o pai de seus filhos) à sua exclusão (ostracismo), passando por todas as formas participativas, como as trocas de visitas e de presentes, os duelos de cantos satíricos entre os esquimós canadenses, ou as batalhas oratórias próprias da África.[457]

Não à toa, no final do século XX vários autores perceberam que os ditos "povos selvagens" poderiam ser de grande valia para pensar formas diversas de resolução de contendas que não a penal. O estudo dos métodos "primitivos" é de onde parte uma das mais promissoras linhas de pesquisa a auxiliar nos processos de mediação, a Justiça Restaurativa, já com ganhos evidentes nas últimas décadas.[458]

Fato é que, diante de outras tantas formas de lidar com um conflito que não por meio da formatação da justiça penal (crime e pena), ou mais especificamente não utilizando seu método punitivo (imposição de um dano, com base em um fato passado, independent do interesse e satisfação das partes), fica mais fácil perceber o quanto esta opção é artificial, modificável e, por fim, indesejável.

Postas outras opções, a questão é pôr em debate real se a punição tem mais êxito preventivo do que estas medidas. Não basta confiar no efeito de dissuasão da pena (o que até parece razoável em certo limite), é preciso que se demonstre se o mesmo efeito não pode ser alcançado por medidas menos danosas, com menos efeitos negativos, integrando ao fim uma comparação de "custos morais e sociais" das possibilidades.[459]

Em verdade, toda forma de resolução de conflitos provém de uma artificialidade, o conteúdo do "fazer justiça" nunca provém do ato danoso em si, ela sempre é uma forma simbólica de tentar promover a paz. Evidente que a característica da medida tende a fazer diferença no caminho, podendo favorecer mais ou menos a conquista do resultado pretendido.[460]

No que concerne às penas, essa artificialidade atinge níveis de maior abstração e menor potencial de resolução da situação conflituosa. A promoção de um efeito danoso sobre o "criminoso", dano este que não

---

457 DELMAS-MARTY, *Os grandes sistemas de política criminal*, p. 304.

458 O tema que será abordado no capítulo 5.2.

459 SCHEERER, Um desafio para o abolicionismo, pp. 227-233.

460 Quando ao uso de prisões, por exemplo, Christie demonstra que as estatísticas não demonstram qualquer relação entre o volume de penas aplicadas e o nível de crimes praticados. CHRISTIE, *Limites à dor*: o papel da punição na Política Criminal, p. 50.

guarda relação direta com uma satisfação da vítima (lembre-se: ela sequer é consultada), dá origem a um formato cujas características não favorecem a paz coletiva. Opondo-se à interação, e calando o interesse dos envolvidos, está em nítida desvantagem se comparada com as modalidades compensatórias. Enfim, como se pode medir a pena "justa e necessária" para pacificar pessoas envolvidas em um estupro ou um homicídio?[461]

Diferentemente das matrizes reparatórias, há uma profunda distância na relação entre a resposta proposta (pena) e o conflito, pois a pena se fixa em dados padronizados e nada faz referência às necessidades e desejos da vítima (quando existe vítima), ou mesmo da capacidade e interesse do infrator em se comprometer com o ato praticado (quando há dano).

Para um grande número de casos hoje submetidos a processo e execução penal, é razoável perceber que coerções de emergência (direta) já bastariam, sendo profundamente dispensável o posterior uso da punição. Foi o que notou Steinert em uma pesquisa feita sobre ocorrências na Áustria, em que mais da metade dos casos as partes não tinham interesse no processo quando se procedia a audiência, restando um completo incômodo para as pessoas envolvidas.[462]

O modelo penal difundido no ocidente vincula a atuação de urgência (ex: prisão em flagrante) a uma posterior intervenção punitiva, mas isto ignora o fato de que para um grande número de casos essas medidas de tutela imediata já poderiam ser suficientes para a vítima e para a sociedade.

Tudo indica, portanto, que todas as três formas de incidência estatal já mencionadas (reparatória, direta e punitiva) possuem poder de produzir prevenção de conflitos, porém a punitiva certamente é a mais danosa, com tendência a maiores "efeitos colaterais" negativos. O nível dos efeitos gravosos logicamente varia de acordo com o tipo de punição utilizada, mas a desvantagem geral do modelo punitivo parece evidente.

Exatamente por isso, é louvável a luta imediata pelo fim das penas de morte e de prisão, enquanto ainda representam os mais aviltantes tipos de sanção aflitiva utilizada nos países ocidentais, mas não parece suficiente apelar para novos modelos de "penas alternativas". O verdadeiro giro deve ser esvaziar a predominância das punições, por isso o abolicionismo parece ser a melhor opção.

---

461 Fato ilustrativo é trazido por Christie, que cita a narrativa de membros de um relatório de reforma penal que se deparam com a completa ausência de dados para fixar o limite de uma pena, confessando que a escala de punição teria que ser uma estimativa fundada meramente em suposições. CHRISTIE, *Limites à dor*: o papel da punição na Política Criminal, p. 71.

462 STEINERT, Mas alla del delito y de la pena, p. 53.

Sem negligenciar a importância das políticas criminais redutoras de curto e médio alcance[463], é melhor que o foco principal seja pôr em xeque a utilização das penas em si, pois ainda que se encontre outras modalidades de punição (e o estoque parece infindável) estar-se-ia em regra geral buscando os mesmos efeitos que poderiam ser alcançados por meios de menor custo pessoal e social.

É bom recordar que a perspectiva de encontrar outras formas de punição não é muito alentadora, tudo indica que novas tecnologias utilizadas em conjunto com o intento de gerar sofrimento representa um alto risco, risco que não vale a pena correr, como ilustraria Gilles Deleuze no famoso "post-scriptum sobre as sociedades de controle".[464]

Com base neste texto de Deleuze, Cohen ressalta que o avanço das tecnologias de punição provavelmente remeteria ao aumento de controle sobre "grupos inteiros, populações e ambientes", métodos de atuação mais intensa sobre as pessoas envolvendo os locais por elas compartilhados.[465]

Lutar apenas contra a prisão permite preservar intacto o cenário da filosofia penal, e tal perspectiva não pode ser bastante. É o que advoga também Vincenzo Ruggiero, destacando que os movimentos reformistas, enquanto louváveis em curto e médio alcance, possuem este outro lado que de alguma forma sustenta vivo o ideário do modelo penal.[466]

Como lembra Harcourt, desde sempre a preocupação de Foucault foi com a constituição da moderna sociedade disciplinar, e não exclusivamente com as prisões. Apesar das inúmeras contribuições de suas pesquisas sobre as instituições de internamento, seu foco sempre foi mais extenso, alertava para o próprio mecanismo da racionalidade que dava origem a estes aparatos.[467]

Também no mesmo sentido está Herman Bianchi, que destaca o efeito limitado (ainda que louvável) dos abolicionismos que se restringem à luta contra o cárcere, para então recordar que a derrocada da prisão sem a concomitância de uma crítica ao modelo penal pode inclusive incentivar o retorno de modalidades aberrantes hipoteticamente já superadas:

---

463 Este tema será tratado no item 5.1.

464 DELEUZE, *Conversações*, pp. 219-226.

465 COHEN, *Visions of social control*: Crime, Punishment and Classification, p. 127.

466 RUGGIERO, *Il delitto, la legge, la pena*: la contro-idea abolizionista, p. 13.

467 HARCOURT, Situação do curso. In: FOUCAULT, *A sociedade punitiva*: curso no Collège de France (1972-1973), p. 255.

Por outro lado, seria certamente arriscado, ou mesmo insensível, abolir prisões enquanto o sistema punitivo de controle criminal não for modificado. Porque se as autoridades punitivas se convencerem que prisões devem ser abolidas - e o incrivelmente alto custo do encarceramento em massa pode ajudar a convencê-los disso - eles provavelmente estarão tentados a retomar os antigamente populares tipos de punição tais como trabalhos forçados com bolas de aço amarradas aos pés, ou pelourinhos.[468]

Contudo, mesmo que se incremente o uso das "penas alternativas" de conteúdo menos aviltante ao corpo e à mente do condenado (reconhecidos os efeitos favoráveis imediatos), elas ainda permanecem como benefício de efeito limitado porquanto se posicionam na mesma lógica punitiva da justiça criminal.

Mesmo o avanço das "penas alternativas" nas últimas décadas parece indicar um veículo de preservação da legitimidade do formato penal. Raffaella Pallamolla e Daniel Achutti destacam este argumento, na linha de Zehr, permitindo lembrar que ainda se está tratando de medidas cujo foco fundamental é a dor do condenado:

> A expansão da rede e a ineficácia das alternativas para alterar a situação do sistema penal, ocorrem, na opinião de Zehr, porque tanto a pena de prisão quanto as alternativas se apoiam numa mesma compreensão de crime e justiça, que abrange os seguintes pressupostos: a culpa deve ser atribuída; a justiça deve vencer e esta não se desvincula da imposição da dor.[469]

Não apenas a prisão, o problema é a forma penal de reagir a condutas danosas. É preciso estar atento para que o verdadeiro foco possibilite a abertura de perspectivas efetivamente abolicionistas, permitindo descolar o efeito de prevenção do formato de coerção punitiva.[470]

Ao invés de simplesmente "substituir um castigo por outro", diriam Scheerer e Genelhú, "uma opção mais ambiciosa, mas também mais promissora" está em ir além da punição, renunciando a esta em favor de práticas que favoreçam uma tripla restauração: da vítima, da paz coletiva e da norma.[471]

É preciso atenção para perceber o quanto a demanda por diminuição das prisões pode ser forçada para dentro de um campo de "negociação", onde o máximo alcance permanece limitado a quais "substituições" podem ser feitas, e provavelmente as punições ganhariam novo fôlego.

---

468 BIANCHI, *Justice as sanctuary*: toward a new system of crime control, p. VIII,

469 PALLAMOLLA; ACHUTTI, Justiça Criminal e Justiça Restaurativa: Possibilidades de ruptura com a lógica burocrático-retribucionista, p. 83.

470 LARRAURI, Criminologia crítica: abolicionismo y garantismo, p. 13.

471 SCHEERER; GENELHÚ, *Manifesto para abolir as prisões*, p. 61.

Indo adiante na análise, pode-se perceber que aparentemente é esse estreitamento da visão sobre outros formatos (fixação no modelo punitivo) que faz com que muitos estudiosos da questão criminal percebam os graves problemas da justiça penal, sobretudo os relacionados ao controle diferenciado sobre grupos vulnerabilizados, mas ainda assim não consigam sair do horizonte punitivo: mal que não se pode evitar.

Interpretando o problema penal como fruto de um desnível em sua aplicação institucional, e focando especialmente no problema de seletividade política operacionalizada pelas agências criminais com recorte de classe, optam por querer resolver isso mudando a direção das punições. É o que se convencionou denominar "realismo de esquerda", movimento inaugurado na década de 1980 a partir de autores de origem anglo-saxã:[472]

> Uma distinção crítica entre a abordagem liberal e realista sobre o controle criminal é que, enquanto ambos são críticos de certas instituições e políticas, os realistas estão também interessados em se engajar nas agências estatais e contribuir para desenvolver políticas e práticas em vista de aumentar, em certos aspectos, a efetividade do sistema de justiça criminal, reduzir formas de vitimização e lutar por justiça social. Isto pode envolver aumento do alcance das agências estatais ou intensificar a intervenção estatal.[473]

Para estes, a meta é melhorar a "efetividade" para que a justiça penal cumpra realmente sua promessa de justiça social. Como se pode perceber, invocando uma maior proximidade com os problemas sociais, tal movimento de política criminal ocupou espaço nos debates públicos sob o ímpeto de incrementar e qualificar a intervenção penal.

Seguindo uma linha "contra o pensamento conservador e contra o pensamento idealista de esquerda", invocam um apelo máximo à "realidade" para fornecer suporte ao melhoramento do sistema, com a finalidade de fomentar políticas públicas de esquerda.[474]

Percebiam estes autores um certo "romantismo" na criminologia crítica, cujo foco privilegia a reação social e "esquece o ato criminoso". Nesse caminho, ressaltavam toda a utilização seletiva das penas, acima de tudo relacionada com a desigualdade econômica, mas também demandavam uma reforma no sentido de se pensar políticas direcionadas a uma solução efetiva dos crimes.[475]

---

472 O movimento foi protagonizado por Jock Young, John Lea, Roger Matthews e Richard Kinsey. Pode-se dizer que as primeiras grandes publicações do movimento foram "O que há para ser feito sobre lei e ordem?" (1984), "Perdendo a luta contra o crime" (1985) e "Confrontando o crime" (1986).

473 MATTHEWS, *Realist criminology*, p. 42.

474 MATTHEWS, *Realist criminology*, p. 7.

475 MATTHEWS, *Realist criminology*, p. 7-8.

Contudo, suas buscas por "soluções efetivas", a título de confrontar o sistema capitalista, não conseguiam sair das fronteiras do modelo penal. Apresentam como instrumento de uma nova esquerda o mesmo aparato penal do sistema que criticam, fazendo com que seu mérito seja a adequação dos instrumentos.

No Brasil, Maria Lúcia Karam foi quem inaugurou as críticas a estes pensamentos, pois percebia o quanto estavam "compactuando com a repressão, não procurando qualquer alternativa mais sólida e menos perniciosa do que a reação punitiva, apressando-se em aderir ao discurso dominante". A autora negava o pleito de uma relevante mudança social por meio de um "reforço qualificado" do modelo penal.[476]

Como diria Pemberton, o realismo de esquerda queria "pôr uma luva de veludo no punho de ferro". Percebe que, apesar das boas intenções, o movimento restringe a imaginação dos saberes críticos, prejudicando a busca por formas alternativas de resolução de conflito e "políticas de resposta ao dano".[477]

Não é diferente a avaliação feita por Bernard Harcourt, que nota o quanto o realismo foca nos danos de condutas indesejadas (sobretudo a criminalidade de rua), e "falha ao não investigar ou explorar suficientemente os danos das políticas propostas".[478]

Stanley Cohen também foi outro grande crítico deste "retorno à punição". Reconhecia a importância de uma criminologia atenta aos dados de causação de certas condutas rotuladas como "crime" (as condutas de fato ofensivas), mas não se conformava com o retrocesso que tal pensamento representava em termos de retorno aos castigos estatais.

> Existem muitos elementos atrativos e convincentes no Realismo de Esquerda – em particular, o renovado interesse em questões positivistas tradicionais sobre causação (realizada pela teoria do Labelling e a primeira criminologia crítica, mas que depois foi completamente abandonada pelo tecnicismo e pela criminologia gerencialista). Mas, por seu comprometimento geral com a "ordem por meio da lei", os realistas de esquerda retrocederam muito dos ganhos teóricos acumulados nos últimos vinte anos. Esta regressão aos pressupostos do modelo de controle social da justiça criminal – criminalização e punição – é prematura.[479]

---

476 KARAM, A esquerda punitiva, p. 85.

477 PEMBERTON, Social harm future(s): exploring the potential of the social harm approach, pp. 30-31.

478 HARCOURT, *Illusion of order*: the false promise of broken windows policing, p. 211.

479 COHEN, Community control: to desmystify or to reffirm, p. 131.

Pelo contrário, Cohen optava por uma leitura que se permitisse mais "imaginativa" do controle social, mediante uma atitude "experimental" das inovações alternativas ao formato punitivo, uma sensibilidade mais aguçada quanto ao sucesso de ferramentas já utilizadas, e uma fuga das "garras da criminologia" a fim de postular outros instrumentos "para além do escopo do sistema de justiça criminal" (tais como sistemas informais e comunitários).[480]

No livro "Contra Criminologia", o autor prossegue na crítica indicando que o Realismo de Esquerda pode oferecer muitas contribuições sobre vitimização em conflitos relevantes, mas "permanece silente sobre a punição, implicitamente aceitando a visão convencional". Convoca os abolicionismos como contraponto, pois para estes "a punição é o coração da questão", e preservam-se como "liberadores" e "fora da rotina".[481]

Para ele, o realismo se vale de um "formalismo defensivo" que pretende se aproveitar do tradicional Direito Penal em favor de uma suposta justiça social no interesse da classe trabalhadora, sendo evidente que representa uma "regressão" no que toca ao entusiasmo criativo das alternativas aos saberes e poderes penais.[482]

Prefere, então, as correntes que privilegiam a descentralização como escape do paradigma penal, diante da dispensabilidade deste formato. Demanda novas instituições e novas mentalidades, sem retorno possível a qualquer modelo onde "fazer justiça" esteja centrado nas punições:

> Na primeira página de todo livro sobre desvio e crime está a verdade de que apenas o movimento abolicionista levou a sério: o sistema de justiça criminal não é a única forma de controle social. Os realistas de esquerda estão corretos em atacar a primeira fase do paradigma crítico por sua inversão idealista das assunções da criminologia positivista/correcionalista. Porém, ao retornar ao terreno do modelo de justiça criminal tradicional, não apenas abandona a visão do controle comunitário descentralizado, mas também renuncia a uma arma maior de criação de uma criminologia alternativa. (...) Levar a descentralização a sério significa que você deve ser um abolicionista.[483]

Se é certa a demanda por um cuidado especial perante aos graves danos sociais e seus autores, o que o abolicionismo demonstra cada vez mais é que além de "recuperar a polícia" ou "reformar o delinquente", a direção

---

480 COHEN, Community control: to desmystify or to reffirm, p. 131.

481 COHEN, *Against criminology*, p. 29.

482 COHEN, *Against criminology*, p. 233.

483 COHEN, *Against criminology*, p. 228.

preferencial deve ser por políticas de "resolução do conflito", envolvendo vítima, agressor e sociedade em processos onde se dê centralidade a conclusões não sancionatórias.[484]

Bem por isso, inúmeros movimentos importantíssimos em favor de causas tipicamente de "esquerda" atualmente já perceberam a necessidade de se divorciar de apelos punitivos, tais como podemos notar em certas vozes relacionadas ao movimento feminista, ao movimento negro e ao movimento LGBTQs.

Quanto ao movimento feminista, Marília Montenegro destaca em sua tese sobre Lei Maria da Penha que não é crível esperar novos giros emancipatórios dos pleitos penais, de maneira que o combate às violências contra mulher também não pode incorrer neste equívoco.

> As mulheres não podem, de forma alguma, combater discriminações criando novas discriminações, usando os direitos humanos para o tratamento da mulher e afastando esses mesmos direitos dos homens, a pretexto de combater a violência doméstica. (...) Dessa forma, não será através do Direito Penal que a mulher encontrará sua igualdade e, principalmente, sua dignidade.[485]

No mesmo caminho está Vera Regina de Andrade, para quem as violências de gênero não são sanáveis por meio da "duplicação" de violência que o aparato punitivo oferta à sociedade, pois "tentar a domesticação da violência com a repressão implica exercer sobre um controle masculino violento de condutas, um controle estatal tão ou mais violento; implica uma duplicação do controle, da dor e da violência inútil".[486]

Quanto ao movimento negro, Thula Pires igualmente nota a insuficiência patente da justiça penal para contribuir com a luta racial, posicionando-se a favor de estratégias de resistência que deem vazão a alternativas, visando um giro consistente contra as hierarquias da "branquitude":

> Se essas experiências constituídas na luta por liberdade dizem muito sobre os modelos punitivos desenvolvidos no Brasil, de outro lado, podem informar práticas alternativas, não racistas e não sexistas de lidar com as ações socialmente definidas como desviantes. No processo de enfrentamento a esse perverso sistema de (in)justiça criminal, múltiplas foram as estratégias de resistência e modelos experimentados de comprometimento coletivo com "desvios" individuais. De processos que podem ser identificados como restaurativos a medidas abolicionistas, há um

---

484 LARRAURI, *La herencia de la criminología crítica*, p. 237.

485 MONTENEGRO, *Lei Maria da Penha*: uma análise criminológico-crítica, p. 191.

486 ANDRADE, *Sistema penal máximo X cidadania mínima*: códigos de violência na era da globalização, p. 120.

rico e complexo espectro de possibilidades que podem ser desvelados para a criminologia crítica, caso se debruce sobre essas práticas sem as hierarquias míopes impostas pela branquitude.[487]

Provavelmente, a maior voz do movimento negro internacional com referência a questão penal é Angela Davis, e a norte-americana já há muitos anos percebeu que a luta contra a discriminação racial devia seguir de braços dados com o abolicionismo penal, vale conferir:

> Aprisionamento está associado com a racialização dos mais propensos a serem punidos. Está associado com a classe a que pertencem e, como temos visto, o gênero estrutura o sistema punitivo também. Se nós insistirmos que as alternativas abolicionistas atrapalham tais relações, que elas se empenham em desarticular crime e punição, raça e punição, classe e punição, e gênero e punição, então nosso foco não deve residir apenas no sistema prisional como uma instituição isolada, mas também direcionada a todas as relações sociais que dão suporte à permanência da prisão.[488]

A fuga do ímpeto sancionatório também é o caminho preferido por Salo de Carvalho quando comenta sobre o projeto de lei de criminalização da homofobia, sugerindo ao movimento LGBTQs uma postura abolicionista. Entende que superar a lógica criminalizadora é benéfica ao movimento porque políticas não punitivas de reconhecimento dos direitos civis são "eficazes na nominação e na exposição do problema das violências homofóbicas em todas as suas dimensões (violências simbólica, institucional e interpessoal)".[489]

E, enfim, apesar da evidente expansão internacional nas últimas décadas dos movimentos a favor de normas de caráter criminal relacionadas a minorias, pouquíssimas evidências indicam que a criminalização tem ajudado na proteção dos direitos destes grupos, ou muito menos há provas de que tais políticas possuem maior eficácia do que as políticas alternativas.[490]

Escapar do paradigma punitivo, seja com relação à criminalidade contra as minorias, seja à criminalidade de rua, seja à criminalidade dourada de colarinho branco. Assim como a opção sancionatória do Direito Penal nos últimos três séculos não tem sido suficientemente eficaz (e com graves danos evidentes) para lidar com os ilícitos mais selecionados pela

---

487 PIRES, Criminologia crítica e pacto narcísico: por uma crítica criminológica apreensível em português, p. 556.

488 DAVIS, *Are prisons absolete?*, p. 112.

489 CARVALHO, Sobre a criminalização da homofobia: perspectivas desde a criminologia queer, p. 209.

490 No sentido contrário, Roger Matthews diz que há poucas dúvidas de que a legislação penal contra racismo e gênero ajudou na luta contra tais violências. MATTHEWS, *Realist criminology*, pp. 141-144.

justiça, também não se deve esperar que se torne uma boa alternativa para manejar as violências que tradicionalmente estão na cifra oculta.

É fundamental destacar que o pleito por modalidades jurídicas extrapenais não significa ignorar que muitos atos graves (vários deles hoje criminalizados) possuem reflexos coletivos. Inegável que práticas aviltantes (tais como homicídios, roubos, estupros) devem continuar sendo consideradas ilícitas, e que deve continuar a existir um "interesse público" na resolução de tais questões.

Contudo, perceba-se, por que não considerar que a satisfação do interesse da vítima tem igualmente efeitos coletivos? Se o dano praticado contra uma pessoa específica reflete simbolicamente uma insegurança para o coletivo no seu entorno, na mesma proporção é razoável supor que a satisfação da vítima específica pode refletir simbolicamente uma segurança para a comunidade. Se há efeito público do dano, há efeito público da reparação.

Para além dos casos onde uma resolução direta entre as partes foi alcançada, com auxílio ou não de uma instituição (mediação), nada convence que as coerções diretas (de urgência) e reparatórias (de restituição) não tenham o mesmo potencial (ou até maior) que a pena tem de gerar efeitos sobre a coletividade. Pensar no abolicionismo não é necessariamente uma rejeição das instituições, a questão é como elas devem atuar.

É perfeitamente adequado crer que por muito tempo as comunidades ocidentais precisarão de estruturas de poder e apoio, estatais ou não. Sem funcionar em uma lógica de "autoritarismo", as instituições são desejáveis como forma de auxílio da gestão pública social, especialmente em relação aos graves conflitos sociais que continuarão existindo mesmo com uma abolição do modelo penal.

Em suma, o problema da justiça penal da modernidade não é que ela seja um braço do Estado (Estado-fobia), ou que ela seja uma instituição com poder coercitivo, e sim que a partir dos discursos sobre "crime" e "pena" ela viabiliza um formato de gestão pública preferencialmente autoritária e punitiva, cujos instrumentos não são os mais adequados para fomentar uma real resolução de contendas.

Ao escolher livremente sobre quais casos pode recair, independente do interesse das pessoas diretamente envolvidas, e ao definir a punição como única forma com que pode incidir sobre estes casos, a justiça penal criou um formato de atuação pública que gera inúmeros custos pessoais e sociais desnecessários. Outros meios são mais funcionais e menos ofensivos.

O próximo e derradeiro capítulo visa fomentar propostas abolicionistas, acreditando que o acúmulo científico de críticas deve fazer brotar novas políticas. Pensar a política parece ser igualmente fundamental para que a superação do modelo penal ganhe credibilidade, um incentivo a novas formas de ver e de incidir no mundo.

5. PROPOSTAS

5.1. POLÍTICA CRIMINAL REDUTORA

Apresentados os principais elementos de interpretação do que se passa na justiça penal da modernidade ocidental, é imprescindível ingressar agora no campo propositivo. Trabalha-se aqui com a premissa de que, uma vez convencidos dos graves problemas apresentados e da real possibilidade de superação deste modelo de justiça, atuar no campo político se torna uma missão que o abolicionismo não pode negligenciar.

Visando atender a esse objetivo, na esteira de Louk Hulsman e Jacqueline de Celis, resta importante preocupar-se com dois níveis de política judicial, um que tenha em vista estratégias para minar o formato penal, outro que ofereça uma nova forma de justiça a fim de auxiliar a paz social.

> Isto implica que estes abolicionistas têm de se lançar a uma dupla tarefa: conter as atividades no modelo da justiça penal, mas também se preocupar em lidar com situações problemáticas criminalizáveis fora da justiça penal.[491]

Questionando-se sobre "O que está além da justiça criminal?", Moore e Roberts também replicam a ideia de um projeto conjunto para "diminuir, construir e transformar". Visando a abolição, também acreditam na necessidade de desenvolver métodos transformativos da justiça criminal visando reduções progressivas concretas, de maneira que em certa altura o âmbito de atuação desta justiça esteja tão reduzido que se torne obsoleto.[492]

Este primeiro âmbito será denominado "política criminal redutora", porque visa um projeto de restrição ainda dentro das premissas da justiça penal. O segundo visa fornecer instruções para a criação de uma nova forma de justiça que não opere com os discursos e práticas penais, por isso não faz alusão a qualquer conceito que seja típico deste modelo, e aqui será denominado "Justiça pós-penal".

Diante do cenário atual, em que a justiça penal se instaurou como uma das principais instâncias sociais de exercício de poder, tendo êxito

---

491 HULSMAN; CELIS, *Penas Perdidas*. O sistema penal em questão, p. 157.

492 MOORE; ROBERTS, What lies beyond criminal justice? Developing transformative solutions, p. 119.

em não apenas fixar-se como forte instituição de coerção mas também como um modelo que constitui "verdades" e "subjetivações", um projeto abolicionista deve se preocupar em propor formas de contenção da situação em curso.

Trata-se de um dos passos importantes no percurso de abolição, pois, ainda que seja possível a substituição imediata do modelo penal, tal tarefa hoje se encontra de difícil execução dado o patamar de incidência social por ele adquirido. Assim, é razoável elaborar uma política que esteja ainda dentro do âmbito penal, mas cuja função exclusiva seja trabalhar para impor uma diminuição progressiva do exercício punitivo. Aqui se utiliza a palavra "reforma" para este tipo de formato.

Como diria David Scott, o abolicionismo precisa elaborar uma "estratégia emancipatória de reformas progressivas" diante do quadro histórico que se apresenta. Para ele, o ideal abolicionista é uma somatória de medidas por dentro e por fora da justiça criminal.[493]

Thomas Mathiesen foi um dos autores que mais produziu reflexões sobre a elaboração de um possível percurso abolicionista. Via, igualmente, a necessidade de um trabalho conjunto entre "reforma" e "revolução", dois espaços de resistência a se unirem. No entanto, obviamente esta junção demanda inúmeros cuidados que o teórico deve ter.[494]

Claramente, dada a expansão alcançada pela criminalização primária de condutas (legislação penal), falar em política criminal pode acabar sendo uma expressão muito abrangente, pois várias formas de políticas públicas podem gerar reflexos na seara das práticas criminosas. Ou seja, política criminal pode ser realizada por políticas tipicamente punitivas ou por políticas extrapenais, é o que ressaltar João Ricardo Dornelles:

> O conceito de política criminal é problemático e complexo, já que depende do fundamento teórico de onde partimos. É um conceito problemático já que não se pode distinguir com exatidão as fronteiras entre a política criminal, enquanto política pública, e outras políticas públicas de caráter social, econômico, urbanístico etc. É complexo, pois os seus instrumentos podem ser penais e não-penais.[495]

Atendendo ao alerta, é bom frisar que aqui se pretende apenas abordar as reformas de "política criminal" que estejam no espaço da justiça penal, sendo este o recorte escolhido em busca de uma maior concentração em torno de

---

493 SCOTT, Visualising an Abolitionist Real Utopia: Principles, Policy and Praxis, p. 93.

494 MATHIESEN, *The politics of abolition revisited*, p. 56.

495 DORNELLES, *Conflito e Segurança – Entre Pombos e Falcões*, p. 39.

projetos de limitação das coerções diretamente praticadas por suas instituições. Obviamente, isso não significa diminuir ou menosprezar os outros campos.[496]

Sem pretensão de elaborar um grande projeto fechado e definido, a abordagem aqui utilizada será propor diretrizes úteis para o enredo "reformista". Não se deve desprezar a possibilidade de pensar medidas de curto, médio e longo prazo, que possam se somar e complementar o projeto.

Justamente para alertar sobre como as reformas podem ser melhor produzidas, Mathiesen utilizava as expressões "reformas positivas" e "reformas negativas". As positivas são as que tem como efeito a não redução do modelo penal, contribuem para relegitimar, ainda que tenham aparência ou objetivo declarado de contenção. Já as negativas se caracterizam por não legitimar ou reajustar a justiça penal, estando de acordo com o plano geral abolicionista.[497]

Considerando esta necessidade de também "pensar a abolição em atos próximos"[498], aqui se utilizará a divisão binária de tipos de reforma como maneira de ilustrar alguns cuidados relevantes no campo das políticas criminais redutoras, sendo o primeiro tipo denominado de "reformas legitimantes" e o segundo de "reformas redutoras".

5.1.1. Reformas legitimantes

Segundo Mathiesen, são relegitimantes todas aquelas reformas que não oferecem de fato uma "contradição competitiva" à justiça penal. As alterações que não rompem com o formato atual acabam não apresentando real contribuição, pois mantém viva a simbologia e a prática criminal. Logo, adverte para o compromisso de não aceitar "falsos acordos".[499]

Nesta linha, inicialmente, não parece adequado encampar projetos de lei que, a despeito de não oferecer normas de agravamento da pena (seja no tipo penal ou na extensão), também não auxiliem na redução. Normas penais de mera atualização, como o próprio nome já diz, atualizam e reforçam o efeito simbólico da justiça penal, o que não parece estar em conformidade com um projeto de crescente extinção do modelo penal.

---

496 Aqui também não se ingressará no debate sobre como a dogmática penal pode contribuir para a contenção do poder punitivo. Quanto a este ponto, a melhor teoria de interpretação penal em conformidade com o ímpeto de contenção parece ser a funcional redutora de Nilo Batista e Zaffaroni. ZAFFARONI; BATISTA; ALAGIA; SLOKAR, *Direito Penal Brasileiro*: segundo volume, pp. 58-81.

497 MATHIESEN, *The politics of abolition revisited*, pp. 223-224.

498 MATHIESEN, *The politics of abolition revisited*, p. 61.

499 MATHIESEN, *The politics of abolition revisited*, pp. 48-49.

Por exemplo, não parece contribuir para o abolicionismo novas tipificações que pretendam descrever formas especiais de violência, ainda que a pena cominada seja idêntica à tipificação genérica prévia.

O discurso de "modernização" das leis penais, ainda quando a lei novata não prevê acréscimo patente das penas previstas, permite um reforço da filosofia penal como formato adequado de resolução de conflitos, desprezando todas as graves críticas já apresentadas acerca das ideias de "crime" e "pena" e as consequências por elas operadas diariamente.

No entanto, é preciso especial atenção também com relação aos projetos de lei que visam expressamente a redução da incidência penal. A pretensão do legislador deve ser alvo de análise, em compasso com a complexidade do enredo social e da dinâmica concreta judicial, sendo válida uma investigação sobre os efeitos reais que se pode esperar.

A década de 1980 é reconhecida como tendo sido um período especialmente fértil de incentivo às reformas penais alternativas, aos quais Stanley Cohen se referiu como pacote de medidas "de-" (desencarceramento, descriminalização, despenalização, desprofissionalização).[500]

Segundo se demonstra, a partir deste período vários países ocidentais assimilaram especialmente a necessidade de uma contenção do aumento carcerário, e se empenharam em promover novas legislações com esse fim. Houve um incentivo internacional, inclusive pela Organização das Nações Unidas – ONU.[501]

Não demorou para que se percebesse que muitas das alterações legislativas acabavam por não apenas frustrar o objetivo declarado, mas em verdade promover um efeito reverso de expansão da rede de coerção punitiva estatal. As alternativas penais, em sua maioria, não promoveram o arrefecimento concreto das penas privativas de liberdade, em verdade elas se agregaram à dinâmica precedente.[502]

O alerta sobre este "efeito reverso" das reformas penais ganhou maior atenção a partir das pesquisas de Stanley Cohen, que acabou cunhando o

---

[500] COHEN, *Visions of social control:* Crime, Punishment and Classification, p. 215.

[501] Tal fato pode ser ilustrado pela própria culminação das Regras de Tóquio em 1990, aprovadas como resolução da Assembleia Geral das Nações Unidas no seu 8º Congresso. Elas foram produzidas com o objetivo de incentivar os Estados-membros a adotarem medidas substitutivas ao aprisionamento, visando equilibrar o objetivo de "prevenção de crimes" com o respeito aos direitos dos infratores e "exigências da justiça social". CONSELHO NACIONAL DE JUSTIÇA, *Regras de Tóquio*: regras mínimas padrão das Nações Unidas para a elaboração de medidas não privativas de liberdade.

[502] CARVALHO, Substitutivos penais na era do grande encarceramento, p. 379.

termo "net-widening" (expansão da rede) para expressar os efeitos já evidentes nos primeiros anos das leis alternativas que cresciam no ocidente.

> Estas tendências não são primariamente um alargamento do controle social em espaços "vazios", mas uma intensificação e formalização de métodos prévios. Populações que antes escapavam rapidamente da rede, agora são retidos por mais tempo; muitas alternativas inovadoras se tornam apêndices das sanções já estabelecidas, tais como as probation ou multas. Nós chegamos próximos então a um ponto de total reversão de todas as supostas justificações radicais sobre as quais a estratégia original de diversificação foi baseada: redução de estigma e etiquetamento, não-intervenção, ênfase decrescente no tratamento individual, mais justiça e redução da carga do sistema. Ao contrário, a intervenção vem mais cedo, ela varre mais desviantes, é estendida para aqueles ainda não formalmente processados e se torna mais intensa. E tudo isso ocorre nas agências cooptadas pelo sistema de justiça criminal (porém menos sujeita à sua análise), dependentes dos profissionais do sistema para serem referendados e usando mais ou menos os métodos tradicionais de tratamento.[503]

Conforme nota, a maioria das formas de net-widening são consequências absolutamente não desejadas por quem as projetou, contudo, são uma constante em todos os países onde se procedeu a onda de "alternativas penais". Elas têm se apresentado de várias maneiras, principalmente como medidas que visam: reduzir prisão, reduzir o número de processos, agilizar procedimentos.

Sendo bem enfático, Cohen diagnostica que a maioria das reformas operadas na segunda metade do século XX a título de despenalização ou diversificação acabaram frustrando o efeito esperado. Em realidade, elas elevaram o escopo e alcance do sistema, com maiores riscos de arbitrariedade (dada a demanda por "flexibilidade"), tudo sob a mesma retórica benevolente que desvia críticas e justifica "mais do mesmo".[504]

Estes novos programas se tornaram suplementos das modalidades prévias, e não alternativas. Como se tem notado, a ascensão das ditas "medidas substitutivas" em regra não tem contribuído para o objetivo proposto, e acabam representando um "apêndice ou válvula de escape do insolvente sistema punitivo", importando um "grau de relegitimação".[505]

Conforme nota Mathiesen, estas "reformas positivas" disfarçadas tornam a abolição mais distante, pois soam como mudanças que fazem a lei mais

---

503 COHEN, *Visions of social control:* Crime, Punishment and Classification, p. 53.
504 COHEN, *Visions of social control:* Crime, Punishment and Classification, p. 20.
505 CARVALHO, *Antimanual de Criminologia,* p. 255.

"razoável, melhor, mais correta, mais racional", quando ao fim acabam realimentando a máquina penal por outros meios.[506]

O mesmo autor ainda recorda como os debates em torno das penas alternativas não vêm geralmente acompanhados com medidas diretas de redução das penas já em curso, sobretudo as de natureza privativa de liberdade. Consequentemente, a contenção punitiva acaba ficando no campo exclusivo da retórica, pois há pouca preocupação com formas de efetivação.[507]

Muitas reformas legitimantes são mencionadas pelos autores acima citados envolvendo a sua realidade europeia. No entanto, serão utilizados dois exemplos concretos ocorridos no Brasil que nitidamente se encaixam no conceito, permitindo ver como o mesmo movimento tem ocorrido por aqui.

O primeiro caso de destaque são os Juizados Especiais Criminais, criados pela lei 9.099/95. Sob o fundamento de buscar formas alternativas de resolução dos conflitos criminais, a lei inova no campo penal com uma série de medidas de caráter penal e processual aplicáveis aos ditos "crimes de menor potencial ofensivo".[508]

A nova lei prometia atender aos "critérios da oralidade, simplicidade, informalidade, economia processual e celeridade, objetivando, sempre que possível, a reparação dos danos sofridos pela vítima e a aplicação de pena não privativa de liberdade" (art. 62), o que representaria um desvio diante dos postulados da justiça penal moderna.

No aspecto mais concreto da pretensão de conter o cenário punitivo, a lei se destacava principalmente por meio de quatro disposições despenalizadoras: 1) a renúncia do direito de queixa ou representação para casos em que houvesse acordo entre vítima e acusado, inviabilizando o início do processo penal; 2) o uso do instituto de transação penal, segundo o qual aplica-se uma pena alternativa imediata sem a necessidade de efetivo início do processo penal; 3) a inclusão do tipo penal de lesão corporal leve no rol dos crimes de ação penal pública condicionada à representação; e 4) a suspensão condicional do processo para crimes cuja pena mínima não supere um ano.

---

506 MATHIESEN, *The politics of abolition revisited*, p. 223.

507 Mathiesen participou como representante da Noruega no 7º Congresso da ONU em 1985, e narra como sua fala a favor da moratória das prisões foi alvo de rápida reação contrária dos representantes dos EUA e da URSS, que se diziam apenas favoráveis às penas alternativas. MATHIESEN, The politics of abolition, p. 86.

508 Inicialmente, estes crimes eram definidos como os tipos penais cuja pena máxima cominada era não superior a um ano. Com a alteração efetuada em 2006, o conceito passou a abranger os tipos cuja pena máxima não ultrapassa dois anos.

Todavia, a despeito da boa intenção evidente destas alterações, acumulam-se as pesquisas que apontam esta lei como sendo o maior exemplo de net-widening da história do Brasil. Como primeiro destaque, ensina Alexandre Wunderlich que a ideia de redução geral de processos penais rapidamente se apresentou como uma falácia, pois os juizados especiais criminais não apenas passaram a receber os processos que antes eram de competência das varas comuns, mas rapidamente foram abarrotados por casos que até então jamais seriam levados à justiça.[509]

No mesmo sentido aponta Rodrigo Azevedo, mediante pesquisa de campo junto aos juizados especiais criminais de Porto Alegre. Neste trabalho, pôde constatar como as medidas supostamente despenalizadoras acabaram por trazer à justiça "um tipo de delituosidade que não chegava às Vara Judiciais, sendo resolvido através de processos informais de 'mediação' nas delegacias de polícia ou pelo puro e simples 'engavetamento'".[510]

Leonardo Sica ressalta que, a despeito do tom informal de justiça negocial no instituto de transação penal, medida esta que certamente era a principal aposta despenalizadora da lei, pode-se constatar que na realidade tal proposta acabou se convertendo em uma imposição de efeitos expansivos. Diante do risco de se ver processado criminalmente em caso de recusa da proposta, e obviamente com a possibilidade de receber uma punição mais grave em uma eventual sentença, o acusado acaba cedendo à transação penal, o que em inúmeros casos caracteriza o uso de punições para situações onde nem mesmo haveria justa causa para o início da ação.[511]

O quadro final dos juizados especiais criminais é sintetizado por Daniel Achutti nos quatro pontos a seguir mencionados, permitindo-se concluir que o propósito inicial de funcionar como uma reforma de contenção punitiva foi completamente fracassado, restando nítido que este tem sido um caso paradigmático de reforma legitimante no Brasil.

> Os aspectos negativos da Lei n. 9.099, portanto, podem ser assim sintetizados: (i) a importância dos mecanismos conciliatórios foi negligenciada, com a consequente ausência de qualquer diálogo entre vítima e ofensor; (ii) houve um descuido acentuado em relação aos interesses da vítima, com foco voltado para o acusado, especialmente através do amplo uso da transação penal; (iii) a sobreposição dos atores jurídicos em relação

---

[509] WUNDERLICH, O papel da vítima no processo penal. Impressões sobre o fracasso da Lei 9,099/1995.

[510] AZEVEDO, Juizados especiais criminais. Uma abordagem sociológica sobre a informalização da justiça penal no Brasil, p. 103.

[511] SICA, *Justiça restaurativa e mediação penal*: o novo modelo de justiça criminal e de gestão do crime, p. 228.

às partes é notória, com predominância do uso de linguagem técnica; e (iv) quase não se verificam conciliações nos casos concretos, o que não colabora para a solução efetiva do conflito que envolve as partes.[512]

O uso das medidas pretensamente redutoras da lei 9.099/95 tem sido, em verdade, o maior veículo de elevação do uso de penas restritivas de direitos no Brasil, e os dados do DEPEN confirmam que desde o ano de 2007 há mais pessoas submetidas a estas medidas do que no sistema prisional. Já naquele ano, havia 422.522 pessoas cumprindo penas alternativas e 422.373 pessoas em privação de liberdade.[513]

Mas um segundo caso de reforma falsamente redutora ainda deve ser destacado, correspondente à lei 12.403 de 2011. A referida legislação foi a responsável por alterar no Código de Processo Penal brasileiro o regime de medidas cautelares, apresentando uma série de disposições cujo mote central era aumentar o leque de possibilidades cautelares a fim de contribuir para a redução do número de prisões processuais.

À época, o país possuía em torno de 173 mil presos em caráter cautelar, o que representava cerca de 35% da população total de presos do país, e vinha acumulando um aumento progressivo nos anos anteriores. Somava-se a isto a carência geral de vagas no sistema prisional, que em 2011 produzia uma superlotação correspondente a 140%.[514]

O projeto era bem-vindo por inúmeros juristas com a expectativa de diminuir do número alarmante de presos sem condenação definitiva, atendendo aos reclamos de um processo penal garantista a fim de definitivamente "superar o atual monopólio da prisão preventiva".[515]

Para conter o uso das prisões processuais como forma de antecipação de pena, o que expressamente ofende o princípio constitucional de presunção de inocência, a nova legislação possibilitou outras nove medidas cautelares. Exige não apenas os requisitos fundamentais da aplicação de cautelares (adequação, necessidade e proporcionalidade), mas ainda

---

512 ACHUTTI, *Justiça restaurativa e abolicionismo penal*, p. 179.

513 Tal diferença continuou se acentuando, conforme mostram os dados referentes a 2009: 671.078 pessoas em medidas alternativas contra 473.626 pessoas nas prisões. Infelizmente, os dados do governo sobre penas e medidas alternativas não foram mais atualizados desde então. Disponível em: <http://www.justica.gov.br/seus-direitos/politica-penal/arquivos/alternativas-penais-1/evolucao>. Acesso em: 5 jan. 2018.

514 Dados do INFOPEN, Disponível em: <http://www.justica.gov.br/seus-direitos/politica-penal/transparencia-institucional/estatisticas-prisional/relatorios-estatisticos-sinteticos>. Acesso em 13 jan. 2018.

515 BOTTINI, Cautelares: superação da medíocre dicotomia.

inclui expressamente a exigência de subsidiariedade do uso da prisão em relação às outras medidas (art. 282, §6º), reconhecendo o caráter mais gravoso da privação de liberdade.

A expectativa de contenção do número de prisões no país foi alvo de diversas reações na comunidade jurídica e nos meios de comunicação. Raphael Boldt lembra a rivalização de discursos contrários e a favor da nova lei, girando em torno de uma hipotética queda nos índices carcerários:

> Inicialmente, a criação de uma polimorfologia cautelar, possivelmente uma das maiores inovações da Lei 12.403/2011, surgiu como alternativa ao binômio prisão-liberdade e se tornou objeto de críticas severas dos estratos mais conservadores da sociedade, arrancando, em contrapartida, aplausos de grupos mais inclinados à defesa dos direitos humanos e da oxigenação constitucional do processo penal. Aparentemente, os motivos para tais posturas pareciam óbvios: com o estabelecimento das medidas cautelares diversas da prisão, ter-se-ia a restrição dos direitos de indiciados ou acusados, porém, sem os danos decorrentes da violência engendrada pelo cárcere, ou seja, a prisão preventiva se tornaria a *ultima ratio*, priorizando-se, portanto, a aplicação das medidas alternativas.[516]

Segundo citado por extratos da mídia nacional, a nova legislação promoveria a revisão das prisões provisórias em vigência no país e poderia representar uma "soltura em massa".[517] Houve quem afirmasse que "com a revisão de prisões provisórias, muita gente irá para ruas", com a elevação dos direitos dos acusados e inúmeras vantagens para os órgãos estatais de administração prisional.[518]

Entretanto, não demorou para que as primeiras pesquisas sobre a aplicação da nova lei surgissem, e com elas a fala quase unânime de que na realidade a recepção normativa frustrou completamente a ideia de um processo penal menos coercitivo, pois o judiciário não atendeu à esperança de instituir as cautelares alternativas como instrumentos prioritários.

---

516 BOLDT, As medidas cautelares diversas da prisão e a inversão ideológica do discurso garantista.

517 Leia-se na reportagem "Nova lei deve obrigar revisão de mais de 200 mil prisões no país". Disponível em: <http://g1.globo.com/brasil/noticia/2011/06/nova-lei-deve-obrigar-revisao-de-mais-de-200-mil-prisoes-no-pais.html>. Acesso em: 17 jan. 2018.

518 Leia-se na reportagem "Nova lei cria alternativas à prisão provisória e mais de 200 mil casos devem ser revistos". Disponível em: <http://noticias.r7.com/brasil/noticias/nova-lei-cria-alternativas-a-prisao-provisoria-e-mais-de-200-mil-casos-devem-ser-revistos-20110702.html>. Acesso em: 17 jan. 2018.

Conforme estas pesquisas, o que se tem visto desde a implantação dos novos dispositivos no processo penal brasileiro é um aumento acentuado de acusados que passaram a ser submetidos a medidas de controle processual, sem a correspondente contenção do uso das prisões preventivas. O crescente aumento da aplicação das novas cautelares não correspondeu a uma decrescente aplicação das prisões. Assim foi a avaliação de Nereu Giacomolli, que atesta uma "banalização cautelar" diante do novo rol de medidas alternativas para proteção do caminhar processual. Aponta um aumento de controle do judiciário sobre os acusados, diante da multiplicação do uso das restrições de direito a título de tutela da efetividade persecutória.[519]

A expansão da rede, na contramão do que muito se aguardava em torno dos aparentes benefícios da lei, é também o que ressalta Miguel Wedy. Inúmeros casos, para os quais até então se via um tranquilo deslinde processual, passaram a ser atingidos pelas cautelares pela simples possibilidade de um enrijecimento a título de tutela da segurança.

> O problema, porém, é que se percebe, cada vez mais, ao invés disso, o aumento do controle penal, e não a sua diminuição. Ou seja, as medidas cautelares alternativas não estão a ser usadas para a substituição das prisões cautelares, mas sim naqueles casos nos quais sequer se pensaria em lançar mão de prisão preventiva.[520]

Comparando o número de presos provisórios no final do ano de 2011 (173.818) e o número referente a junho de 2016 (292.450), pode-se perceber um aumento de aproximadamente 69%. Nos cinco primeiros anos de aplicação da lei, em nenhuma avaliação do Departamento Penitenciário Nacional se constatou a esperada redução das prisões cautelares.[521]

Resta evidente que também a "nova lei de cautelares" é um típico caso de net-widening, ou seja, sob a escusa de oferecer alternativas de menor rigor coercitivo, permitiu um aumento concreto instrumentos de controle, expandindo o âmbito de alcance penal para além do anteriormente existente.

Para contribuir com a empreitada abolicionista, pode-se concluir, é necessário um esforço constante em vista de reformas que sirvam realmente para uma contração da justiça penal. Se é válido pensar em mudanças internas ao modelo existente, elas só têm sentido quando a "bússola abolicionista então nos guia para a promoção de alternativas genuínas".[522]

---

519 GIACOMOLLI, *Prisão, liberdade e as cautelares alternativas ao cárcere*, p. 117.

520 WEDY, *Eficiência e prisões cautelares*, p. 145.

521 Dados fornecidos pelo INFOPEN, Disponível em: <http://www.justica.gov.br/seus-direitos/politica-penal/transparencia-institucional/estatisticas-prisional/relatorios-estatisticos-sinteti cos>. Acesso em 02 mar. 2018.

522 SCOTT, Visualising an Abolitionist Real Utopia: Principles, Policy and Praxis, p. 99.

É preciso sempre desconfiar de quaisquer tentativas de oferecer formas "alternativas" de uso do Direito Penal, tais como justiça terapêutica, justiça instantânea. Não que se deva rejeitá-las de imediato, todavia, vale um acompanhamento do projeto legislativo e da execução do plano, de forma que eles não sirvam como puros adendos da mesma lógica tradicional, e sim apresentem inovações significativas na administração de conflitos.[523]

As reformas legitimantes, revigorando as práticas e os discursos do formato penal, apenas atrapalham o caminhar rumo à abolição. Apesar do objetivo final ser a abolição da justiça penal, enquanto isto não ocorrer é preferível manter vivo o alerta contra alterações legislativas que de qualquer forma deem suporte a este modelo.

5.1.2. Reformas redutoras

Na direção oposta das reformas legitimantes, podem contribuir para o percurso abolicionista as reformas de efeito redutor, aquelas que conseguem conter o leque de atuação penal. A despeito de ainda não serem "abolicionistas por natureza", ajudam no desmonte crescente da justiça criminal e empurram no sentido de convencimento da dispensabilidade deste modelo.

Para auxiliar enquanto medidas de curto e médio prazo, as reformas devem oferecer uma "contradição efetiva", significando mudanças que removem maiores ou menores partes das quais o sistema geral é dependente. Apesar de não serem tão radicais, elas são extremamente úteis caso ofereçam de fato uma oposição à marcha penal em curso, são "mediações políticas táticas".[524]

Stanley Cohen faz coro com tal política, declarando: "eu defenderia atrito: um gradual despir do direito criminal, por um processo de negligência benigna". Defensor de uma progressiva descentralização, apesar de não ser efetivamente um entusiasta do abolicionismo completo, o autor percebia como as reformas bem elaboradas poderiam ajudar a alterar fortemente o cenário punitivo.[525]

Na atualidade, pode-se basicamente sintetizar as reformas redutoras em torno de dois principais objetivos: 1) reduzir a possibilidade de processos penais (descriminalização); 2) reduzir a quantidade ou atenuar os tipos de punições (despenalização). Tudo aponta para o fato de que esses devem ser os dois grandes motores das alterações internas ao modelo penal, o cerne das manobras competitivas.

---

523 ACHUTTI, *Justiça restaurativa e abolicionismo penal*, p. 41.

524 MATHIESEN, *The politics of abolition revisited*, pp. 48-49.

525 COHEN, *Visions of social control:* Crime, Punishment and Classification, pp. 229-230.

Sem dúvidas, a descriminalização é o meio mais direto para efetivar a contenção penal, e deve ser um ponto de fomento das reformas almejadas pelos abolicionistas. A tarefa neste momento parece ser desenvolver estratégias para que essas medidas se concretizem, abrindo caminho por meio do convencimento paulatino dos responsáveis pela política criminal.

Atendendo a este norteamento, Raul Cervini elabora uma obra específica sobre o tema, e pleiteia além da pauta dogmática (redução da criminalização por meio da teoria jurídica) a elaboração de uma pauta extradogmática (produção legislativa de redução de tipos penais).

Segundo o autor, o percurso prioritário deveria seguir o seguinte esquema, devendo-se excluir os crimes: 1) de bagatela; 2) que já não tem reprovabilidade social; 3) que já são controlados por outras searas (ex: trânsito); 4) cujos efeitos penais são patentemente ineficazes e contraproducentes (ex: crimes relativos ao pátrio poder); 5) cujo risco cabe a quem empreende (ex: furtos em supermercado); 6) quando fatores externos à conduta podem ser modificados para resolver a questão (ex: trânsito); 7) cujo efeito da pena é mais nocivo que o ato criminoso (ex: proibição das drogas gera tráfico violento); 8) cuja conduta proibida visa que a pessoa atue em seu próprio benefício (ex: jogos com aposta); 9) culturalmente aceitos (ex: casa de prostituição); 10) aos quais não é possível ao Estado perseguir de verdade, o que quebra sua credibilidade; 11) que são exclusivamente da ordem moral; e 12) que não produzem vítima (ex: consumo e venda de drogas).[526]

A classificação acima, de acordo com o autor, permite que se veja com maior clareza um número grande de tipos penais que já não possuem relevância, ou cujos valores não podem se compatibilizar com um Estado democrático de Direito, na medida em que restringem as liberdades dos cidadãos além do que se crê necessário.

Como já mencionado anteriormente, no ano de 1980 várias autoridades relacionadas com as Ciências Criminais se reuniram na Europa para elaborar um dossiê sobre descriminalização. O documento final divulgado ao público faz uma extensa análise sobre os benefícios e os riscos dessa política. Convencidos da necessidade de se adotar a proposta de redução do modelo penal, concluem que três pontos são definitivos para pesar a favor desta decisão: 1) há medidas mais eficientes de resolução de problemas e apoio a vítimas; 2) é imprescindível evitar os problemas sociais criados pelo próprio sistema de justiça criminal; e 3) são injustificáveis os custos econômicos e sociais inerentes ao modelo (inchaço carcerário, alto dispêndio de gastos, arbitrariedades e abusos).[527]

---

526 CERVINI, *Os processos de descriminalização*, pp. 119-123.

527 COUNCIL OF EUROPE, *Report on decriminalization*, p. 149.

Visando concretizar esta reforma, o conselho propõe uma classificação dos crimes a serem priorizados no processo de descriminalização, considerando os efeitos políticos e jurídicos diante dos atos, a fim de incentivar a agilização dos trâmites a serem adotados por cada país. A classificação indica três tipos de crime: tipo A) condutas que devemos tolerar; tipo B) condutas que demandam neutralidade do Estado; e tipo C) condutas que são relevantes e demandam um novo sistema de tutela (os custos sociais são muito altos e há outros meios mais apropriados: civil, administrativo, saúde pública, educação ou medidas preventivas no meio social).[528]

O relatório ainda ressalta a preocupação para que a descriminalização não acabe refletindo em uma elevação de sanções administrativas (espécie de net-widening por fora da justiça penal), de maneira que se faça uma cuidadosa programação de políticas de contenção deste ímpeto punitivo.[529]

Sobre este ponto, tambémn Alessandro Baratta mostra preocupação e defende o uso de um "princípio da preservação das garantias formais", segundo o qual o deslocamento dos conflitos para fora da esfera de atuação penal não seja feita à custa de uma fratura no atual regime de garantias dos cidadãos. Atendendo a tal cautela, crê o autor que não se deve temer os processos de descriminalização.[530]

Contra os receios pela descriminalização, Hulsman fez questão de lembrar que a regra geral sempre foi a "impunidade", sendo exceção os crimes contra os quais o Estado realmente se empenha. Segundo nota, a "criminalização dos eventos criminalizáveis" é um evento raro se visualizado o total das práticas, ou seja, a não criminalização é a regra, as sociedades já convivem mais com a cifra oculta do que com a punição.[531]

Sendo viável e desejável fomentar uma descriminalização progressiva, seria possível apontar muitos critérios tais como os já relatados acima, mas opta-se aqui por destacar um ponto central. Conforme o capítulo anterior, uma das principais marcas do formato penal é seu descompromisso com a resolução de conflitos sociais, deixando claro que seu papel principal na modernidade tem sido servir como forma de exercício de autoridade, exercício de verticalização.

---

528 COUNCIL OF EUROPE, *Report on decriminalization*, p. 15.

529 No Brasil, merece neste ponto especial atenção a questão das internações compulsórias de usuários de drogas. Ver: LEMOS, Internações forçadas: entre o cachimbo e a grade. ROSA, *Drogas e governamentalidade neoliberal*: uma genealogia da redução de dano. enealogia da redução de danos.s enealogia da redução de danos.

530 BARATTA, Princípios de Derecho Penal Mínimo, p. 638.

531 O autor chega a referir que na Holanda, seu país, a criminalização atinge muito menos de 1% dos fatos criminalizáveis. HULSMAN, Critical criminology and the concept of crime, p. 70.

Quatro motivos principais foram evocados para demonstrar que a função da justiça penal não tem sido de defesa social[532], já que atua em desconformidade com tudo que se espera de um veículo para auxiliar na resolução de contendas. Desta maneira, percebeu-se que o campo penal incide muitas vezes: 1) sobre práticas que não representam danos; e 2) sobre práticas que não geram conflito entre a vítima e o criminoso.

Poder-se-ia evocar sobretudo dois princípios fundamentais do Direito Penal para defender a completa descriminalização de tipos penais que não representam dano relevante, afastando definitivamente os chamados crimes de "perigo": Intervenção mínima e da Lesividade.

Segundo vetor clássico da justiça criminal, somente as condutas mais graves devem ser inseridas no rol de criminalizáveis, fazendo com que este tipo de política seja a *ultima ratio*. Atendendo-se a isto, a seara penal deveria se manter subsidiária às demais, respeitando um limite de fragmentariedade sobre as ofensas praticadas em sociedade. Somente as agressões reais e mais relevantes deveriam estar na alçada penal.[533]

Em sentido complementar, a ideia de "ofensividade" também é tradicional nos estudos de teoria do crime, segundo o qual cabe à justiça penal apenas se preocupar com os casos onde a conduta praticada gera relevante lesão (dano ou perigo) a bens jurídicos fundamentais de terceiros. Demanda-se um limite de substrato material de ofensa grave para a construção e aplicação do ilícito-típico.[534]

Portanto, mesmo alguns princípios de Direito Penal já seriam suficientes para indicar a inviabilidade das tipificações onde não há ofensa real relevante. Não há razoabilidade para incidir sobre situações onde não ocorre resultado danoso. Ainda que aqui se creia que não há legitimidade para a atuação penal em nenhum caso, à toda evidência sua carência de legitimidade sobre "crimes sem dano" encontra respaldo mesmo nas perspectivas meramente garantistas.[535]

---

[532] A se lembrar: 1) há crimes que não representam conflitos; 2) as pessoas diretamente envolvidas não podem interferir na definição de crime; 3) as pessoas envolvidas no ato não podem interferir na resolução do caso; 4) a resposta ao crime foca apenas em que praticou o ato criminoso.

[533] ZAFFARONI; BATISTA; ALAGIA; SLOKAR, *Direito Penal Brasileiro:* primeiro volume, pp. 239-243.

[534] D'AVILA, *Ofensividade em direito penal*: escritos sobre a teoria do crime como ofensa a bens jurídicos, pp. 57-81.

[535] Seria interessante inclusive que se inserisse nas Constituições dispositivos direcionados especificamente a determinar condições para tipificação penal de condutas. Além da inserção expressa dos princípios penais já amplamente aceitos (tais como os citados Intervenção mínima e Ofensividade), outros inúmeros requi-

Para o segundo tipo de problema (ausência de conflito), mesmo considerando que o modelo penal intrinsecamente não é dotado de meios adequados para auxiliar na resolução de contendas, o mínimo que se poderia cogitar é que o campo punitivo não incidisse em situações que a própria vítima não deseja.

Este mecanismo não seria tão estranho ao saber jurídico-penal da atualidade, pois mesmo no Brasil há determinados tipos de crime sobre os quais o Estado somente pode iniciar a persecução penal em caso de autorização da vítima, são os que a legislação indica que a ação deve ser privada (ex: crimes de injúria) ou que se procede mediante representação (ações penais públicas condicionadas, ex: crime de lesão corporal leve).

Visto isso, uma segunda forma de reduzir a atuação da justiça criminal seria pleitear a extinção das ações penais públicas incondicionadas à representação. Isto faria com que a vítima sempre tivesse o poder de vetar o surgimento dos processos, e assim o cenário penal pelo menos respeitaria o interesse do ofendido em demandar ou não o agente do ato criminoso. A existência de conflito começaria a voltar ao centro do debate.

Veja-se que, ao se preservar as ações penais de caráter público como regra, tal medida não representaria um corte tão radical no padrão penal atual, e os processos continuariam em regra sendo movidos pelo Ministério Público, contudo, incluir a cláusula geral de representação da vítima como condição de procedibilidade atenderia minimamente à necessidade de que a justiça penal só atue nos casos em que surge uma lide entre as partes.[536]

Estas medidas descritas seriam potentes para reduzir o número de processos criminais, e já encontram algum respaldo na principiologia do próprio sistema em curso. Mas se deveria também atentar para as medidas de "despenalização", que poderiam se somar em um projeto maior de contenção.

Aqui se denomina "despenalização" como qualquer medida de diminuição das punições (incluindo a "diversificação"), seja quantitativa ou qualitativamente, sem que se atue no âmbito de competência de atuação da justiça penal. Elas não agem no enquadramento do fato à etiqueta de ilícito penal, atuam sobre a consequência jurídica a ser estabelecida como resposta ao ato. Sem dúvidas, pode ser um mecanismo relevante, ainda que a rigor continue existindo condenações e punições de caráter penal.

---

sitos poderiam se somar, tais como a demanda por uma prévia consulta pública mediante referendo (semelhante ao que ocorreu no Brasil com o referendo de 2005 envolvendo o Estatuto do desarmamento).

[536] Esta contenção penal por inviabilização do processo geralmente não está incluída nas descrições de descriminalização nem de despenalização, mas aqui se opta por incluir no primeiro tipo porque seus efeitos se assemelham.

Pelo processo recente de grave crescimento prisional em vários países ocidentais, o "encarceramento em massa"[537], certamente o foco essencial de despenalização agora deve ser a prisão, valendo para tanto socorrer-se de medidas que comportem o uso de punições de caráter menos aviltante que a privação de liberdade.

Neste ímpeto, seria possível imaginar uma imensidade de formas de redução dos índices prisionais atuais, e aqui se opta por destacar duas delas, apenas a título exemplificativo. A primeira delas é a moratória na construção de presídios, a segunda é o uso da regra denominada *numerus clausus*.

A moratória nas prisões é uma pauta famosa de Thomas Mathiesen, o autor vem sustentando-a ao longo de muitos de seus escritos e participações em congressos internacionais. Após cuidadosa reflexão, o autor percebeu que se tem tentado remediar a superlotação carcerária com a construção de novas instituições, de forma que se perde a oportunidade de conter o hiperencarceramento a partir da redução do número geral de presos.[538]

Defende que vetar o levantamento de novas penitenciárias poderia aquecer uma reflexão maior sobre o inchaço carcerário. Conforme registra Mathiesen, tais edifícios são encarados pelo poder público como irreversíveis na prática ("uma vez construída, uma prisão ficará em ativo por muito tempo"), assim como fomentam uma expansão das punições ("quanto mais se constrói, mais se prende").[539]

Ao se fixar a inviabilidade de novos presídios e se reconhecer a evidente impossibilidade de que o número de presos seja maior do que número de vagas, a consequência esperada é que a justiça penal se veja forçada a encontrar meios de reduzir seu ímpeto encarcerador, e que se deflagre projetos de progressiva utilização de medidas diversas.[540]

Além das evidentes vantagens econômicas de não se investir mais em estabelecimentos cuja função só pode ser enclausurar pessoas, a moratória

---

537 LEMOS, "Homo penalis" no Brasil neoliberal: entendendo o grande encarceramento a partir de Foucault. LEMOS; RIBEIRO JUNIOR, Neoliberalismo e sistema penal brasileiro: sobre os ventos que sopram do norte. LEMOS; CARVALHO, Moralizar, empreender, punir: guerra às drogas e Michel Foucault. BATISTA, Depois do grande encarceramento. PAVARINI, O encarceramento de massa. WACQUANT, *Punir os pobres:* a nova gestão da miséria nos Estados Unidos [A onda punitiva].

538 MATHIESEN, The politics of abolition, pp. 88-92.

539 MATHIESEN, The politics of abolition, p. 89.

540 SCOTT, Visualising an Abolitionist Real Utopia: Principles, Policy and Praxis, p. 110.

seria útil para pressionar tanto o judiciário quanto o legislativo a fim de perseguir políticas que não sejam centradas na restrição de liberdade.

Uma outra política de desencarceramento parece ter surgido na França, quando em 1989 o deputado Gilbert Bonnemaison apresentou ao Ministério da Justiça um relatório com propostas visando adequações no serviço público penitenciário. Dentre elas, incluía a ideia de que o número de presos sob nenhuma hipótese deveria exceder o número de vagas disponíveis, de forma que a inclusão de um novo detento necessariamente deveria representar a exclusão de outro, quando o limite máximo de lotação fosse atingido.[541]

A este mecanismo foi dado o nome de *numerus clausus* (número fechado), para representar que a quantidade de vagas oferecidas pelo sistema prisional não é passível de extrapolação sob nenhuma hipótese. Trata-se de um sistema onde "cada nova entrada de uma pessoa no âmbito do sistema carcerário deve necessariamente corresponder ao menos a uma saída", fazendo com que jamais haja superlotação.[542]

Como o excesso prisional era uma realidade em praticamente todos os países do ocidente, logo o argumento repercutiu e começou a ser defendido internacionalmente por algumas vozes. Aparentemente, o primeiro uso concreto da medida ocorreu nos EUA, por força de uma série de decisões proferidas no ano de 1999. Em trinta estados houve decisões de condenação da administração penitenciária por conta da superlotação, resultando ao fim que cerca de um quinto de suas penitenciárias foram submetidas à regra do número fechado.[543]

Após uma década deste primeiro ciclo de decisões, o tema volta à tona quando a Corte Federal da Califórnia condena o Estado a aplicar o *numerus clausus*, visando alcançar uma obrigatória redução de um terço do número de presos (o total era de 46.000) no prazo máximo de dois anos. As decisões nas causas correlatas Coleman vs. Brown e Plata vs. Brown foram referendadas pela suprema corte dos EUA em 2011, e serviram para reascender o tema em meio aos países ocidentais.

Já existem decisões judiciais determinando a aplicação desta regra na Holanda, Noruega, Suécia, Dinamarca e Alemanha. No Brasil, a despeito dos índices das últimas duas décadas apresentarem um constante desrespeito do número de vagas disponíveis, jamais houve uma decisão

---

541 ROIG, Um princípio para a execução penal: numerus clausus, p. 369.

542 ROIG, Um princípio para a execução penal: numerus clausus, p. 371.

543 WACQUANT, *Punir os pobres*: a nova gestão da miséria nos Estados Unidos [A onda punitiva], pp. 214-215.

deste porte, e segundo Rodrigo Roig isto não pode ser creditado à falta de respaldo legal e constitucional.[544]

Conforme o autor brasileiro, a vedação de superlotação dos presídios deveria ser uma medida encampada imediatamente, e poderia funcionar basicamente de três maneiras: preventiva (para vedar novos ingressos), direta (com a concessão de indultos e prisões domiciliares a quem está recolhido em penitenciárias) e progressiva (aplicada em cascata, para casos de presos que progridem regime). Obviamente, considerando que os índices de superlotação estão altos há muitos anos[545], caberia ao governo determinar um movimento inicial de mais solturas que prisões (e não apenas uma soltura para cada nova prisão) até que se atingisse o número oficialmente permitido.[546]

A moratória de presídios e a regra *numerus clausus* são apenas dois exemplos de políticas para fomentar a redução de presos, mas infindáveis são as possibilidades de medidas reformistas[547] que poderiam auxiliar nesta empreitada, sempre lembrando do olhar atento para evitar expansões da rede camufladas.

Em síntese, uma política minimalista é louvável enquanto meta provisória, desde que não se perca de vista que os fundamentos da justiça penal não se sustentam diante da meta maior de auxílio no apaziguamento de conflitos e redução geral do número de violências. O abolicionismo é o alvo mais adequado, e admite reformas que ajudem no seu caminho de concretização:

> Em nossa opinião, o direito penal mínimo é, de maneira inquestionável, uma proposta a ser apoiada por todos os que deslegitimam o sistema penal, não como meta insuperável e, sim, como passagem ou trânsito para o abolicionismo, por mais inalcançável que este hoje pareça.[548]

As reformas redutoras não são o "passo fundamental" para o alcance do abolicionismo, nem mesmo são a "única possibilidade no contexto atual". Aqui se parte da ideia de que o abolicionismo é uma demanda do agora, e pode ser concretizada neste exato momento, uma vez já demonstrados todos os graves problemas da filosofia e prática penais do ocidente.

---

544 ROIG, Um princípio para a execução penal: numerus clausus. pp. 374-375.

545 Segundo a pesquisa divulgada mais recente, INFOPEN referente a junho de 2016, havia no Brasil 368.049 vagas disponíveis para um total de 726.712 presos. Praticamente, o país mantém em prisão o dobro de pessoas que a lei permite.

546 ROIG, Um princípio para a execução penal: numerus clausus, pp. 374-373-375.

547 Vale ainda destacar o documento feito pelo IBCCRIM em conjunto com uma série de entidades parceiras, denominado: 16 medidas contra o encarceramento em massa. Disponível em: <https://www.ibccrim.org.br/medidas-sistemapenal2017/ >. Acesso em: 25 jan. 2018

548 ZAFFARONI, *Em busca das penas perdidas,* p. 106.

As estratégias de contenção "interna" ao modelo penal são em geral favoráveis porque abrem novos espaços de percepção e diminuem o sofrimento diário perpetrado. Não contribuindo para a preservação ou incremento do ideário típico da justiça criminal, são como "sementes dentro da neve" apoiando a abolição desejável.[549]

5.2. JUSTIÇA PÓS-PENAL

Pode-se dizer que a crítica criminológica produziu nas últimas seis décadas um grande impulso nos trabalhos de crítica do modelo penal, mas por outro lado há uma evidente escassez quando se fala de ciência propositiva. Quanto a isto, não se pode escusar nem mesmo os autoproclamados "abolicionistas", que em sua maioria também permaneceu mais ligada à elaboração de diagnósticos críticos.

Não que isso deva remeter a um privilégio do âmbito propositivo. Ambos são essenciais em igual medida: as críticas são fundamentais para demonstrar o quadro lastimável dos efeitos do formato penal e a viabilidade de sua mudança; as propostas são fundamentais para pensar novos caminhos rumo à concretização de um tipo diferente de justiça.

Portanto, nada a se condenar aos autores que contribuem exclusivamente no campo negativo (criminologia) ou exclusivamente na agenda positiva (política), apenas vale destacar que o sucesso do abolicionismo parece depender das duas agendas, e por isso aqui se opta por propor coordenadas nos dois sentidos.

Continuando na linguagem do "terceiro Foucault", o projeto completo de "recusa do que somos" hoje evoca a necessidade de uma atividade criativa. Se os valores (verdade), as relações sociais (governo) e o próprio sujeito (subjetivação) são todos decorrentes de múltiplas criações, e não encontram uma origem fixa ou seguem uma marcha profética fatal, está-se diante de um quadro modulável cuja transformação é possível nas três esferas.

Sendo a modernidade ocidental movida por um tipo de poder que se sustenta em racionalidades (verdades e subjetivações), promover novas práticas pressupõe intervir com novas teorias. Mais especificamente, impulsionar o fim da justiça penal exige uma libertação das lógicas que a sustentam e que ela fomenta, e isso deve se dar mediante a criação de novos saberes e outras individualidades.

---

[549] SCOTT, Visualising an Abolitionist Real Utopia: Principles, Policy and Praxis, p. 107.

Talvez, o objetivo hoje em dia não seja descobrir o que somos, mas recusar o que somos. Temos que imaginar e construir o que poderíamos ser para nos livrarmos deste "duplo constrangimento" político, que é a simultânea individualização e totalização própria às estruturas do poder moderno. A conclusão seria que o problema político, ético, social e filosófico de nossos dias não é tentar libertar o indivíduo do Estado nem das instituições do Estado, porém nos libertarmos tanto do Estado quanto do tipo de individualização que a ele se liga. Temos que promover novas formas de subjetividade através da recusa deste tipo de individualidade que nos foi imposto há vários séculos.[550]

As resistências não são formas de promover o retorno à verdade perdida, as resistências são formas de construir novos saberes, poderes e sujeitos. Se toda relação entre pessoas é um exercício de poder (ação sobre ação), o caminho das mudanças políticas demanda a criação de novas relações de poder. Considerando o conceito "positivo" de poder, não é possível a extinção das relações de poder (nem produzir saberes sem poder), mas é viável sim a construção de outras relações com características e efeitos completamente diferentes.

O poder moderno compõe um "tecido espesso que atravessa os aparelhos e as instituições, sem se localizar exatamente neles", e desta forma também devem funcionar "os pontos de resistência", oferecendo "fugas" construídas a partir de racionalidades alternativas e relações diferenciadas, sendo útil pensar também em novas instituições.[551]

A governamentalidade (poder) está em todas as relações, porém em uma imensa pluralidade de formas. Resistir ao presente deve fomentar outras interações, tomando por base a constatação de que toda relação é precária e se ergue sobre um espaço de liberdade do pensamento e do sujeito. Se o poder é onipresente, a resistência também pode ser.

> Quero dizer que, nas relações humanas, quaisquer que sejam elas – quer se trate de comunicar verbalmente, como o fazemos agora, ou se trate de relações amorosas, institucionais ou econômicas -, o poder está sempre presente; quero dizer, a relação em que cada um procura dirigir a conduta do outro. São, portanto, relações que se podem encontrar em diferentes níveis, sob diferentes formas; essas relações de poder são móveis, ou seja, podem se modificar, não são dadas de uma vez por todas. (...) Isso significa que, nas relações de poder, há necessariamente possibilidade de resistência, pois se não houvesse possibilidade de resistência – de resistência violenta, de fuga, de subterfúgios, de estratégias que invertam a situação -, não haveria de forma algumas relações de poder. Sendo

---

550 FOUCAULT, O Sujeito e o Poder, p. 238.

551 FOUCAULT, *História da sexualidade 1:* a vontade de saber, p. 107.

esta a forma geral, recuso-me a responder à questão que às vezes me propõem: "ora, se o poder está por todo lado, então não há liberdade". Respondo: se há relações de poder em todo o campo social, é porque há liberdade por todo lado.[552]

Se há liberdade por todo lado, a justiça penal não foge a esta constatação. Suas práticas e racionalidades estão à mercê de uma ruptura, assim como ela mesma representou uma ruptura no século XVIII. Julgamentos alheios aos interesses das pessoas envolvidas no conflito, padronização de um novo regime de punições, retórica iluminista do crime e da pena, todos compõem um cenário historicamente situado, cenário suscetível a derrocada.

Para tal fim, é preciso que se utilize de um "saber estratégico" que atue de forma inteligente sobre os mecanismos de poder vigentes, é preciso saber como influir de forma eficaz sobre o que está posto. Sem pretensão de uma sistemática global, elaborar saberes que vejam "as ligações, as extensões", e mova o que há de fundamental.[553]

Sendo mais específico, Foucault defende a criação de um "direito novo" que não se contamine pelo poder vigente. Apontando para uma outra direção, o novo panorama jurídico deve ser essencialmente "antidisciplinar" e "liberto do princípio da soberania", deve viabilizar um contexto relacional diferente. Logo, assim devemos pensar um abolicionismo propositivo.[554]

O projeto político abolicionista é um ponto de resistência que pretende operar sobre o fim de um certo tipo de instituição e dos seus discursos, e seu labor para resistir precisa oferecer novas possibilidades. Os conflitos sociais continuarão existindo e é preciso que se pense novas instituições, com novos saberes e novos métodos para instrumentalizá-las.

A questão não é apenas extinguir a justiça criminal, mas também oferecer um outro formato de justiça que auxilie na redução dos graves problemas relacionais humanos. Considerando a necessidade de novos instrumentos judiciais, é inicialmente válida a pergunta "então o que você colocaria no lugar?":

> Aqueles que rejeitam a justiça criminal se defrontam com uma questão inevitável: "então o que você colocaria no lugar?" Esta é uma pergunta legítima. Problemas sociais são reais e precisam de soluções; os danos

---

552 FOUCAULT, A ética do cuidado de si como prática da liberdade. In: *Ética, sexualidade, política* (Ditos e Escritos V), p. 276.

553 FOUCAULT, Poderes e estratégias. In: *Estratégia, saber-poder* (Ditos e escritos IV), p. 251.

554 FOUCAULT, *Em Defesa da Sociedade:* curso no Collège de France (1975-1976), p. 34.

experienciados, particularmente pelos mais marginalizados, são assustadoramente reais; e os conflitos igualmente são reais. Eles todos requerem soluções e respostas concretas.[555]

Uma vez compreendido que o modelo penal se construiu sobre discursos e práticas com as quais é preferível não compactuar, na verdade pensar o novo modelo não seria bem uma "substituição", pois não deve ocupar os mesmos espaços e operar as mesmas funções.[556]

A justiça penal se construiu sob o fundamento de que era indispensável para prevenir crimes, criando para si uma posição de proeminência dos seus instrumentos (as penas) como forma de promover a boa convivência social. Pensar uma nova justiça não deve partir destas mesmas questões, ela deve já partir do pressuposto de que a conflitividade social é fruto de um processo complexo, e que um único instrumento judicial seria muito pouco para resolver a questão. As políticas sociais como um todo (estatais e não estatais) devem se somar para levar a cabo um projeto racional de boa convivência humana.

Pensar uma justiça abolicionista, desta feita, não é elaborar um instrumento que promete resolver sozinho as contendas sociais, e sim um instrumento dentre outros que possa ajudar nesta rede macro de construção de uma convivência pública mais respeitosa, pacífica e democrática.

Uma proposta abolicionista não pode incorrer nos mesmos erros constatados pelos críticos da justiça criminal. Não deve funcionar de forma autoritária ao padronizar um rol de condutas demonizadas ou fixar um instrumento inflexível de resolução. Parece mais adequado pensar em uma organização que respeite a complexidade da vida social e não se restrinja artificialmente a enrijecer as suas análises e os seus veículos de auxílio aos cidadãos.

Nos estudos sobre política abolicionista, tornou-se clássica a referência à estratégia do "inacabado" (unfinished) de Mathiesen como uma maneira de preservar certa flexibilidade no trajeto. Segundo o autor, a abolição é um processo contínuo de superação de limites, de forma que sempre novos horizontes são possíveis de se almejar, a criação não deve paralisar.

> O aspecto problemático reside no fato de que a abolição dos limites em si leva a novos e mais abrangentes sistemas de criação de limites no campo liberado. A resposta para o problema está no fato de que isso abre a possibilidade para uma nova abolição, e então para um renovado processo inacabado. Sem novos limites para abolir, novas abolições, e então a renovada existência do incompleto, seriam impensáveis. A resposta,

---

[555] MOORE; ROBERTS, What lies beyond criminal justice? Developing transformative solutions, p. 116.

[556] SCHEERER, Hacia el Abolicionismo, p. 24.

em outras palavras, reside na própria oposição entre abolir e as forças de construção do sistema, e na abolição contínua, reconstrução, re-abolição, em novos níveis contínuos. O ponto é uma contínua transição rotativa para o inacabado. Eu experimento isso como o próprio processo de viver.[557]

No entanto, é preciso estar muito atento para o fato de que os pensamentos abolicionistas não podem estagnar perante a complexidade da vida em sociedade. Não se pode confundir a crítica da padronização operada pelo modelo penal em torno dos seus dois eixos centrais (crime e pena) com uma abstinência no empenho político. Conforme tem-se visto nas últimas décadas, o silêncio dos movimentos mais críticos deixou espaços abertos para que as vertentes mais conservadoras atuassem, houve uma perda de oportunidade para que a crítica se mostrasse politicamente relevante.[558]

A posição crítica sobre a realidade penal parece ter remetido a uma "desesperança analítica e a um niilismo"[559] no campo jurídico, muitos[560] aderiram a uma posição de contestação que remetia a projetos de atuação na estrutura social exclusivamente por outros meios (econômico, educação, etc), deixando lacunas "instrumentais e simbólicas"[561] em relação ao âmbito de atuação do aparelho judicial.

As teorias críticas parecem ter sido muito hábeis para desestabilizar os saberes sobre o crime e a pena, porém negligentes para propor um caminho verdadeiro de fuga do "problema da punição". A justiça criminal continuou sendo o paradigma predominante diante do grande silêncio propositivo, pouco surgiu para fazer frente a este modelo.[562]

É o que destaca também Sebastian Scheerer, lembrando que a deficiência dos abolicionistas em trabalhar no campo propositivo tem franqueando aos grupos mais autoritários o pioneirismo na agenda política:

> O que piora tudo é a obstinada negativa dos abolicionistas de reconhecer este negativismo como um signo de imaturidade ou incapacidade. Pelo contrário, a apresentam com orgulho, como um princípio fundamental

---

557 MATHIESEN, The *politics of abolition revisited*, p. 59.

558 MATTHEWS, *Realist criminology*, p. 26.

559 SWAANINGEN, What is abolitionism? An Introduction, p. 18.

560 Vale registrar a citação: "Um abolicionista não deveria oferecer às autoridades no poder um modelo elaborado de alternativas, porque isto também afasta os cidadãos da possibilidade de construir um sistema de acordo com suas próprias necessidades e sentimentos de justiça. E um modelo é também a maneira mais segura de criar uma nova burocracia de profissionais". BIANCHI, Abolition: as sensus and sanctuary, p. 121.

561 COHEN, *Visions of social control:* Crime, Punishment and Classification, p. 268.

562 COHEN, *Visions of social control:* Crime, Punishment and Classification, p. 237.

de seus ensinamentos e o denominam de "o inacabado" (Mathiesen), deixando a formulação de alternativas para aqueles que tem o poder.[563]

A política abolicionista deve ser fértil em idealizar não apenas reformas de contenção, ela deve ser hábil para pensar propostas concretas sobre o que há de vir. É preciso tornar claro que o fim da justiça criminal não é uma mera utopia, ele é um objetivo que pode estar baseado em uma filosofia consistente, um saber coerente, e que se torna cada vez mais concreto diante das novas possibilidades levantadas.[564]

Neste intento, para pensar tais políticas inovadoras parece ser favorável levar à mão não apenas outras ideias, mas também outras linguagens. Considerando o poder simbólico das palavras, a carga histórica que elas carregam, um passo útil para construir uma justiça pós-penal seria despir-se de suas expressões tradicionais. Logo, não usar as palavras "crime" e "pena", bem como todo o rol de nomenclaturas que decorrem destes dois eixos centrais do funcionamento punitivo moderno.

É claro que, ao se pleitear isto, não se quer dizer que as novas palavras alterariam por si só a mecânica de funcionamento da justiça. Não basta uma mudança de nomenclatura, pois assim se preservaria todo o mecanismo de poder hoje presente. A alteração da linguagem é uma forma de auxiliar na instrumentalização de uma mudança substancial, o fundamental está na mudança do exercício de poder.[565]

A proposta aqui apresentada não irá utilizar nenhum termo típico da área penal, pois sua carga simbólica indica atualmente um certo tipo de relação e uma certa forma de consequência legal sobre os conflitos. Na linha de Christie, "palavras são ferramentas perigosas, elas capturam nossa mente e modelam nossos pensamentos", e, portanto, esta é uma escolha positiva para construir uma nova justiça.[566]

Era o que Hulsman denominava de "abolição acadêmica", percebendo que a troca de mecanismos de justiça deveria ser facilitada pela troca de certas palavras. Defendia que a alteração de conceitos era uma estratégia necessária para abrir novas maneiras de lidar com os conflitos.[567]

---

563 SCHEERER, Hacia el Abolicionismo, p. 24.

564 DE HAAN, The Necessity of Punishment in a Just Social Order: A Critical Appraisal, p. 55.

565 HULSMAN; CELIS, *Penas Perdidas*. O sistema penal em questão, p. 96.

566 CHRISTIE, Victim movements at a crossroad, p. 119.

567 HULSMAN, Temas e conceitos numa abordagem abolicionista penal da justiça criminal, p. 198.

Por exemplo, ao invés de "crime", Hulsman preferia usar "situações problemáticas", escolhendo também outras expressões que escapam da armadura penal. Ao invés dos termos criminais viciados, usava outros nomes para pensar os problemas públicos da violência evitando o "balbuciar controlador" dos termos penais.[568]

Não utilizando mais o objeto crime, justamente para não legitimar a visão penal sobre os conflitos, o abolicionismo poderia até mesmo dar fim ao estudo de "Criminologia". A preocupação com o dano e com o conflito deve ir além da forma penal de conceber os problemas sociais.[569]

Como ressalta Mariana Valverde, a adesão à visão foucaultiana remete ao fato de que os conceitos de "crime" e "pena" são tentativas de isolar certas condutas e certas respostas institucionais do contexto maior em que estão inseridos. Ao demonstrar que a prisão não era fruto exclusivo de teorias penais, mas parte de uma rede, uma "técnica" que se multiplicava por vários domínios e fundamentos (mosteiros, quartéis, manicômios), permitiu perceber como fazer "criminologia" já remete à própria adesão à ideia de que as condutas e as consequências a elas vinculadas pela justiça penal possuem algo genuinamente isolado do que se passa fora do âmbito penal. Enfim, Foucault mostrou que era preciso pôr em questão a "taken-for-granted" prática de tratar o crime e seu controle como objetos separados das demais relações de poder exercidas no seio social.[570]

Igualmente, parece melhor elaborar a abolição como algo não construído a título de "política criminal". A imaginação e a concretização de formas alternativas de resolução de conflitos precisam de um novo corpo de estudos e um novo foco de propostas para efetivar mudanças de alcance, evidentemente fora da centralidade posta nas punições.[571]

Bem por isso, opta-se aqui por não pensar uma "nova justiça penal", e sim em uma "justiça pós-penal". Esta nomenclatura visa ao mesmo tempo deslocar-se dos marcos tradicionais do modelo criminal (crime/pena) e pôr em voga o ponto central de onde parece desejável partir a demanda por uma nova justiça: o conflito e a resolução não punitiva.

Eis um primeiro grande deslocamento a ser efetivado. Entendido todos os problemas relacionados ao uso do formato "penal", é preciso elaborar um plano que não permita à justiça manejar instrumentos de poder com

---

568 HULSMAN, Critical criminology and the concept of crime, p. 79.

569 HILLYARD; TOMBS, Beyond criminology?, p. 28.

570 VALVERDE, *Michel Foucault,* p. 12.

571 PEMBERTON, Social harm future(s): exploring the potential of the social harm approach, p. 45.

foco prioritário em constituir e preservar uma posição de autoridade. O foco deve ser o auxílio aos cidadãos em busca da resolução de conflitos.

A justiça cível já funciona como um instrumento de intermediação e resolução de conflitos, sendo reconhecida como um instrumento relevante de ajuda às pessoas. Entretanto, ela atualmente não parece ser suficiente para lidar com situação mais graves, e por isso é preferível pensar em outro tipo de formato judicial.[572]

Há quem defenda um percurso para "civilizar a justiça criminal"[573], e não é de se ver óbice quando a isto desde que a justiça cível também se adeque a certos tipos de casos que exigem uma resposta diferenciada. No fim, o mais importante não é dizer que o Direito Penal deve se tornar "mais civil", ou que o Direito Civil deve se tornar "mais penal", o fundamental é que se elabore novas formas judiciais de lidar com os problemas sociais mais aviltantes.

É preferível evitar as tentativas de padronização clássicas do formato penal, que só faziam algum sentido diante das gravosas consequências punitivas igualmente pré-determinadas. Sendo a preocupação central o auxílio às partes envolvidas, parece ser suficiente indicar uma competência especial para lidar com "conflitos graves", e a partir de então fornecer ferramentas com certo âmbito de maleabilidade para se adequar à necessidade de cada caso. Assim como atua em regra o Direito Civil, parece preferível não "tipificar" condutas (modelo penal), deixando indicativos mais abrangentes e menos rígidos.[574]

Quando a preocupação passa a ser a resolução específica diante do caso concreto, e os instrumentos para tanto são razoáveis e não punitivos, a definição de dano não pode ser "preordenada pelo Estado".[575] Como o Direito Civil já atua desta maneira, não é de se esperar que haja grandes dificuldades quanto à implementação deste aspecto.

A fixação rígida dos casos hipotéticos sobre os quais recair e das medidas com as quais se deve agir sempre foi um problema insolúvel da justiça criminal, ela fatalmente sempre ignorou inúmeras circunstâncias do ato para poder intervir com suas punições legalmente padronizadas. Ao contrário, uma justiça realmente sensível deve estar aberta para as especificidades de cada situação, tanto na interpretação do que se passa, quando na resposta aplicável.

---

572 Parece ir no mesmo caminho o Conselho da Europa sobre descriminalização, indicando que o Direito Civil precisaria de adaptações para lidar com casos penais. COUNCIL OF EUROPE, *Report on decriminalization*, p. 182.

573 CORNWELL, Justice and punishment: myths, mercy and anglo-saxon attitudes.

574 A princípio, seria possível elaborar a ideia de "conflito grave" sob três enfoques: 1) grave violência física; 2) grave violência moral; ou 3) grave ameaça.

575 HILLYARD; TOMBS, Beyond criminology?, p. 20.

Com regras talhadas na pedra, cria-se a ideia da vigência geral. Casos iguais devem ser tratados igualmente e de acordo com as regras. Mas os casos jamais são iguais, se levados em consideração todos os seus aspectos. É claro que não. Portanto, a lei formal não leva tudo em consideração. Torna-se necessário eliminar a maioria das circunstâncias que orbitam o ato para que se possa criar casos presumidamente iguais ou análogos.[576]

A título de "grave violência física" pode-se pensar em conflitos que são deflagrados a partir de atos sobre a integridade corporal de outrem, tais como tentativa/consumação de lesões corporais, homicídios e estupro. A "grave violência moral" envolveria casos em que há forte ofensa social à imagem da pessoa, tais como divulgação pública de vídeos íntimos ou humilhações de larga escala em redes sociais. Por último, "grave ameaça" poderia abarcar conflitos que decorrem de uma promessa séria de mal relevante tanto da ordem física quanto moral.

Mais uma vez, vale recordar que não há aqui a preocupação com uma indicação estrita dos casos que deflagram os conflitos graves, pois a maleabilidade e o caráter não-punitivo das medidas a serem tomadas não exigem tipificações. A taxatividade estrita não é fundamental quando os meios de resposta se movem caso a caso e quando a resolução é conciliatória ou reparatória.

A maior preocupação deve ser como desenvolver as ferramentas jurídicas para auxiliar as múltiplas situações de grave conflito. Aprendendo com os erros da justiça penal e com o sucesso de outras medidas judiciais, parece importante que um novo formato esteja centrado em três eixos: 1) mediação; 2) foco na vítima; e 3) decisões reparatórias.

5.2.1. Mediação

O primeiro ponto a se destacar na idealização de uma nova forma de justiça deve ser o incentivo à mediação dos conflitos.[577] Como já mencionado, um dos marcos fundamentais da justiça criminal foi o confisco que o Estado operou em torno de muitos tipos de contendas, retirando as partes do centro do debate e impondo-lhes decisões de maneira vertical.

A relevância de se pôr as partes como protagonistas tanto da valoração do dano quanto da resolução do conflito tem sido incentivada nas últimas décadas por alguns movimentos, e pode-se dizer que o de maior destaque

---

576 CHRISTIE, *Uma razoável quantidade de crime*, p. 119.

577 Há quem considere relevante distinguir os termos mediação e conciliação, aqui optamos por usar "mediação" como termo abrangente para toda hipótese em que o diálogo e resolução entre as partes seja de alguma forma assistida por um terceiro profissional. Veja-se: <http://www.cnj.jus.br/programas-e-acoes/conciliacao-e-mediacao-portal-da-onciliacao/perguntas-frequentes/85619-qual-a-diferenca-entre-conciliacao-e-mediacao>. Acesso em: 06 fev. 2018.

tem sido a Justiça Restaurativa. De certa forma, o ideal conciliatório se encontra mais facilitado nos dias de hoje por conta do crescente espaço que este ramo jurídico tem ganhado no cenário internacional.

A Justiça Restaurativa surgiu de pesquisas antropológicas sobre práticas de povos originários que visam proporcionar mecanismos de resolução direta entre as pessoas envolvidas nos conflitos, ao invés da imposição de uma decisão hierárquica. Percebeu-se que muitas comunidades ditas "pré-civilizadas" tinham formas de encontrar coesão social que demandavam a participação da voz das partes, e que tais técnicas apresentavam alto grau de sucesso e estabilidade.[578]

Conforme um dos mais destacados entusiastas destas pesquisas, a observação sobre várias experiências resolutivas comunitárias daria origem à uma primeira experiência diferenciada no mundo ocidental no ano de 1974, no Canadá. A partir de então, vários pesquisadores começaram a se interessar pelo tema, e a Justiça Restaurativa começou a ganhar contornos mais técnicos e propositivos em vários países.[579]

John Braithwaite contribuiu largamente para tal expansão, e foi um dos mais importantes para tecer os fundamentos desta nova forma de justiça. Segundo ele, é importante partir de três grandes grupos de valores: 1) valores obrigatórios (não dominação, empoderamento, respeito aos limites, escuta respeitosa, igualdade de preocupação, poder de escolher a justiça tradicional, respeito aos direitos humanos; 2) valores a serem encorajados (reparação dos danos, minimização de consequências, etc.); 3) valores emergentes (manifestações espontâneas das partes, pedido de desculpas, perdão pelo ato, etc.).[580]

Segundo Daniel Achutti, a Justiça Restaurativa envolve quatro aspectos fundamentais, a partir dos quais se pode escapar das práticas penais para construir uma outra esfera de justiça. Confirma que a devolução do conflito às partes é o ponto fulminante desta nova forma de pensar a justiça:

> As características centrais da justiça restaurativa envolvem os seguintes aspectos: (a) participação da vítima nos debates sobre o caso, incluindo a deliberação sobre a maneira como os danos oriundos do conflito serão reparados; (b) o procedimento poderá não resultar em prisão para o ofensor, mesmo que ele venha a admitir que praticou o delito e eventuais provas corroborem a sua confissão; (c) é possível (e desejável) que as partes cheguem a um acordo sobre como lidar com a situação; e (d) os operadores jurídicos deixarão de ser os protagonistas do processo, abrindo espaço para uma abordagem mais ampla do conflito.[581]

---

578 CHRISTIE, Restorative Justice: Five Dangers Ahead, p. 196.

579 BRAITHWAITE, *Restorative Justice and responsive regulation*, p. 8.

580 BRAITHWAITE, *Restorative Justice and responsive regulation*, pp. 8-14.

581 ACHUTTI, *Justiça restaurativa e abolicionismo penal*, p. 83.

O autor brasileiro destaca que a ausência de uma sinalização prévia legal de como valorar o ato danoso ou como findar o conflito remete também a procedimentos flexíveis (regras, prazos, formas), de maneira que na mediação restaurativa é preferível eleger apenas valores e princípios para servir como guias. O trabalho deve estar atento às peculiaridades de cada caso, e consequentemente se demanda uma liberdade na condução do processo.[582]

Aqui, a burocratização deve ser mínima, escapando das soluções padronizadas. Apesar dos indicativos para nortear as experiências, não se deve "engessar o modelo", pois isto impediria soluções novas e criativas que a complexidade das relações humanas demanda.[583]

Conforme já se pode perceber das tentativas iniciais, o retorno das mediações como forma de fazer justiça tendencialmente gera como efeito uma maior credibilidade em meio às partes, "especialmente pelo fato de a decisão sobre o caso ter sido discutida coletivamente e a versão delas ter sido efetivamente ouvida". A multiplicação destas tentativas de forma geral tem alcançado maior grau de satisfação perante os jurisdicionados, em resposta aos tradicionais problemas do modelo criminal.[584]

Também André Giamberardino ressalta como as pesquisas e núcleos de Justiça Restaurativa têm sido uma ruptura no funcionamento clássico da justiça ocidental, na medida em que trazem à tona a mediação dos conflitos. As técnicas para encontrar um acordo entre vítima e autor ascendem nas últimas décadas, e parecem apontar para um bom caminho a ser trilhado.

> O ponto central está na participação ativa e criativa dos sujeitos criminalizados e vitimizados, na criação de espaços e oportunidades de diálogo e mútua compreensão. É natural que prevaleça a utilização dos termos relativos às "práticas restaurativas" porque se trata, efetivamente, do mais consistente movimento, na atualidade, que caminha nessa direção.[585]

Para o autor, a tendência nas novas formas de encontrar justiça é incrementar a conexão entre vítima, ofensor e comunidade. Deve-se visualizar o contexto social no qual os fatos estão incluídos, e esse contexto deve também funcionar para construir soluções conjuntas, passando, portanto, por essas três dimensões. Não se trata de silenciar, mas de unir vozes.

---

582 ACHUTTI, *Justiça restaurativa e abolicionismo penal*, p. 67.

583 PALLAMOLLA; ACHUTTI, Justiça Criminal e Justiça Restaurativa: Possibilidades de ruptura com a lógica burocrático-retribucionista, p. 86.

584 ACHUTTI, *Justiça restaurativa e abolicionismo penal*, p. 247.

585 GIAMBERARDINO, *Crítica da pena e justiça restaurativa*: a censura para além da punição, p. 153.

As Nações Unidas perceberam a importância de incentivar tais políticas alternativas, e por meio da Resolução 2002/12 apresentou vinte e três princípios-chave para fomentar a operacionalidade da Justiça Restaurativa em meio aos Estados signatários. Como se pode conferir, o cerne é mais uma vez a posição de destaque das partes na resolução das contendas.[586]

Esse movimento ensina que se deve caminhar longe das pretensões de uma nova expropriação das partes, e especialmente por isso não congela os ritos de mediação, o que seria uma contradição óbvia. A ideia é agregar diversas experiências que giram em torno das mediações, conforme narra Raffaella Pallamolla em obra específica sobre o tema.[587]

Seja a título de Justiça Restaurativa ou não, o que se demonstra é um reconhecimento crescente da necessidade de que a justiça se equipe para auxiliar na construção de soluções interativas, ao invés de impor decisões. Mediadores de acordos passam a ser suficientes para um grande número de casos, e assim aos poucos o modelo penal vai perdendo espaço para instrumentos mais horizontais.

Um outro formato muito comentado a título de mediação são as justiças comunitárias (community boards), termo atribuído a certos movimentos que visam extrapolar as fronteiras institucionais da modernidade para construir procedimentos mais interativos de promoção de justiça. Também a este título, surgiram várias experiências internacionais nas últimas décadas, apelando para a informalidade e busca de consenso.[588]

Movidas por um sentimento de responsabilidade mútua, em geral estas experiências buscam um aprofundamento nos traços de cada conflito, e caucionam seus objetivos na coesão social. Pretendem chamar o entorno social para ajudar as partes a solucionar seus problemas, enxergando em todo problema individual seus efeitos de maior escala.

> Tratar-se-ia, assim, antes de tudo, de reconstituir um tecido social feito de solidariedade e de responsabilidade, frequentemente desaparecido nas sociedades contemporâneas. Com efeito, o sistema está baseado em quatro princípios: é preciso sempre buscar e aceitar o lado positivo de cada conflito; as manifestações pacíficas no interior da comunidade reduzem as tensões existentes e aumentam as chances de encontrar uma solução real; é necessário que o indivíduo e a comunidade aceitem a responsabilidade

---

586 GIAMBERARDINO, *Crítica da pena e justiça restaurativa*: a censura para além da punição, p. 154.

587 PALLAMOLLA, *Justiça restaurativa: da teoria à prática*, pp. 99-130.

588 WILLIAMS, *Victims of crime and community justice*, pp. 34-50.

de seus próprios conflitos; a solução voluntária de um conflito é necessária e encoraja um espírito de cooperação na comunidade.[589]

Não se pode negar que a proposta é difícil, porque demanda que o grupo seja mais homogêneo e isto se torna cada vez mais raro em meio às grandes cidades. As metrópoles, a despeito da proximidade física das pessoas, têm prejudicado o fortalecimento dos laços sociais, de forma que as justiças comunitárias poderiam acabar sendo eivadas de um distanciamento parecido com o que se vê nos procedimentos criminais.[590]

A solução ideal deve ser construída em conjunto, e por isso não advém de uma verdade imóvel e abstrata. Trata-se de uma renovação incessante dos laços sociais, novas interações que fortalecem diariamente a proteção de todos, cabe à sociedade produzir relações para compreensão coletiva dos seus problemas e das suas válvulas de agregação.

Para alguns casos, inclusive, sugere-se a criação de comitês que sejam menores em volume, mas de atividade permanente. Conselhos preferencialmente de moradores vizinhos, que permitam um formato com mediadores que conhecem e têm laços já constituídos com as partes em conflito.[591]

A formação de conselhos mistos pretende que os membros estejam o mais perto o possível dos conflitantes, compartilhando com eles características que favoreçam uma visão a partir do olhar do outro. Quanto mais próximos os mediadores, maiores as possibilidades de influenciar com meios hábeis a resolução do problema.[592]

É desejável que haja uma atenção especial também na escolha e eventual formação de mediadores, para que estes não se tornem figuras de autoridade e funcionem direcionando a conclusões insatisfatórias às partes, enfim, não repercutindo os moldes que decorrem das pessoas versadas no modelo jurídico atual.[593] A horizontalidade deve ser sempre o dado fundamental, e o mediador deve estar preparado para incentivar o livre consenso e recordar a necessidade de se criar relações mais fraternas.[594]

---

589 DELMAS-MARTY, *Os grandes sistemas de política criminal,* p. 312.

590 DELMAS-MARTY, *Os grandes sistemas de política criminal,* p. 312.

591 HULSMAN, Alternativas à justiça criminal, pp. 66-67.

592 HULSMAN; CELIS, *Penas Perdidas.* O sistema penal em questão, p. 134.

593 Nils Christie inclusive era um árduo defensor de que os mediadores sejam leigos (Lay-Oriented Court), visando fugir do "profissionalismo" do campo jurídico. CHRISTIE, *Conflict as property,* p. 11.

594 Isto lembra o que Pierre Clastres dizia sobre o chefe das tribos americanas: "Da boca do chefe saem, não as palavras que sancionariam a relação do coman-

Para Williams, os núcleos de mediação comunitária favorecem a mediação porque funcionam no local do próprio conflito, e esta proximidade incentiva a participação das partes e das pessoas que convivem com elas. Quanto maior a legitimidade do pacto firmando, maior a confiança de que as ligações sociais saiam fortalecidas e assim permaneçam.[595]

Podem-se notar inúmeras vantagens desta forma de instituição social, tanto para casos mais leves quanto para casos mais graves. Apesar de uma tendência a situar as justiças informais exclusivamente como mediadoras de conflitos de menor importância, os fatos demonstram que em vários países a mediação foi relevante para alcançar excelentes resultados mesmo para violências graves:

> Os benefícios para vítimas que fizeram parte em tais encontros cuidadosamente preparados incluem: sentimento de alívio, redução no medo e raiva, e um sentimento de que o agressor não mais exerceria controle sobre elas. Alguns sobreviventes de tentativa de homicídio que estavam tomados por ódio se sentiram satisfeitos em deixar este sentimento ir embora. Agressores relataram também benefícios emocionais: eles experimentaram sentimentos de empatia em alguns casos; alguns sentiram que estavam mais autoconscientes e menos focados no meio-ambiente da prisão, e alguns relataram se sentir bem por ajudar suas vítimas.[596]

Eis uma das formas de demonstrar que os pactos decorrentes de mediações atendem aos anseios de redução de conflitos. As soluções construídas coletivamente, tudo indica, são em verdade mais aptas a proporcionar menores índices de violência social, alcançando a dita "prevenção geral" sem os enormes efeitos negativos das penas.[597]

À medida que os estudos sobre os efeitos benéficos das mediações evoluem, pode-se dizer que a criação de uma justiça racional em busca de paz tende a ser cada vez mais "privada". No sentido que a vontade das partes envolvidas passa a tomar caráter de predominância, e dita os rumos das controvérsias.[598]

Mediar também pode significar a ultrapassagem do paradigma punitivo mesmo diante de graves ofensas de larga escala. Leia-se o que registra Desmond Tutu sobre o processo pós-apartheid na África do Sul, que optou

---

do-obediência, mas o discurso da própria sociedade sobre si mesma". CLASTRES, *Arqueologia da violência: pesquisas de antropologia política,* p. 149.

595 WILLIAMS, *Victims of crime and community justice,* pp. 27-32.

596 WILLIAMS, *Victims of crime and community justice,* p. 114.

597 SHEARING; LES, Justice in the Risk Society, pp. 33-35.

598 SCHEERER, A punição deve existir! Deve existir o direito penal?, p. 371.

uma "terceira via" (nem o formato de Nuremberg, nem anistia geral) para concentrar-se em um caminho comunicativo movido pelo desejo de perdão aos agressores. Mesmo diante do vasto efeito das políticas violentas movidas pelo racismo durante décadas, o país encontrou um caminho de paz que operou principalmente por meio do dizer a verdade e o mútuo entendimento.[599]

Após o fim do regime de segregação racial, em 1995 foi criada a Comissão da Verdade e Reconciliação (CVR) que instituiu um rito diferenciado de investigação e conclusão dos conflitos. Seu funcionamento condicionava a concessão de anistia apenas àqueles que confessassem seus atos de violência, e a ampla divulgação midiática destes episódios por dois anos promoveu um processo amplo de debates francos e diretos entre vítimas e seus algozes.

> Neste sentido, ao utilizar a mídia por dois anos (as sessões eram transmitidas pelo rádio e pela televisão), a CVR operou com uma ideia tão própria quanto polêmica de justiça social, cujo foco era colocar a nação para ouvir, ou talvez se confrontar com, o sofrimento: vítimas e perpetradores se enfrentaram em audiências – das quais 200 de 20 mil foram públicas – de modo a criar um espaço social (a vocalização e a escuta dos testemunhos teriam um efeito curativo) no qual ambos pudessem lidar com o passado para (re)construir o futuro.[600]

Somada a uma volumosa distribuição pelo Estado de indenizações às vítimas do Apartheid[601], a anistia por meio do contato entre as partes alcançou os objetivos traçados pelo movimento de reconciliação, funcionando como uma "ponte histórica" que fomentou a unidade nacional.[602]

Mais este exemplo vem se somar às significativas experiências históricas de políticas direcionadas ao protagonismo das partes. Tudo remete ao reconhecimento de que as conclusões mais "justas" devem provir de uma comunicação entre os envolvidos "não condicionada pelo poder" institucional. A promoção da democracia deve respeitar a ideia de "soberania popular" como princípio-guia para a transformação das instituições, favorecendo uma articulação autônoma da sociedade.[603]

---

599 TUTU, *No future without forgiveness*, p. 28.

600 MOUTINHO, Sobre danos, dores e reparações: The Moral Regeneration Movement – controvérsias morais e tensões religiosas na ordem democrática sulafricana, p. 278.

601 TUTU, *No future without forgiveness*. p. 54.

602 Analisando o caso, Scheerer também é um defensor de que as comissões pós-apartheid na África do sul foram bem mais eficientes que o modelo penal. SCHEERER, Um desafio para o abolicionismo. p. 233.

603 BARATTA, Princípios de Derecho Penal Mínimo. p. 648.

Um crescente número de juristas reconhece que as melhores intervenções são aquelas que ajudam os indivíduos a "reduzir e superar suas dificuldades psicológicas, sociais e emocionais", e que há um enorme ganho nestes termos quando se cria um espaço de "diálogo balanceado", com uma equipe de suporte que garanta e respeite os interesses das partes do conflito. Trata-se do desenvolvimento de "habilidades para comunicação interpessoal e ação", contrários ao isolamento que a justiça penal tem promovido no ocidente.[604]

Algumas pesquisas registram que a busca por um sentimento de justiça muitas vezes encontra satisfação no puro expressar da angústia. A escuta atenta e cuidadosa, pelo agressor ou por representantes da comunidade, tem surtido valiosos exemplos de que o estabelecimento de uma relação harmoniosa em vários casos pode se dar pelo gesto de troca sincera de palavras. A imposição de vingança não é o elemento preponderante, por diversas vezes as vítimas dão o problema como resolvido simplesmente após serem ouvidas.[605]

Isso não significa uma posição ingênua de que em todos os conflitos as partes sairão plenamente felizes da mediação, que um entendimento recíproco e acordo são sempre efetivados. Entretanto, representa a abertura de uma porta onde o uso da autoridade não seja o guia fundamental, e que ao menos as pessoas sejam incentivadas a se entenderem e buscarem um resultado benéfico para todos.

Era o que desejava Herman Bianchi, e para tanto usava a expressão "modelo assensus". Entendia que o padrão penal é movido pelo dissenso, e que por sua vez o caminho abolicionista deveria prezar pela reunião, que se priorizasse o debate aberto entre os envolvidos a fim de construírem por si mesmos a conclusão.

> O modelo assensus reconhece que o total acordo com relação à interpretação das normas e valores entre os membros da sociedade não existe, nunca existiu, nunca vai existir, e não se pode daqui em diante fingir. À luz da incapacidade humana de fazer um julgamento final sobre certo e errado, interpretações das normas e valores devem ser feitas em um sem-fim e aberto processo de discussão. Num modelo assensus os conflitos emergentes são transportados para acordos entre as partes diretamente envolvidas. A resolução reconciliatória é o conteúdo mandatório da discussão.[606]

---

604 SCOTT; BELL, Reawakening Our Radical Imaginations: Thinking realistically about utopias, dystopias and the non-penal, p. 26.

605 MONTENEGRO, *Lei Maria da Penha*: uma análise criminológico-crítica, p. 185.

606 BIANCHI, *Justice as sanctuary*: toward a new system of crime control, p. 83.

Logicamente, os acordos devem ser cercados de cuidados básicos, atentos sobretudo para: a responsabilidade mútua, a atuação coletiva e a liberdade de pactuar. Seguindo estes três princípios, o resultado pode ser seguro, pois implica um debate grupal que deve tender à solidariedade.[607]

Para Ruth Morris, as tentativas conciliatórias são sempre ricas e possuem a potencialidade de curar graves danos. A produção criativa de soluções, sem as típicas barreiras da burocracia estatal, favorece o atendimento de cinco grandes objetivos: respostas, reconhecimento do erro, segurança, restituição e significação.[608]

Ao invés da justiça que se vale de uma posição privilegiada de poder, e força verticalmente uma "solução", uma "justiça transformativa" se preocupa em tocar nas raízes sociais dos conflitos por meio desta relação entre os interlocutores. A mediação empodera a comunidade e promove mais "prevenção e proteção do que qualquer outra abordagem".[609]

A ideia não é limitar informações, e sim somar os mais variados pontos de vista sobre o ocorrido. Ouvindo-se em grupo, e não havendo um modelo predeterminado de valoração ou resultado, coletivamente se promove uma consciência sobre o conflito, e os efeitos disto tendem a ser mais duradouros.

> Nestes encontros, não há limites sobre o que é admitido apresentar como argumento, nenhum domínio de decisões previamente prontas sobre o que é relevante. São as partes que definem o que é relevante. O objetivo é deixar uma abertura para o insight – aproximar as partes para que possam se ver – e aumentar ao máximo o montante de informações que podem criar uma base para lidar com o conflito em questão. Quem é o outro? Por que ele ou ela se comportou daquela maneira? – e vice-versa. Estas são questões centrais.[610]

Os laboratórios desta filosofia na contemporaneidade, com os mais diversos tipos e nomes (justiça restaurativa, justiça comunitária, justiça informal, justiça transformativa), vêm fortalecendo a corrente por um modelo mais dialogal de resolução de conflitos. Todas trazem em comum a mensagem de que não pode haver um "monopólio sobre a justiça" que ofusque a protagonismo das pessoas diretamente envolvidas e as suas comunidades de apoio.[611]

---

[607] BIANCHI, *Justice as sanctuary*: toward a new system of crime control, pp. 125-126.

[608] RUTH, *Stories of transformative justice,* p. 19.

[609] RUTH, *Stories of transformative justice,* p. 19.

[610] CHRISTIE, Victim movements at a crossroad, p. 118.

[611] COHEN, *Visions of social control:* Crime, Punishmen t and Classification, p. 256.

É de se esperar, sem dúvidas, que a influência da racionalidade penal atue como fluxo contrário aos ímpetos mediadores, e por isso é desejável atenção redobrada para que as reuniões não sejam guiadas pelas mesmas lógicas penais de atribuição de responsabilidade e de limitação das soluções.[612]

Precauções devem ser tomadas para que os programas não sirvam como uma extensão da justiça burocratizada (outra forma de net-widening), não se tornem veículos punitivos carentes de garantias.[613] Há o risco de que ocorra pressão sobre a avaliação dos casos e que os pactos girem em torno de medidas de sofrimento mais gravosas que o próprio modelo penal.[614]

O movimento de mediação deve vir acompanhado por uma lógica contrária às punições, os ditos "fins retributivos" não condizem com a vontade de se pensar uma nova justiça.[615] Por isso, vale a crítica de Ruggiero[616] à ideia de "vergonha reintegradora" defendida por Braithwaite e outros autores, já que humilhação não parece ser a melhor medida para promover integração social.[617]

Deve-se resguardar que a participação das partes no ciclo mediador seja voluntária, que a atuação de agentes externos ao conflito seja respeitosa e não tendenciosa, que não haja pressão para se fixar um determinado resultado. Caso contrário, a tendência seria retornar às interações hierárquicas das quais se quer fugir.[618]

---

612 PEPINSKY, Peacemaking criminology. p. 322. WOZNIAK, Toward a Theoretical Model of Peacemaking Criminology: An Essay in Honor of Richard Quinney, pp. 212-213.

613 Swaaningen cita que, em Amsterdam, o surgimento dos grupos de "vigilância de bairro" na década de 1980 deram origem reações tipicamente penais por parte da sociedade. Destaca a necessidade de um processo de educação coletiva visando o desenvolvimento de habilidades não-punitivas. SWAANINGEN, What is abolitionism? An Introduction, p. 187.

614 RUGGIERO, An abolitionist view of restorative justice. p. 106. MOORE; ROBERTS, What lies beyond criminal justice? Developing transformative solutions, p. 130.

615 CHRISTIE, Restorative Justice: Five Dangers Ahead, p. 199.

616 RUGGIERO, Il delitto, la legge, la pena: la contro-idea abolizionista, p. 230.

617 No mesmo sentido: "ainda, na prática, a justiça restaurativa é geralmente punição sob o rótulo de outro nome". SCOTT; BELL, Reimagining Citizenship: Justice, responsibility and non-penal real utopias, p. 63.

618 RUGGIERO, Utopian action and participatory disputes, p. 98.

Merece atenção o risco de se criar comunidades tão ou mais repressivas por meio de procedimentos flexíveis. Deve haver um cuidado sobre como as conciliações podem ser direcionadas e quais os limites do que se pode pactuar, para que a liberdade de resolução seja efetiva e não leve a consequências aviltantes à dignidade tanto da vítima quanto do agressor. Como diria Lola de Castro, "o discurso da justiça formal é mais transparente", e só deve ser substituída por mecanismos abertos quando acompanhados de uma cautela quanto às consequências possíveis do pacto.[619]

Cohen registra que surgiu um sentimento de desapontamento após a empolgação da década de 1960 envolvendo experiências de descentralização judicial. Aparentemente, as reformas direcionadas à justiça comunitária não foram bem implementadas e acabaram falhando em seus objetivos, por vezes gerando efeitos opressivos sobre a sociedade.[620]

O ingresso da comunidade nas resoluções das contendas não pode ser movido por sentimentos de exclusão. É preciso marcar uma preocupação com a tolerância perante minorias, evitando que o incentivo à interação social não seja um veículo para aprofundar as marginalizações já existentes.[621]

De nada adiantaria promover encontros informais cooptados pela lógica penal, de forma que a atuação comunitária fosse subserviente às punições. Por isto também é importante que as mediações não sejam incluídas apenas como uma "fase preliminar" do processo penal, pois assim a ameaça sancionatória continua a pender sobre o caso.[622] Uma ameaça de tal tipo vicia a atuação das partes e nega toda a lógica de liberdade que deve operar prioritariamente por consenso.[623]

Os mecanismos de mediação devem ser autônomos e fomentar soluções não danosas, e para tanto deve haver um compromisso com a opção por pactos que não envolvam punição. A ideia é um comprometimento coletivo que dispensa a vingança, em que haja voluntariedade na decisão e no cumprimento dos possíveis efeitos pactuados.

---

619 CASTRO, *Criminologia da libertação*, p. 145.

620 COHEN, *Against criminology*, p. 233.

621 DELMAS-MARTY, *Os grandes sistemas de política criminal*, p. 312.

622 Raffaella Pallamolla narra, por exemplo, que muitos entusiastas defendem que a Justiça Restaurativa seja apenas complementar, não demandando a extinção do modelo criminal. PALLAMOLLA, *Justiça restaurativa: da teoria à prática*, p. 195.

623 É a preocupação também de Daniel Achutti com relação à Justiça Restaurativa, para que não se torne "uma presa do sistema penal, para evitar que seja relegada ao papel de mero suplemento expansionista do poder punitivo". ACHUTTI, *Justiça restaurativa e abolicionismo penal*, p. 123.

Ao contrário, a mediação promovida pelos conselhos comunitários, como advogado pelos abolicionistas, segue um modelo de participação voluntária e é caracterizada por uma racionalidade centrada na comunidade. O modelo incentiva o compromisso com os recursos da comunidade e por reviver a responsabilidade coletiva. Ele se baseia menos na supressão do conflito e mais em seu potencial resolutivo. Conecta o processo judicial com fóruns comunitários liderados pela necessidade dos moradores de organizar mecanismos locais de resolução. Vê o desenvolvimento e manutenção da justiça comunitária como direito democrático e responsabilidade dos cidadãos. Mais do que isso, este modelo se baseia nos moradores treinados em construção de valores, comunicação, e habilidades de conciliação; as sessões são abertas para que todos possam ter a oportunidade de desenvolver tais habilidades.[624]

Para o autor italiano, a mediação deve ser animada por um espírito direcionado ao futuro, com vistas à construção de novas e melhores relações. Por isso, não vê com bons olhos a ideia de uma justiça para "restaurar", pois quer manter uma abertura criativa para que sejam tecidas outras conexões.[625]

Em suma, com a promoção das práticas de conciliação se opera uma forma de fazer justiça que prioriza o envolvimento social. Compreende-se que as instituições penais da modernidade contribuem para um "empobrecimento do mundo relacional", os reducionismos e as padronizações a partir dos quais trabalham são falsos simplificadores da realidade, pois percebem que um "mundo relacional rico seria extremamente complicado de gerir".[626]

Com o incentivo às mediações, por sua vez, há um desejo de alcançar mútua tolerância e compreensão, que acaba por direcionar ao ideal de um "tecido relacional mais rico, intenso, plural, que ofereça novas possibilidades de satisfação emocional". É preciso que a sociedade seja encorajada a lidar com seus próprios conflitos e construa de forma conjunta uma convivência mais plural e menos violenta.[627]

Todavia, apesar de ser um eixo fundamental para a construção de uma nova forma de justiça, é preciso reconhecer que o fomento das mediações claramente não é suficiente. É natural que para um determinado número de situações as partes não consigam chegar a um consenso, mais do que

---

624 RUGGIERO, An abolitionist view of restorative justice, p. 106.

625 RUGGIERO, Utopian action and participatory disputes, p. 102

626 COSTA, O sujeito em Foucault: estética da existência ou experimento moral?, p. 132.

627 COSTA, O sujeito em Foucault: estética da existência ou experimento moral?, p. 132.

isso, parece evidente que a interação das partes não é o bastante para oferecer respostas adequadas em determinados casos.

Muitas vezes as consequências de um ato danoso demandam outras ferramentas para proteção da vítima e para dar uma resposta ao agressor, e é disto que será tratado daqui para frente. É desejável que a justiça esteja amparada por instrumentos decisórios para agir diante de certas hipóteses, e uma política pós-penal deve ingressar também neste campo.

5.2.2. Foco na vítima

Conforme já foi demonstrado, a justiça penal baseou-se largamente em um distanciamento entre a vítima e o seu conflito. O "roubo" do conflito representou a exclusão da parte que em tese deveria ter o maior interesse na resolução do problema, e optou por priorizar medidas que focam exclusivamente no agressor.

Ao se distanciar do conceito de "crime" e todo simbólico que este termo carrega na justiça moderna, o abolicionismo faz com que o foco seja direcionado para a "situação problemática", e logicamente isto deve remeter a uma preocupação com a vítima maior do que com o agressor, norteando-se pelo que pode ser propiciado para resolver ou aliviar os efeitos do ocorrido.[628]

Consequentemente, um segundo ponto que se deve propor na elaboração de uma justiça para conflitos graves é que ela ponha a vítima em uma posição de destaque. Esquematicamente, isto pode representar reflexos em três momentos: 1) na existência do processo; 2); na concessão de medidas de urgência; e 3) na conclusão do processo.

Remontar a uma prioridade da vítima quanto ao início do processo significa que ela deve ter a voz definitiva sobre a existência ou não de atividade judicial. Sendo reconhecido que a vítima é quem foi diretamente afetada pelo dano, é desejável que caiba a ela (acima de qualquer outra pessoa ou instituição) a opção de se deflagrar a análise e atuação de terceiros com relação ao que lhe ocorreu.

O processo deveria ser considerado uma opção da vítima, um direito acima do poder institucional de interceder. É preciso pôr um fim à ideia de uma obrigatoriedade de atuação judicial sobre os atos supostamente mais graves, pois em certos casos a abstenção da interferência de terceiros pode ser o que a vítima mais deseja. É preciso começar com um direito à não intervenção.

---

628 Hulsman indicava que a ênfase abolicionista deve se guiar em quatro aspectos: 1) Analisar situações, e não comportamentos; 2) Analisar a situação problemática, e não natureza ilegal; 3) Foco na vítima, não o agressor; e 4) Ver o que pode ser feito e por quem. HULSMAN, Temas e conceitos numa abordagem abolicionista penal da justiça criminal, p. 211.

Por reflexo, a vítima deveria ter o direito subjetivo de autorizar ou vetar tanto o início do processo quanto o seu prosseguimento. A exemplo do que já ocorre nas ações de caráter cível, o ofendido é quem possui em mãos o prosseguimento da ação, podendo optar por desistir do feito a qualquer tempo, caso conclua que o procedimento não lhe é vantajoso por qualquer motivo.

Evidentemente, é preciso que seja resguardado este direito da vítima por meio de garantias, de forma que a abstenção ou desistência da ação não seja viciada por qualquer tipo de coerção. Esta já é uma preocupação também típica do processo civil, e aqui nada se acrescentaria de diferente quanto à necessidade de se tutelar a verdadeira liberdade da parte em não utilizar a atividade judicial.

Tratando-se de conflitos graves, talvez fosse louvável facilitar a ação da vítima, por exemplo, com a não cobrança de custas processuais ou ônus de sucumbência. Ainda, para incentivar as demandas, não se vê aqui problema em permitir que algum órgão estatal exerça o papel de advogado da vítima, a fim de que esta também não esteja sujeita a arcar com o custo de um representante privado. No entanto, esta representação deve ser uma faculdade, preservando o direito do ofendido em optar pelo uso de um advogado particular.

Sendo preservada a faculdade do ofendido para cessar o procedimento a qualquer tempo, por qualquer motivo que não seja viciado por coação, é de se esperar inclusive que haja um maior incentivo ao acordo direto entre as partes, bem como é natural a expectativa de que a vítima se sinta mais satisfeita com sua demanda porque sabe ter em mãos a condução do processo.

É possível prever que muitos penalistas se agitariam contra este ponto, sobretudo pela ideia clássica de que os danos mais gravosos possuem um caráter de violação da paz pública, o que supostamente invocaria uma atuação imperiosa do Estado. Sim, em boa parte os conflitos graves possuem relevância pública, é comum que gerem efeitos para além dos diretamente envolvidos, mas isto não significa que sua resolução "privada" também não tenha efeito simbólico de caráter público.

Nada convence de que o direito da sociedade de ver a resolução do caso esteja acima do direito da vítima de não desejar o processo. Pelo contrário, sendo a vítima aquela mais afetada pelo ocorrido, a prioridade sobre a existência de uma atuação institucional deve ser claramente dela.

Tratando-se de casos onde a vítima direta não se encontra em posição de decidir pela existência de processo (ex: morte, mudança de país, doença grave), seria interessante pensar em formas de participação de familiares e da comunidade local para versar sobre a conveniência de atuação institucional com fins preventivos. Por exemplo, seria possível ventilar a convocação dos representantes de moradores do local do dano, mas jamais tornar a existência do processo uma obrigatoriedade.[629]

O segundo momento de priorizar a vítima se refere à concessão de medidas de urgência. Como bem se sabe, o rito penal pôs a punição como elemento chave de sua atuação ao fim do processo, em regra ignorando a necessidade do ofendido em ser protegido diante do ato que lhe afetou. Na seara penal, a pena não representa nenhum benefício à vítima, e não tem em vista atender uma necessidade presente.

Em inúmeras hipóteses, já se constatou que as vítimas de ofensas graves buscam a autoridade estatal mais por uma necessidade de proteção urgente do que propriamente pelo desejo de um procedimento do qual decorra punição. É o dito "princípio da obrigatoriedade" do procedimento penal que vincula a procura da vítima pela autoridade a um rito punitivo por consequência.[630]

É preciso, desta forma, que se incentive o uso de medidas cautelares efetivas, as quais não necessariamente devam ser de caráter coercitivo sobre o acusado.[631] Por exemplo, a demanda por proteção eventualmente pode ser efetivada tanto pelo direcionamento da vítima a um abrigo quanto pela imposição de uma medida de restrição sobre o agressor. As cautelares do processo penal brasileiro, perceba-se, utilizam exclusivamente medidas de natureza coercitiva sobre o acusado, obviamente porque seu foco sempre esteve mais em controlar o acusado do que proteger a vítima.[632]

---

629 Consequentemente, nestes casos também seria necessário pensar em como o grupo atuaria no processo, mas sendo claro que a medida em conclusão do processo deve ser de caráter reparatório, ou seja, que gera benefício concreto à coletividade.

630 STEINERT, Mas alla del delito y de la pena, pp. 53-55.

631 Vale lembrar novamente que alcançar uma tutela institucional de urgência muitas vezes é o único objetivo da vítima. A maioria dos motivos pelos quais se busca a polícia não tem a ver com pleito de punição. STEINERT, Mas alla del delito y de la pena, p. 53.

632 O Código de Processo Penal brasileiro oferece onze opções de medidas cautelares: 1) prisões em estabelecimento próprio (flagrante, preventiva, temporária); 2) prisão domiciliar; 3) comparecimento periódico em juízo; 4) proibição de acesso ou frequência a determinados lugares; 5) proibição de manter contato com pessoa determinada; 6) proibição de ausentar-se da comarca; 7) recolhimento domiciliar no período noturno e nos dias de folga; 8) suspensão do exercício de função pública ou de atividade de natureza econômica ou financeira; 9) internação provisória; 10) fiança; e 11) monitoração eletrônica.

Sobre este ponto, as medidas protetivas de urgência (MPU) teriam muito a contribuir. Inseridas no ordenamento jurídico brasileiro pela Lei 11.340/06 (Lei Maria da Penha), a título de proteção da mulher em decorrência de violência doméstica, nela o legislador brasileiro apresentou dois formatos de cautelares: as que obrigam o agressor (art. 22) e as de proteção à ofendida (arts. 23 e 24).

Ao contrário do modelo penal clássico, as medidas de urgência podem ser consideradas o "coração" da Lei Maria da Penha, e representam uma "mudança paradigmática" nas construções jurídicas das últimas décadas. Ao propugnar "um tratamento/atendimento integral, intersetorial e interdisciplinar aos casos de violência doméstica" contra a mulher, acabaram por provocar "um profundo mal-estar nas instituições jurídicas" que provavelmente até hoje não foi bem assimilado.[633]

Tudo indica que as medidas protetivas de urgência têm sido um grande sucesso em termos de satisfação da vítima[634], e por isso são uma lição para se pensar uma nova justiça. A ideia inicial poderia ser ampliar tais medidas para todos os casos de conflito grave, alargando as possibilidades de tutela judicial destas situações.

Como afirma Carmen Campos, cabe às perspectivas abolicionistas colocar a vítima no centro do debate, incluindo consequentemente uma série de novos sujeitos (em vista do gênero, raça/etnia, sexualidade, idade, etc.) e suas necessidades concretas. Forçando uma reorientação criminológica e política, o pós-penal deve se ater sobretudo às violências e aos meios mais eficazes e particulares de evitá-las, sem aderir a meras respostas genéricas e fora de tempo.[635]

Inegavelmente, como já se alertava quanto às medidas da Lei Maria da Penha, merece atenção o perigo de que as cautelares se tornem mais uma vez punições disfarçadas,[636] de forma que sejam sempre guiadas pelo respeito à efetiva necessidade do caso concreto e pelo uso da menor coerção possível:

---

[633] CAMPOS, Lei Maria da Penha: necessidade de um novo giro paradigmático, pp. 12-13.

[634] Conforme uma pesquisa realizada no Distrito Federal entre 2006 e 2012, apenas 12% das medidas protetivas foram descumpridas. DINIZ; GAMIERI, Implementação de medidas protetivas da Lei Maria da Penha o Distrito Federal entre 2006 e 2012.

[635] CAMPOS, *Criminologia Feminista*: teoria feminista e crítica às criminologias, pp. 290-292.

[636] ZAFFARONI, *O inimigo no Direito Penal*, p. 70.

Certamente o setor mais criativo e elogiável da lei reside nas medidas protetivas de urgência (arts. 22, 23 e 24). Ali estão desenhadas diversas providências que podem, no mínimo, assegurar níveis suportáveis no encaminhamento de solução para conflitos domésticos, até patrimoniais. O perigo estará potencialmente, aqui, num abusivo emprego penal das medidas protetivas de urgência, que estão amplamente legitimadas enquanto coerção direta. Mas a suspensão de visitas aos filhos (art. 22, inc. IV) pode ser abusivamente manejada como pena sempre que, a despeito da agressão contra a mãe, a relação do agressor com seus filhos não estiver afetada. Estabelecer critérios para a adequada aplicação das medidas protetivas de urgência, dentro da perspectiva cautelar que faz delas a boa novidade da lei, cerceando as inúmeras possibilidades de seu dilatado emprego penal, é talvez a mais importante tarefa que a jurisprudência brasileira tem a cumprir na aplicação dessa lei.[637]

Uma das formas de se tentar efetivar uma proteção contra esse fundado receio de uso punitivo das cautelares é fazer com que as coerções mais veementes sobre o acusado sejam sempre condicionadas a uma prévia quebra de uma cautelar mais leve. Além disso, seria útil prever na legislação competente uma priorização das já mencionadas "cautelares de proteção" da vítima, que não comportam coerção ao agressor (a exemplo do art. 23 da Lei 11.340/06).

Havendo necessidade de uma cautelar mais veemente de contenção do ofensor, fundamental seria garantir ainda que ela estivesse cuidadosamente controlada para não se ultrapassar o limite demandado. Por exemplo, no caso de uso de privação de liberdade (certamente o maior problema), fundamental seria que houvesse sempre prazo máximo fixado em lei (ex: 30 dias), funcionando apenas pelo período suficiente até que se conseguisse preparar condições para a vítima não se ver novamente no mesmo grau de risco.

O desenvolvimento de políticas públicas de assistência social às vítimas é um ponto fundamental para o desenvolvimento de uma nova justiça, a despeito de não terem ingressado dentre as preocupações da justiça criminal.[638] Sem dúvidas, os custos hoje direcionados a gerir a máquina punitiva seriam suficientes para ajudar a construir medidas assistenciais, e obviamente com muito maior eficácia e menos efeitos negativos.[639]

---

637 BATISTA, Só carolina não viu – violência doméstica e políticas criminais no Brasil, p. 12.

638 Interessante a menção feita por Daniel Achutti sobre a existência de um fundo de ressarcimento de vítimas na Bélgica. ACHUTTI, *Justiça restaurativa e abolicionismo penal*, p. 207.

639 Caso haja alguma dúvida quanto a isto, basta lembrar que a presidente do Supremo Tribunal Federal declarou em 2016 que o custo por preso no Brasil é de R$ 2.400,00 mensais. Considerando o dado mais recente sobre o número de presos no

Não por outro motivo, Vivien Stern afirma que é preciso pensar como os gastos penais poderiam gerar justiça social. Para ela, "o grande objetivo é começar uma contração dos gastos com prisão e um direcionamento para gastos sociais, de soluções penais para soluções sociais", e o desenvolvimento de veículos urgentes de proteção judicial das vítimas seria uma sugestão a este título.[640]

Também é perfeitamente possível vislumbrar que o efeito desejado pela vítima, portanto, em muitas hipóteses pode ser atendido simplesmente por medidas protetivas. Eis uma outra forma de ajudar a resolver conflitos.[641]

O terceiro aspecto da priorização da vítima seria trazê-la para o momento da decisão judicial. A justiça penal moldou-se da forma a fixar respostas-padrão para casos-padrão, lidando de forma completamente alheia ao interesse do ofendido sobre o que fazer diante do dano que lhe foi produzido.

Uma justiça com foco em conflitos graves deveria, ao invés de oferecer consequências punitivas, atender aos anseios da vítima acima de tudo. Retirar o ofendido de sua posição de mero "meio de prova", para elevá-lo a verdadeiro eixo central das resoluções dos conflitos, sua voz deve preponderar na definição do processo.

Aqui vale a crítica de Álvaro Pires, apontando que as reformas legislativas recentes que pretendem "incluir" a vítima não se divorciam do modelo penal e acabam limitando-se a um mero incremento de informações ao ofendido, ou seja, o ofendido continua em uma posição passiva e não pode influir sobre os rumos do seu conflito.[642]

Brasil (726.712, junho de 2016), pode-se estimar que o Estado brasileiro gasta no mínimo a cifra mensal de R$ 1.744.108.800,00 (um bilhão, setecentos e quarenta e quatro milhões, cento e oito mil e oitocentos reais) só com o sistema prisional. Disponível em: <http://www.cnj.jus.br/noticias/cnj/83819-carmen-lucia-diz-que-preso-custa-13-vezes-mais-do-que-um-estudante-no-brasil>. Acesso em: 17 jan. 2018.

640 STERN, *Creating Criminals:* Prisons and People in a Market Society, p. 197.

641 A título de apoio social para evitar prorrogação de violências, claramente seria louvável pensar também em instrumentos de apoio ao agressor. Por exemplo, seria muito útil disponibilizar apoio médico para dependentes químicos, suporte profissional psicológico para agentes responsáveis por atos de agressividade, ou assistência social para pessoas em situação de miséria. Sob a condição de não ser uma medida impositiva, a ajuda ao agressor pode ter a qualidade de auxiliar a reduzir práticas danosas a terceiros, podendo ter efeitos altamente benéficos sobre causas de conflitividade.

642 PIRES, A racionalidade penal moderna, o público e os direitos humanos, pp. 57-60.

Lembrando o exemplo dos procedimentos gerais de natureza cível, as sentenças deveriam se guiar de forma privilegiada pelos pleitos da vítima, estes servindo de parâmetro máximo para a determinação da resposta a ser dada sobre o conflito grave. O interesse da vítima deveria ser vinculante, ainda que nem tudo se possa deferir para atender aos seus anseios.

É de se lembrar que já existem no processo penal brasileiro as ações penais privadas, no entanto, elas ignoram completamente o interesse do ofendido em intervir no conteúdo decisório da ação. Vinculando a sentença a formas punitivas fixas, são completamente insuficientes ao que aqui se defende.

Seria interessante que houvesse liberdade para vítima expor seu interesse, e que o conteúdo da reparação fosse mais maleável do que normalmente se utiliza no Direito Civil brasileiro, considerando que se está lidando com agressões mais graves. Por exemplo, não parece absurdo que a vítima requeira que o condenado preste determinados serviços a ele, desde que respeitada a capacidade do réu e um tempo razoável da atividade.[643]

Obviamente, como já ocorre no direito privado dos países ocidentais, o conteúdo decisório tem limites jurídicos, não podendo afrontar certas garantias do condenado.[644] Além disso, seria válido prezar para que a ordem judicial tivesse o sentido de beneficiar terceiros, não sendo desejável continuar fomentando mera consequência de sofrimento ao condenado.

O resgate do interesse da vítima no momento da sentença teria o condão de fortalecer a conexão entre o ato danoso e as consequências práticas geradas por ele no mundo concreto. Sendo a solução do caso uma resposta que frisa a existência de um laço entre o agressor e sua vítima, favorece-se a ideia de responsabilização que conecta o dano a seus efeitos. Eis uma boa lógica a se encampar em favor de uma sociedade mais interativa e tolerante.

Que ninguém possa dizer em nome da vítima, e que se dê efetivo suporte às suas necessidades. Agindo assim, certamente o conteúdo decisório teria maior tendência a satisfazer a vítima, ao contrário da pena (cujo essência não beneficia a vítima), e os pedidos por punição provavelmente decairiam, é o que defende Nils Christie:

---

643 Lembre-se o caso da invasão da casa e furto de pertences de Louk Hulsman, que ele narra ter chegado a um bom desfecho quando se aproximou das famílias dos rapazes culpados e eles se comprometeram a fazer serviço de jardinagem aos domingos em sua residência. HULSMAN; CELIS, *Penas Perdidas*. O sistema penal em questão, pp. 170-174.

644 LARRAURI, Criminologia crítica: abolicionismo y garantismo, p 24.

O processo é dirigido por pessoas que dizem representar as partes. A distância em relação à vítima pode ser um dos motivos para a sua insatisfação e para as frequentes afirmações de que os criminosos livram-se da cadeia muito facilmente. Os pedidos de penas mais severas podem ser uma consequência da falta de atenção à necessidade que as vítimas sentem de dar vazão às suas emoções, mais que a desejos de vingança.[645]

Toda a ideia de priorização do ofendido tem sido presente no pensamento de Mathiesen nas últimas décadas, defendendo o desenvolvimento de uma justiça que esteja mais preocupada em ajustar a correta ajuda em conformidade com suas necessidades, em vez de "ajustar a punição correta ao crime cometido pelo ofensor".[646]

Segundo o autor, as formas gerais de se guiar uma efetiva marcha em direção à vítima deveriam seguir nesta direção: "primeiro, reabilitação simbólica e conforto, segundo, compensação material e restauração, terceiro, suporte social, e se possível, reconciliação". Fazendo-se desta maneira, muitas modificações surgiriam para romper com a lógica punitiva tradicional.[647]

A gravidade dos danos deixaria de ser o fundamento da responsabilização do agressor, o ponto de partida deve ser o suporte à vítima. Haveria desta forma uma nova maneira de lidar com os conflitos, elaborada a partir de outro tipo de escala de respostas judiciais:

> Uma ideia e um princípio fundamental seria guinar o sistema em 180 graus: ao invés de aumentar a punição do transgressor de acordo com a gravidade da transgressão, o que é básico no sistema atual, eu proporia o aumento de apoio à vítima de acordo com a gravidade da transgressão. Em outras palavras, não uma escala de punições para os transgressores, mas uma escala de apoio às vítimas.[648]

Uma escala de apoio às vítimas, respeitando seus interesses em primeiro lugar. Em suma, se o objetivo é efetivamente gerar redução de conflitos sociais, a reparação do ato praticado deve ser um vetor fundamental, permitindo às vítimas encontrar satisfação de seus sentimentos de proteção e segurança e de suas necessidades materiais.[649]

---

645 CHRISTIE, *A indústria do controle do crime: a caminho dos GULAGs em estilo ocidental*, p. 161.

646 MATHIESEN; HJEMDAL, A New Look at Victim and Offender: An Abolitionist Approach, p. 138.

647 MATHIESEN; HJEMDAL, A New Look at Victim and Offender: An Abolitionist Approach, p. 138.

648 MATHIESEN, *A caminho do séc. XXI - abolição um sonho possível?*, p. 96.

649 SCOTT; BELL, Reimagining Citizenship: Justice, responsibility and non-penal real utopias, p. 68.

Como é evidente, em geral "o modelo punitivo é pouco apto a solucionar o conflito", em outras palavras, o modelo penal deixa o conflito "pendente no tempo, de vez que, por definição, exclui a vítima (ao contrário dos modelos reparador ou conciliador)".[650] O dinamismo das sociedades contemporâneas demanda flexibilidade de respostas para atender àqueles que são os mais afetados pelos conflitos, isto deve remeter a um retorno da vítima para o centro da questão.

5.2.3. Decisões reparatórias

Como já foi demonstrado, a maior sustentação discursiva do modelo penal sempre foi a "crença na punição", crença de que a pena é a única ou melhor resposta para "resolver" conflitos e gerar efeitos preventivos. Apesar de não ser efetivamente uma "verdade" criada pelas teorias penais, pois já existia bem antes da modernidade, foi a partir desta crença que a justiça criminal conseguiu situar a pena como uma consequência praticamente "natural" dos atos ilícitos.

Todavia, também foi ventilado que a eventual necessidade de decisão institucional sobre o cidadão (quando não houve sucesso na mediação) não precisa necessariamente ser de natureza punitiva, podendo-se ainda levantar a existência de coerções diretas (de urgência) e coerções que visam um benefício da vítima (reparatórias).

Apesar da mediação ser um valor a ser fomentado, é normal esperar que para uma série de casos não se chegue a um consenso e seja necessária a introdução de um terceiro para intervir sobre a contenda. Por isso, é desejável pensar como uma instituição (estatal ou não) poderia intervir sobre os conflitos de forma não punitiva.

Além disso, não parece suficiente pensar a título de medidas cautelares de urgência, é preciso ainda pensar em como "incorporar proteções legais e mecanismos de responsabilização" para um desfecho processual por fora da premissa sancionatória. É necessário pensar no tipo de conteúdo decisório mais adequado para uma resolução efetiva.[651]

Uma proposta pós-penal não significa ignorar a necessidade de sentenças institucionais, de fato muitas vezes é preciso que haja um órgão que regule a solução do conflito por meio da imposição de uma medida contrária à vontade do agressor. Por isso, não se deve confundir abolicionismo com completa desregulação, ou com o simples "não fazer nada", como defende Elena Larrauri:

---

650 ZAFFARONI; BATISTA; ALAGIA; SLOKAR, *Direito Penal Brasileiro:* primeiro volume, p. 87.

651 SCOTT, Visualising an Abolitionist Real Utopia: Principles, Policy and Praxis, p. 110.

Sobretudo dever-se-ia recordar que a negativa do abolicionismo a adotar uma lógica punitiva não equivale a "não fazer nada". Se bem o risco de reação popular é verossímil nas suposições em que não há nenhuma reação, se pode pensar em dar respostas, reguladas pelo direito, denunciadoras, reparadoras ou neutralizadoras. Não encontro argumentos convincentes para rebater porque estas respostas estão em inferioridade de condições para evitar uma resposta popular de caráter incontrolado.[652]

Partindo de outra margem, pensar uma nova justiça para fugir das decisões de tipo punitivo, e fomentar o uso de decisões de caráter reparatório. Como já anteriormente exposto, vale lembrar, a diferença essencial seria que o conteúdo decisório deve indicar uma obrigação (de dar ou fazer) do condenado em favor da vítima ou de quem por ela indicado, e nunca simplesmente um dano ao condenado (pena).

Conforme indicando no tópico anterior, quanto ao conteúdo reparatório deve haver maleabilidade na medida, bem como ela deve atender prioritariamente ao desejo expressado pela vítima. Cabe ao magistrado respeitar os pedidos de compensação, fixando a ordem judicial a partir da conexão entre interesse da vítima e a capacidade do réu.[653]

Para alcançar melhores resultados, cabe uma abertura do leque de possibilidades de resolução, fugindo do engessamento que o modelo penal impunha por conta da gravidade de suas sanções. A justiça deve produzir uma resposta individualizada, que se construa a partir de um percurso envolvendo a atuação das partes, uma verdadeira "resposta-percurso".[654]

Vale o uso de uma estratégia que não ofenda as singularidades envolvidas a título de uma universalização que "facilitaria" a atividade judicial. Na linha de Hulsman, procurar um "abolicionismo menor", em que o campo de resolução se baseie na interação das pessoas diretamente envolvidas.[655]

A ideia de definir uma resposta jurídica partindo de tipificações rígidas de solução não favorece a flexibilidade necessária. A resolução de contendas é um ato de construção sobre o presente, deve ser viabilizada por uma liberdade em definir consequências a partir de interesses concretos da vítima e de capacidades reais do agressor.

---

652 LARRAURI, *Criminologia crítica: abolicionismo y garantismo*, p 21.

653 Valeria aqui invocar a utilização das clássicas regras processuais civis de vedação de sentença infra petita, ultra petita, extra petita.

654 PASSETTI, *Anarquismos e sociedade de controle,* p. 217.

655 SALLES, O abolicionismo menor de louk hulsman, p. 109.

É preciso "abolir o paradigma sancionatório", em favor dos modelos conciliatórios e compensatórios.[656] A solução deve ser incentivada por meio de um comprometimento da sociedade com seus problemas, ao contrário do que fazem as punições, as quais têm se demonstrado mais como um veículo de dissociação, multiplicando sofrimentos como tentativa de conter sofrimentos.

Se é desejável pensar no fator simbólico da sentença judicial condenatória, isso não significa que a condenação deve conter uma pena. A declaração de certo ou errado, ou sobre qual parte é vencedora, não remete necessariamente que se leve a cabo uma medida de dano ao condenado que não beneficie ninguém (punição). As ordens de cunho reparatório são mais frutíferas.

De certa forma, toda decisão é artificialmente simbólica, pois nunca há um retorno no tempo para a condição prévia ao dano. O que se pode fazer em verdade é prezar para que o conteúdo da decisão remeta à construção de um novo estado de maior satisfação, com menores efeitos "colaterais" negativos, e certamente são as medidas compensatórias que atendem melhor esses requisitos.

Ainda que a punição também possa ter potencial de "prevenção", conforme foi anteriormente debatido, a prevenção (geral e especial) por meio de decisões reparatórias parece ter maior eficácia porque mantém uma ligação mais próxima entre a imposição judicial e o dano causado, entre o ofensor e o ofendido, promovendo um ciclo de responsabilização com mais comprometimento relacional.[657]

O dano deve ser visto em seu caráter único, e a resposta deve satisfazer o desafio de estabelecer à vítima o seu "status de cidadão (material, emocional, socialmente)", promover a "paz e confiança em uma coletividade abalada" e "reafirmar a validade de uma regra violada". E tudo remete para o fato de que as ordens de caráter reparatório podem atender a estes requisitos.[658]

A reparação como centro da questão pode invocar, como já é feito no Direito Civil, a fixação de respostas para danos morais. Aliás, tratando-se de graves conflitos, é louvável reforçar um espaço de atribuição de

---

[656] EUSEBI, Qualle oggetto dell'abolizionismo penale? Appunti nel solco di una visione alternativa della giustizia, p. 82.

[657] Conclusão da CPI do sistema carcerário brasileiro: "Hoje sabemos que a prisão não previne a reincidência e que devemos caminhar para alternativas que permitam ao autor de um delito assumir responsabilidades e fazer a devida reparação do dano eventualmente causado." BRASIL, Congresso Nacional. Câmara dos Deputados. *Comissão Parlamentar de Inquérito do Sistema Carcerário. Relatório Final.*

[658] SCHEERER; GENELHÚ, *Manifesto para abolir as prisões*, p. 61.

vantagens reparatórias que sirvam para compensar o maior sofrimento provocado pelo agressor à sua vítima, sendo possível cogitar que as indenizações por dano moral sejam aqui mais frequentes e ministradas com maior peso.[659]

E não se diga que o caráter reparatório da medida dificulta a quantificação da resposta necessária, nada comprova que as coerções de natureza punitiva teriam vantagem quanto a este ponto. A bem da verdade, como a reparação é uma medida que visa satisfazer a vítima, uma ordem sobre o ofensor visando este fim teria até mesmo maior probabilidade de ser quantificada proporcionalmente ao dano provocado.[660]

Assim como a pena é entendida como portadora de efeito social quando recai sobre pessoa determinada (o agressor), a reparação deve ser entendida como portadora de efeito social mesmo beneficiando pessoa determinada (a vítima). Nada obsta que o efeito preventivo se concretize nestes moldes.[661]

O abolicionismo não é uma filosofia que dispensa o fim de prevenção, ela apenas se utiliza de outras formas de prevenção que não a pena, meios estes mais hábeis.[662] Sendo o foco favorecer a vítima para encontrar um estado de satisfação que a permita superar o dano que lhe foi provocado, impor um sofrimento estéril ao ofensor acaba certamente não sendo o melhor caminho.

O desafio é desenvolver uma "organização cultural horizontal, dialogal, democrática e local de resposta não-violenta a conflitos que passa por uma comunicação não violenta".[663] Para atender tal fim, em caso de necessidade de interferência que não decorra de um acordo entre as partes, tal decisão deve privilegiar um conteúdo não punitivo que ouça a vítima e se adeque à condição do réu, visando a não recorrência do conflito.

Sobre este ponto, diante do quadro atual punitivo, seria natural esperar que haja uma postura cética sobre a efetividade da decisão judicial. Enfim, e quando o réu simplesmente não quer cumprir a ordem judicial? Como concretizar um conteúdo mandatório sem o recurso último de uma punição?

---

659 BOONIN, *The Problem of Punishment*, p. 264.

660 BOONIN, *The Problem of Punishment*, p. 240.

661 VON HIRSCH; ASHWORTH; SHEARING, Specifying Aims and limits for restorative justice, p. 26.

662 MOSCONI, Senza il diritto penale e oltre, p. 25.

663 ANDRADE, *Pelas mãos da criminologia*: o controle pela para além da (des)ilusão, p. 264.

Todo o regramento atual do Direito Civil já atua nestes moldes, de forma que a coerção sobre o réu possui limites insuperáveis. Todavia, a bem de se ver, mesmo o Direito Civil tem avançado para pensar formas variadas de tornar mais efetivo o conteúdo normativo das sentenças, tais como o uso de bloqueio direto e transferência de valores em instituições financeiras (ex: BacenJud), confisco imediato de bens, ou mesmo restrição de liberdade de curta duração (ex: por dívida de pensão alimentícia).

Parece que a incidência sobre conflitos graves merece sim atenção maior quanto aos meios de efetivação da decisão, e veículos coercitivos podem ser melhor desenvolvidos com este objetivo. Não se deve ignorar a existência de fortes organizações de pessoas com fins de provocar danos de larga escala, gerando efeitos altamente nocivos à coletividade. O pós-penal não pode ignorar o atual estágio dos problemas que é preciso enfrentar, não é possível que se mantenha em uma postura inocente.[664]

Prezar pelo objetivo de reparação não significa romantizar os condenados, acreditando que sempre irão cumprir as determinações legais de bom grado. Por isso, é preciso sim pensar em maneiras de coagir o réu a respeitar a decisão proferida, atendendo à ordem legal, mas fazer isto obviamente respeitando certos limites.[665]

Quanto ao critério de garantias mínimas sobre a coerção, por exemplo, pode-se indicar que os atuais moldes de privação de liberdade deveriam ser imediatamente extintos. Privação de liberdade por si só já é uma medida profundamente aviltante à vida humana, entretanto, é possível realizá-la de diversas formas, tais como a própria prisão domiciliar. O uso das penitenciárias, estes locais de recolhimento em massa sob rígidas condições disciplinares, pode e deve ser extinto, pois representa uma forma histórica de violência que só se sustenta por uma tolerância inadmissível perante a dor alheia.[666]

O Direito Penal nitidamente não é a única forma de conter excessos coercitivos, é possível pensar medidas que sejam potencialmente efetivas e modular legalmente condições para sua aplicação. Para tanto, inicialmente seria desejável pensar em medidas aplicáveis em caráter progressivo, de forma que se utilize uma escala de coerção sempre condicionada ao não cumprimento de uma ordem anterior.

Um nível coercitivo mais grave só poderia ser utilizado em caso de quebra da ordem prévia. Estas seriam formas de se tentar garantir que

---

664 COHEN, *Against criminology,* p. 27.

665 LARRAURI, Criminologia crítica: abolicionismo y garantismo, p. 14.

666 MATHIESEN, *Prison on trial.*

as coerções aqui não sejam utilizadas com mero fim de gerar dano ao ofensor, o que significaria um retorno ao paradigma punitivo.

A se lembrar, aqui as coerções são pensadas exclusivamente como forma de efetivar uma ordem que visa beneficiar a vítima, e logo não podem extrapolar tal finalidade. Deve-se prezar para que seja sempre utilizada a menor coerção possível, e somente quando estritamente necessário.

Por exemplo, uma vez proferida a sentença indicando o conteúdo da reparação a ser executada, deveria ser dado prazo para o cumprimento não coercitivo. Frustrada esta tentativa, deve ser fixada uma primeira forma de coerção a fim de efetivar a ordem, sendo esta sucedida por coerções mais veementes em caso do descumprimento se perpetuar. Como se está tratando de conflitos mais graves, parece razoável permitir que as coerções em questão sejam mais gravosas das que normalmente são utilizadas no processo civil (ex: privação de liberdade por curto tempo fixado).

Todavia, as coerções progressivas devem se extinguir imediatamente quando o condenado cumpre a reparação ordenada pela sentença, fazendo com que as coerções estejam sempre sendo usadas sem fins punitivos, a exemplo do que já se faz hoje no processo civil brasileiro quando se ordena a prisão por dívida de pensão alimentícia.

Enfim, levando-se a sério a fixação de reparações que estejam à altura de satisfazer efetivamente o grave dano provocado à vítima, e igualmente utilizando-se meios hábeis para coagir o condenado a cumprir a ordem, não há motivos para se pensar que decisões reparatórias tenham menor efetividade e gerem menor efeito preventivo sobre novos conflitos.

Em suma, construir um modelo de justiça pós-penal para conflitos graves demanda a preocupação com uma série de técnicas e questões com as quais a justiça penal não está acostumada. A despeito do estranhamento inicial, que é normal de se esperar considerando o conjunto de "verdades" construído pelo modelo de "crime e pena", é possível traçar diretrizes que vão tornando o caminho de superação mais real e factível.

Aqui se tentou traçar três principais diretrizes para fomentar um novo tipo de justiça (mediação, foco na vítima, decisões reparatórias), mas claramente o percurso exigirá que se pense de forma muito mais pormenorizada a elaboração de normas de caráter material e procedimental. A implementação de uma justiça não-penal para lidar com conflitos graves dependerá dos esforços de muitos colaboradores, e um trabalho exaustivo sobre todos os mecanismos necessários extrapola a presente obra.

A ideia é que, uma vez fixados estes pontos essenciais de reflexão, múltiplos debates e possibilidades sejam levantados, promovendo um campo fértil de criação de algo novo, muito além do cenário limitante que os jogos de veridicção penais permitem perceber. Que a política abolicionista saia da posição de utopia, que se possa enxergar um caminho para construção de novas instituições, novos formatos jurídicos e novas relações sociais.

Repete-se, não se trata de idealizar uma justiça que pretenda resolver e evitar todos os mais graves conflitos sociais, nitidamente esta tarefa deve ser tratada de forma maior, em conjunto com todas as demais políticas sociais. Todavia, também não parece razoável a postura cética de que as instituições nada podem contribuir quanto aos graves conflitos sociais, ou de que a justiça penal é o mal que não se pode evitar.

Pensar uma justiça pós-penal foi a forma de inaugurar um esforço que escape dos problemas inerentes ao modelo penal, oferecendo indicadores preliminares que orientem à construção de uma nova seara jurídica de auxílio à redução das mais severas conflitividades sociais.

Como se pôde perceber, compreendendo a modernidade ocidental a partir do método foucaultiano, é possível ter uma nova forma de leitura dos saberes e das práticas penais que permita ver o abolicionismo como uma realidade acessível. A superação do modelo penal não deve ser encarada como uma meta futura, condicionada a qualquer prévia mudança da ordem social, econômica, cultural; promover a justiça pós-penal deve ser justamente um dos veículos importantes para se somar no ímpeto de alcançar tais mudanças. A justiça pós-penal não é fim, ela é meio.

Perceber a atualidade através das dimensões "verdade-governo-subjetivação" abre um campo de inúmeras possibilidades de questionamento. Sendo a "verdade" uma construção histórica, o "governo" uma ação sobre a liberdade e a "subjetivação" uma produção contínua, cabe empenhar-se criativamente na elaboração de novos caminhos onde a liberdade e a não-violência sejam os guias. Para tanto, substituir a justiça penal parece ser um passo essencial.

Verificados os dois principais regimes de veridicção do modelo penal (crime e pena), é possível operar uma profunda reflexão genealógica sobre os problemas que se oferecem, e a partir disto fomentar um caminho que fuja de tais premissas para atender uma nova política institucional, mais atenta a contribuir com a resolução das severas contendas humanas.

Construindo uma análise que se atente ao caráter estratégico, constitutivo, capilarizado e subjetivante da governamentalidade moderna, a crítica à justiça criminal ganha uma nova contribuição a partir de Foucault e, assim, abre-se espaço para pensar novas formas de reagir diante do estado atual em que o ocidente se encontra. Novos diagnósticos permitem novas propostas.

Então, vale produzir provisoriamente políticas de redução "por dentro" do modelo penal (reformas redutoras), mas sobretudo dedicar-se à proposição de um novo formato judicial "por fora" do punitivo (a justiça pós-penal). Projetar com foco na mediação, vítima e reparação; por novos caminhos com menor sofrimento e maior efetividade.

Espera-se, enfim, que as contribuições aqui presentes sirvam para reflexões cada vez mais extensas e complexas rumo a um novo formato jurídico e institucional, tendo em vista melhor auxiliar os cidadãos a encontrar uma convivência mais pacífica e fraterna.

REFERÊNCIAS BIBLIOGRÁFICAS

ACHUTTI, Daniel Silva. *Justiça restaurativa e abolicionismo penal*. São Paulo: Saraiva, 2014.

ALVAREZ, Marcos C.; PRADO FILHO, Kléber. Michel Foucault: a obra e seus comentadores (levantamento bibliográfico). *Tempo Social*; Rev. Sociol. USP, S. Paulo, 7(1-2): pp. 197-246, 1995.

———; LEMOS, Flávia C. S.; CARDOSO JUNIOR, Hélio R. Instituições, confinamento e relações de poder: questões metodológicas no pensamento de Michel Foucault. *Psicologia & Sociedade*, 26 (n. spe.), pp. 100-106, 2013.

ANDRADE, Vera Regina Pereira de. *Sistema penal máximo X cidadania mínima*: códigos de violência na era da globalização. Porto Alegre: Livraria do Advogado, 2003.

———. Minimalismos, abolicionismos e eficienticismo: a crise do sistema penal entre a deslegitimação e a expansão. *Revista Seqüência*, no 52, pp. 163-182, jul. 2006.

———. *Pelas mãos da criminologia*: o controle pela para além da (des)ilusão. Rio de Janeiro: Revan, 2012.

ANITUA, Gabriel Ignacio. *Histórias dos pensamentos criminológicos*. Rio de Janeiro: Revan: Instituto Carioca de Criminologia, 2008.

———. Fundamentos para la construcción de una teoría de la no pena. In: Maximiliano E. Postay (org.). *El abolicionismo penal em América Latina: imaginación no punitiva y militância*. Ciudad Autónoma de Buenos Aires: Del Puerto, pp. 1-17, 2012.

AUGUSTO, Acácio. Abolicionismo penal como ação direta. *Verve*. São Paulo, Nu-Sol/PUC-SP, n. 21, pp. 154-171, 2012.

AVELINO, Nildo. Governamentalidade e anarqueologia em Michel Foucault. *Revista Brasileira De Ciências Sociais*. Vol. 25, n° 74, outubro, 2010.

———. Governamentalidade e democracia liberal novas abordagens em Teoria Política. *Revista Brasileira de Ciência Política*, n° 5. Brasília, pp. 81-107, janeiro-julho, 2011.

———. Apresentação: Foucault e a anarqueologia dos saberes. In: FOUCAULT, Michel. *Do governo dos vivos: curso no Collège de France, 1979-1980*. 2. Ed. São Paulo: Centro de cultura social, pp. 17-37, 2011.

AZEVEDO, Rodrigo Ghiringhelli. Juizados especiais criminais. Uma abordagem sociológica sobre a informalização da justiça penal no Brasil. Revista Brasileira de Ciências Sociais, v. 16, n. 47, 2001.

BARATTA, Alessandro. Princípios de Derecho Penal Mínimo. *Revista Doutrina Penal*. n. 10-40, Buenos Aires, Argentina: Depalma, pp. 623-650, 1987.

———. Che cosa è la criminologia critica? *Dei delitti e delle Pene*, n. 1. Bari: Edizione Scientifiche Italiane, p. 53-81, 1991.

———. *Criminologia crítica e crítica do direito penal*. 3. Ed. Rio de Janeiro: Revan, 2002.

BATISTA, Nilo. Política criminal com derramamento de sangue. *Discursos Sediciosos*, ano 3, nº 5/6. Rio de Janeiro: ICC, 1998.

———. *Introdução crítica ao Direito penal brasileiro*. 5. ed. Rio de Janeiro: Revan, 2001.

———. Só carolina não viu – violência doméstica e políticas criminais no Brasil. In: MELLO, Adriana Ramos de (org.). *Comentários à lei de violência doméstica e Familiar contra a mulher*. Rio de Janeiro: Lumen Juris, 2007.

BATISTA, Vera Malaguti. Depois do grande encarceramento. In: ABRAMOVAY, Pedro Vieira; BATISTA, Vera Malaguti (org). *Depois do grande encarceramento*. Rio de Janeiro: Revan, 2010.

———. *Introdução crítica à criminologia brasileira*. Rio de Janeiro: Revan, 2011.

BECCARIA, Cesare. *Dos delitos e das Penas*. São Paulo: Martins Fontes, 2000.

BECKER, Gary; EWALD, François; HARCOURT, Bernard. Becker on Ewald on Foucault on Becker. *The Carceral Notebooks*. may, volume 7, 1-35, 2011.

BECKER, Howard Saul. *Outsiders*: estudos de sociologia do desvio. Rio de Janeiro: Zahar, 2008.

BELING, Ernst von. *Esquema de derecho penal*. La doctrina del delito-tipo. Buenos Aires: Editorial Depalma, 1944.

BENTHAM, Jeremy. O panóptico. In: BENTHAM, Jeremy [et al.]. Traduções de Guacira Lopes Louro, M. D. Magno, Tomaz Tadeu. 2. ed. Belo Horizonte: Autêntica Editora, pp. 13-88, 2008.

BIANCHI, Herman. Abolition: assensus and sanctuary. In: BIANCHI, Herman; SWAANINGEN, René van. (org.) *Abolitionism*: towards a non-repressive approach to crime. Amsterdam: Free university Press. pp. 113-125, 1986.

———. Pitfalls and strategies of abolition. In: BIANCHI, Herman; SWAANINGEN, René van. (org.) *Abolitionism*: towards a non-repressive approach to crime. Amsterdam: Free university Press. pp. 147-156, 1986.

———. *Justice as sanctuary*: toward a new system of crime control. Oregon: Wipf & Stock, 2010.

BIRMAN, Joel. Jogando com a Verdade. Uma Leitura de Foucault. *PHYSIS*. Rev. Saúde Coletiva, Rio de Janeiro, 12(2): pp. 301-324, 2002.

———. Foucault e a questão do sujeito In: *Reinvenções de Foucault*. Rio de Janeiro: Lamparina, 2016.

BOLDT, Raphael. *As medidas cautelares diversas da prisão e a inversão ideológica do discurso garantista*. Boletim. São Paulo: IBCCRIM, 2013.

———; CARVALHO, Thiago Fabres de. Processo e tragédia: a sentença penal como locus da crise sacrificial. *Revista Brasileira de Ciências Criminais*, vol. 115, ano 23. pp. 141-165. São Paulo: Ed. RT, jul-ago. 2015.

BOTTINI, Pierpaolo Cruz. Cautelares: superação da medíocre dicotomia. *Boletim*. São Paulo: IBCCRIM, 2010.

BOONIN, David. *The Problem of Punishment*. New York:Cambridge University Press, 2008.

BOURDIEU, Pierre. *Sobre o Estado*. Tradução Rosa Freire d'Aguiar. São Paulo: Companhia das Letras, 2014.

BRASIL. Congresso Nacional. Câmara dos Deputados. *Comissão Parlamentar de Inquérito do Sistema Carcerário*. Relatório Final. jul. 2008.

———. Ministério da Justiça e Segurança Pública. Levantamento nacional de informações penitenciárias: INFOPEN. Atualização junho de 2016. Brasília: Departamento Penitenciário Nacional, 2017.

BRAITHWAITE, John. *Restorative Justice and responsive regulation*. Oxford: Oxford press, 2002.

———. Restorative justice fos banks through negative licensing. *British J. Criminology*. 49, pp. 439-450, 2009.

CAMPOS, Carmen Hein de. *Criminologia Feminista*: teoria feminista e crítica às criminologias. Rio de Janeiro: Lumen Juris, 2017.

———. Lei Maria da Penha: necessidade de um novo giro paradigmático. *Revista brasileira de segururança pública*. São Paulo v. 11, n. 1, 10-22, Fev/Mar, 2017.

CARLEN, Pat. Criminologias alternativas. In: CARLEN, Pat; FRANÇA, Leandro Ayres. *Criminologias Alternativas*. Porto Alegre: Canal Ciências Criminais, 2017.

CARRARA, Francesco. *Programa do curso de direito criminal*. Campinas: LZN editora, 2002.

CARRIER, Nicolas; PICHÉ, Justin. The State of Abolitionism. *Champ pénal/ Penal field*. Vol. XII, 2015.

CARVALHO, Salo de. Substitutivos penais na era do grande encarceramento. In: ABRAMOVAY, Pedro Vieira; BATISTA, Vera Malaguti (org). *Depois do grande encarceramento*. Rio de Janeiro: Revan, 2010.

————. Sobre a criminalização da homofobia: perspectivas desde a criminologia queer. Revista Brasileira de Ciências Criminais, São Paulo, v. 20, n. 99, nov./dez, pp. 187-212, 2012.

————. *Antimanual de Criminologia*. 5. Ed. São Paulo: Saraiva, 2013.

————. *Penas e medidas de segurança no direito penal brasileiro*: fundamentos e aplicação judicial. São Paulo: Saraiva, 2013.

————. Criminologia crítica: dimensões, significados e perspectivas atuais. Revista Brasileira de Ciências Criminais. N. 104. pp. 279-303, 2013.

CARVALHO, Thiago Fabres de. *Criminologia, (in)visibilidade, reconhecimento*: o controle penal da subcidadania no Brasil. Rio de Janeiro: Revan, 2014.

CASTRO, Edgardo. *El vocabulario de Foucault*. Buenos Aires: Universidad Nacional de Quilmes, 2004.

————. *Introdução a Foucault*. Tradução Beatriz de Almeida Magalhães. 1. ed. Belo Horizonte: Autêntica Editora, 2014.

CASTRO, Lola Aniyar de. *Criminologia da libertação*. Rio de Janeiro: Revan/ICC, 2005.

CERVINI, Raúl. *Os processos de descriminalização*. Tradução Eliana Granja et al. São Paulo: Editora Revista dos Tribunais, 1995.

CHRISTIE, Nils. *Conflict as property*. British Journal of Criminology, v. 17(1), pp. 1-15, 1977.

————. *A indústria do controle do crime: a caminho dos GULAGs em estilo ocidental*. Tradução de Luis Leiria. São Paulo: Forense, 1998.

————. Restorative Justice: Five Dangers Ahead. In: KNEPPER, Paul; DOAK, Jonathan; SHAPLAND, Joanna (org.). *Urban crime prevention, surveillance, and restorative justice*: effects of social technologies. pp. 195-204, 2009.

————. Victim movements at a crossroad. In: *Punishment & Society*. V. 12(2), pp. 115–122, 2010.

————. *Uma razoável quantidade de crime*. Tradução André Nascimento. Rio de Janeiro: Revan, 2011.

————. *Limites à dor*: o papel da punição na Política Criminal. Belo Horizonte: Editora D'Plácido, 2017.

CLASTRES, Pierre. *Arqueologia da violência: pesquisas de antropologia política*. Tradução Paulo Neves. São Paulo: Cosac & Naify, 2004.

————. *A sociedade contra o Estado: pesquisas de antropologia política*. Trad. Theo Santiago. São Paulo: Cosac Naify, 2012.

COHEN, Stanley. *Visions of social control*: Crime, Punishment and Classification. Malden: Polity Press, 1985.

———. Community control: to desmystify or to reffirm. In: BIANCHI, Herman; SWAANINGEN, René van. (org.) *Abolitionism: towards a non-repressive approach to crime*. Amsterdam: Free university Press, pp. 127-132, 1986.

———. *Against criminology*. New Jersey: Transaction Books, 1988.

CONSELHO NACIONAL DE JUSTIÇA. *Regras de Tóquio*: regras mínimas padrão das Nações Unidas para a elaboração de medidas não privativas de liberdade. Luís Geraldo Sant'Ana Lanfredi (Coord.). Brasília: CNJ, 2016.

CORDERO, Franco. *Procedimiento penal*. Tomo I. Bogotá: Editorial Temis, 2000.

CORNWELL, David. Justice and punishment: myths, mercy and anglo-saxon attitudes. In: CORNWELL, D.; BLAD, J.; WRIGHT, M. (orgs). *Civilising criminal justice*: an international restorative agenda for penal reform. UK: Waterside Press, pp. 49-79, 2013.

COSTA, Jurandir Freire. O sujeito em Foucault: estética da existência ou experimento moral? *Tempo Social; Rev. Sociol*. USP, S. Paulo, 7(1-2): pp. 121-138, 1995.

COUNCIL OF EUROPE. *Report on decriminalization*. Estrasburgo: 1980.

D'AVILA, Fabio Roberto. *Ofensividade em direito penal*: escritos sobre a teoria do crime como ofensa a bens jurídicos. Porto Alegre: Livraria do Advogado Editora, 2009.

DAVIS, Angela. *Are prisons absolete?* New York: Seven Stories Press, 2003.

DE FOLTER, Rolf S. Sobre la Fundamentación Metodológica del Enfoque Abolicionista del Sistema de Justicia Penal. Uma comparación de las ideas de Hulsman, Mathiesen y Foucault. *In*: SCHEERER; HULSMAN; STEINERT; CHRISTIE; DE FOLTER; MATHIESEN. (org.) *Abolicionismo Penal*. Buenos Aires: EDIAR, pp. 57-86, 1989.

DE HAAN, Willem. The Necessity of Punishment in a Just Social Order: A Critical Appraisal. In: *Beyond criminal justice*. Weston: The European Group for the Study of Deviance and Social Control, pp. 51-76, 2014.

DEFERT, Daniel. Situação do curso. In: FOUCAULT, Michel. *Aulas sobre a vontade de saber*: curso no Collège de France (1970-1971). Tradução Rosemary Costhek Abílio. São Paulo: Editora WMF Martins Fontes, pp. 239-264, 2014.

DEL OLMO, Rosa. *A América Latina e sua criminologia*. Rio de Janeiro: Revan: ICC, 2004.

DELEUZE, Gilles. *Conversações*. Rio de Janeiro: Editora 34, 1992.

———. *Foucault*. Tradução Claudia Sant'Anna Martins. São Paulo: Brasiliense, 2005.

DELMAS-MARTY, Mireille. *Os grandes sistemas de política criminal*. Tradução Denise Radanovic Vieira. Barueri: Manole, 2004.

DIETER, Maurício Stegemann. *Política criminal atuarial*: a criminologia do fim da história. Rio de Janeiro: Revan, 2013.

DINIZ, D.; GAMIERI, S. Implementação de medidas protetivas da Lei Maria da Penha o Distrito Federal entre 2006 e 2012. In: PARESCHI, A. C. C.; ENGEL, C. L.; BAPTISTA, G. C. (Org.). *Direitos humanos, grupos vulneráveis e segurança pública*. Brasília, DF: Ministério da Justiça, pp. 205-231, 2016.

DORNELLES, João Ricardo W. *Conflito e Segurança – Entre Pombos e Falcões*. 2. Ed. Rio de Janeiro: Editora Lumen Juris, 2008.

DREYFUS, Hubert; RABINOW, Paul. *Michel Foucault, uma trajetória filosófica*: para além do estruturalismo e da hermenêutica. Trad. Vera Porto Carrero. Rio de Janeiro: Universitária, 1995.

DURKHEIM, Émile. Duas leis da evolução penal. Tradução de Hyago Sarraff de Lion. *Primeiros Estudos*, São Paulo, n. 6, pp. 123-148, 2014.

EUSEBI, Luciano. Qualle oggetto dell'abolizionismo penale? Appunti nel solco di una visione alternativa della giustizia. *Studi sulla questione criminale*, Ano VI, n. 2, pp. 81-100, 2011.

EWALD, François. *Foucault, a norma e o direito*. Tradução de Antonio Fernando Cascais. Lisboa: Veja, 1993.

FERRAJOLI, Luigi. *Direito e razão*: teoria do garantismo penal. 2. ed. São Paulo: Revistas dos Tribunais, 2006.

FERRI, Enrico. *Os criminosos na arte e na literatura*. Porto Alegre: Lenz, 2001.

FEUERBACH, Anselm von. *Anti-Hobbes*. Milano: Giuffrè, 1972.

FONSECA, Márcio Alves da. *Michel Foucault e o Direito*. 2. Ed. São Paulo: Saraiva, 2012.

FONTANA, Alessandro; BERTANI, Mauro. Situação do curso. In: FOUCAULT, Michel. *Em defesa da sociedade:* curso no Collège de France (1975-1976). Tradução Maria Ermantina Galvão. 2. Ed. São Paulo: Editora WMF Martins Fontes, 2010.

FOUCAULT, Michel. *História da sexualidade 2*: o uso dos prazeres. Tradução Maria Thereza da Costa Albuquerque. 8. ed. Rio de Janeiro: Edições Graal, 1984.

———. *História da sexualidade 3*: o cuidado de si. Tradução Maria Thereza da Costa Albuquerque. Rio de Janeiro: Edições Graal, 1985.

———. O Sujeito e o Poder. In: DREYFUS, Hubert; RABINOW, Paul (org.). Michel *Foucault, uma trajetória filosófica*: para além do estruturalismo e da hermenêutica. Vera Porto Carrero. Rio de Janeiro: Universitária, pp. 231-249, 1995.

———. O que é a crítica? Tradução de Antonio C. Galdino. Revisão da tradução Stella Fuser Bittar. *Cadernos da Faculdade de Filosofia e Ciências da UNESP*, Marília, v.9, nº 1, pp. 169-189, 2000.

———. *A verdade e as formas jurídicas*. 3. Ed. Rio de Janeiro: NAU editora, 2002.

———. *Ética, sexualidade, política* (Ditos e Escritos V). Tradução de Elisa Monteiro e Inês Autran Dourado Barbosa. Rio de Janeiro: Forense Universitária, 2004.

———. *Arqueologia das Ciências e História dos Sistemas de Pensamento* (Ditos e Escritos II). Rio de Janeiro: Forense Universitária, 2005.

———. *Estratégia, saber-poder* (Ditos e escritos IV). Tradução Vera Lucia Avdlar Ribeiro. 2. Ed. Rio de. Janeiro: Forense Universitária, 2006.

———. *O poder psiquiátrico:* curso no Collège de France (1973-1974). Tradução Eduardo Brandão. São Paulo: Martins Fontes, 2006.

———. *As palavras e as coisas:* uma arqueologia das ciências humanas. Tradução Salma Tannus Muchail. 9. Ed. São Paulo: Martins Fontes, 2007.

———. *A arqueologia do saber.* Tradução de Luiz Felipe Baeta Neves. 7 Ed. Rio de Janeiro: Forense Universitária, 2008.

———. *Segurança, território, população:* curso no Collège de France (1977-1978). Tradução Eduardo Brandão. São Paulo: Martins Fontes, 2008.

———. *Microfísica do poder.* 26. Ed. Rio de Janeiro: Edições Graal, 2008.

———. *Nascimento da biopolítica.* Tradução Eduardo Brandão. São Paulo: Editora Martins Fontes, 2008.

———. *Vigiar e punir.* 28. Ed. Petrópolis: Editora Vozes, 2010.

———. *Os anormais:* curso no Collège de France (1974-1975). Tradução Eduardo Brandão. São Paulo: editora WMF Martins Fontes, 2010.

———. *Em Defesa da Sociedade:* curso no Collège de France (1975-1976). 2. Ed. São Paulo: editora WMF Martins Fontes, 2010.

———. *A hermenêutica do sujeito:* curso no Collège de France (1981-1982). Tradução Márcio Alves da Fonseca e Salma Annus Muchail. 3. Ed. São Paulo: Editora WMF Martins Fontes, 2010.

———. *O governo de si e dos outros:* curso no Collège de France (1982-1983). Tradução Eduardo Brandão. São Paulo: Editora WMF Martins Fontes, 2010.

———. *Repensar a política* (Ditos e escritos VI). Tradução Ana Lúcia Paranhos Pessoa. Rio de Janeiro: Forense Universitária, 2010.

———. *História da sexualidade 1: a vontade de saber.* 21. ed. Rio de Janeiro: Graal, 2011.

———. *A coragem da verdade:* curso no Collège de France (1983-1984). Tradução Eduardo Brandão. São Paulo: Editora WMF Martins Fontes, 2011.

———. *Arte, epistemologia, filosofia e história da medicina* (Ditos e escritos VII). Rio de Janeiro: Forense Universitária, 2011.

———. *A história da loucura na idade clássica.* São Paulo: Perspectiva, 2012.

———. *Aulas sobre a vontade de saber:* curso no Collège de France (1970-1971). Tradução Rosemary Costhek Abílio. São Paulo: Editora WMF Martins Fontes, 2014.

———. *Do governo dos vivos*: curso no Collège de France (1979-1980). Tradução Eduardo Brandão. São Paulo: Editora WMF Martins Fontes, 2014.

———. *Wrong-doing, truth-telling*: the function of avowal in justice. Translated by Stephen W. Sawyer. Chicago: The University of Chicago Press, 2014.

———. *A sociedade punitiva*: curso no Collège de France (1972-1973). Tradução Ivone C. Benedetti. São Paulo: Editora WMF Martins Fontes, 2015.

———. *Subjetividade e verdade*: curso no Collège de France (1980-1981). Tradução Rosemary Costhek Abílio. São Paulo: Editora WMF Martins Fontes, 2016.

———. *Malfazer, dizer verdadeiro*: função da confissão em juízo: curso em Louvain, 1981. Tradução Ivone Benedetti. São Paulo: Editora WMF Martins Fontes, 2018.

FRAGOSO, Christiano Falk. *Autoritarismo e sistema penal*. 2. Ed. Rio de Janeiro: Lumen Juris, 2016.

GARGARELLA, Roberto. *Castigar el prójimo:* por uma refundación democrática del derecho penal. Buenos Aires: Siglo Veintiuno Editores, 2016.

GAROFALO, Raffaelle. *Criminologia*. Campinas: Peritas, 1997.

GIACOMOLLI, Nereu José. *Prisão, liberdade e as cautelares alternativas ao cárcere*. São Paulo: Marcial Pons, 2013.

GIAMBERARDINO, André Ribeiro. *Crítica da pena e justiça restaurativa*: a censura para além da punição. Florianópolis: Empório do Direito Editora, 2015.

GODWIN, William. De crimes e punições. Tradução de Maria Abramo Caldeira Brant. *Verve*. São Paulo, Nu-Sol/PUC-SP, n. 5. pp. 11-86, 2004.

GROS, Frédéric. A parrhesia em Foucault (1982-1984). In: GROS, Frédéric (Org.). *Foucault: a coragem da verdade*. São Paulo: Parábola Editorial, pp. 155-166, 2004.

———. Situação do curso. In: FOUCAULT, Michel. *A hermenêutica do sujeito*: curso no Collège de France (1981-1982). Tradução Márcio Alves da Fonseca e Salma Annus Muchail. 3. Ed. São Paulo: Editora WMF Martins Fontes, pp. 455-494, 2010.

———. Situação do curso. In: FOUCAULT, Michel. *A coragem da verdade*: curso no Collège de France (1983-1984). Tradução Eduardo Brandão. São Paulo: Editora WMF Martins Fontes, pp. 301-316, 2011.

HABERMAS, Jürgen. *O discurso filosófico da modernidade*. São Paulo: Martins Fontes, 2000.

HARCOURT, Bernard E. *Illusion of order*: the false promise of broken windows policing. Cambridge: Harvard University Press, 2004.

———; BRION, Fabienne. The louvain lectures in context. In: FOUCAULT, Michel. *Wrong-doing, truth-telling*: the function of avowal in justice. Translated by Stephen W. Sawyer. Chicago: The University of Chicago Press, pp. 271-322, 2014.

——. Situação do curso. In: FOUCAULT, Michel. *A sociedade punitiva*: curso no Collège de France (1972-1973). Tradução Ivone C. Benedetti. São Paulo: Editora WMF Martins Fontes, 2015.

HASSEMER, Winfried. *Porqué no debe suprimirse el Derecho penal*. México: Instituto Nacional de Ciencias Penales, 2003.

——. *Introdução aos fundamentos do direito penal*. Tradução de Pablo Rodrigo Alflen da Silva. Porto Alegre: Sérgio Antonio Fabris Ed., 2005.

HEGEL, Friedrich. *Princípios de filosofia do Direito*. 3. ed. Lisboa: Guimarães, 1986.

HILLYARD, Paddy; TOMBS, Steve. Beyond criminology? In: HILLYARD, Paddy; TOMBS, Steve; PANTAZIS, Christina; GORDON, Dave (org). *Beyond Criminology: Taking Crime Seriously*. London: Pluto Press, pp. 10-30, 2004.

HOBBES, Thomas. *Leviatã*. Tradução Rosina D'Angina. São Paulo: Martin Claret, 2014.

HULSMAN, Louk. Critical criminology and the concept of crime. *Contemporary Crises*. v. 10, pp. 63-80, 1986.

——; CELIS, Jacqueline Bernat de. *Penas Perdidas*. O sistema penal em questão. Niterói: Luam, 1993.

——. Temas e conceitos numa abordagem abolicionista penal da justiça criminal. *Verve*. São Paulo, Nu-Sol/PUC-SP, n. 3, pp. 190-219, 2003.

——. Alternativas à justiça criminal. In: PASSETTI, Edson (org). *Curso livre de abolicionismo penal*. Rio de Janeiro: Revan. pp. 35-68, 2004.

——; CELIS, Jacqueline Bernat de. A aposta por uma teoria da abolição do sistema penal. *Revista Verve*, n° 8. São Paulo: O programa. pp. 90-122, 2005.

——. A perspectiva abolicionista: apresentação em dois tempos — qual abolição? *Verve*, n° 15. São Paulo: O programa. pp. 18-32, 2009.

——. Abolicionismo penal e deslegitimação do sistema carcerário: uma conversação com louk Hulsman. *Verve*, n° 21. São Paulo: O programa. pp. 135-153, 2012.

IBCCRIM. 16 medidas contra o encarceramento em massa. São Paulo: 2017.

JESCHECK, Hans-Heinrich. *Tratado de Derecho Penal*. Parte Geral. Granada: Comares, 1993.

KANT, Immanuel. *Metafísica dos costumes*. Tradução Clélia Aparecida Martins, Bruno Nadai, Diego Kosbiau e Monique Hulshof. Petrópolis: Vozes, 2013.

KARAM, Maria Lúcia. A esquerda punitiva. *Discursos Sediciosos*, ano 1, n° 2. Rio de Janeiro: Instituto Carioca de Criminologia, 1996.

LARRAURI, Elena. *La herencia de la criminologia critica*. Madrid: Siglo Veintiuno, 1991.

——. Criminologia crítica: abolicionismo y garantismo. *Revista de Estudos Criminais*. Ano IV. N° 20. Porto Alegre: Notadez, 2005.

LEMOS, Clécio. Internações forçadas: entre o cachimbo e a grade. In: LEMOS, Clécio. et al. *Drogas: uma nova perspectiva*. São Paulo: IBCCRIM, 2014.

———. A outra história da guerra às drogas: contribuições da oitava tese de Benjamin. *Argumentum*, Vitória (ES), v. 7, n. 1, pp. 69-92, jan./jun. 2015.

———. "Homo penalis" no Brasil neoliberal: entendendo o grande encarceramento a partir de Foucault. In: *Reinvenções de Foucault*. Rio de Janeiro: Lamparina, pp. 115-136, 2016.

———; RIBEIRO JUNIOR, Humberto. Neoliberalismo e sistema penal brasileiro: sobre os ventos que sopram do norte. *Discursos Sediciosos*: crime, direito e sociedade, ano 20, n. 23/24, pp. 185-222, 2016.

———; CARVALHO, Thiago Fabres de. Moralizar, empreender, punir: guerra às drogas e Michel Foucault. In: Sérgio Salomão Shecaira; Xabier Arana; Franciele Silva Cardoso; Bartira Macedo de Miranda. (Org.). *Drogas, desafios contemporâneos*. 1ed. Belo Horizonte: D'Plácido, p. 55-75, 2018.

LISZT, Franz von. *Tratado de Direito Penal Alemão*. Tomo I. Campinas: Russell Editores, 2003.

LOCKE, John. *Segundo tratado sobre o governo*. São Paulo: Martin Claret, 2009.

LOMBROSO, Cesare. *Criminal man*. London: Duke University press, 2006.

MACHADO, Roberto. Introdução. In: FOUCAULT, Michel. *Microfísica do poder*. 26. Ed. Rio de Janeiro: Edições Graal, 2008.

MARTÍNEZ SÁNCHEZ, Mauricio. *La abolicion del sistema penal*. Bogotá: Temis, 1990.

MATHIESEN, Thomas. The politics of abolition. *Contemporary Crises*, 10:1. pp. 81-94. 1986.

———. *Prison on trial*. Second english edition. Winchester: Waterside Press, 2000.

———. A caminho do séc. XXI - abolição um sonho possível? *Verve*, nº 4. São Paulo: O programa. pp. 80-111, 2003.

———. Response: The Abolitionist Stance. *Journal of Prisoners on Prisons*. 17(2): pp. 58-63. 2008.

———. *The politics of abolition revisited*. Londres: Routledge, 2015.

———; HJEMDAL, O.K. A New Look at Victim and Offender: An Abolitionist Approach. In: *Justice, Power and Resistance*. Foundation Volume, pp. 137-150, 2016.

MATTHEWS, Roger. *Realist criminology*. Hampshire: Palgrave Macmillan, 2014.

MONTENEGRO, Marilia. *Lei Maria da Penha*: uma análise criminológico-crítica. Rio de Janeiro: Revan, 2016.

MOORE, J. M.; ROBERTS, Rebecca. What lies beyond criminal justice? Developing transformative solutions. *Justice, Power and Resistance*. Foundation Volume, pp. 115-136, 2016.

RUTH, Morris. *Stories of transformative justice*. Toronto: Canadian Scholar's Press Inc., 2000.

MOSCONI, Giuseppe. Louk Hulsman. Senza il diritto penale e oltre. *Studi sulla questione criminale*, Ano VI, n. 2, pp. 9-28, 2011.

MOUTINHO, Laura. Sobre danos, dores e reparações: The Moral Regeneration Movement – controvérsias morais e tensões religiosas na ordem democrática sulafricana. In: TRAJANO FILHO, Wilson (org.). *Travessias antropológicas*: estudos en contextos africanos. Brasília: ABA Publicações, pp. 275-296, 2012.

NEUMAN, Saul. Stirner e foucault: em direção a uma liberdade pós-kantiana. *Verve*. n. 7. São Paulo, Nu-Sol/PUC-SP, pp. 101-131, 2005.

NIETZSCHE, Friedrich. *Aurora*. São Paulo: Companhia das letras, 2004.

———. *Humano, demasiado humano*: um livro para espíritos livres, volume II. Tradução, notas e posfácio Paulo César de Souza. São Paulo: Companhia das letras, 2008.

———. *Genealogia da moral:* uma polêmica. Tradução, notas e posfácio Paulo César de Souza. São Paulo: Companhia das letras, 2009.

NORRIE, Alan. *Punishment, responsability and justice*: a relational critique. New York: Orford University Press, 2004.

NUNES, Rodrigo. Como não ler foucault e deleuze? Ou: para ler foucault e deleuze politicamente. *Princípios*. Natal (RN), v. 20, n. 33, pp. 557-582, Janeiro/Junho de 2013.

PALLAMOLLA, Raffaella. *Justiça restaurativa: da teoria à prática*. São Paulo: IBCCRIM, 2009.

———; ACHUTTI, Daniel. Justiça Criminal e Justiça Restaurativa: Possibilidades de ruptura com a lógica burocrático-retribucionista. *Sistema Penal & Violência*, Porto Alegre, v. 6, n. 1, pp. 75-87, jan.-jun. 2014.

PASSETTI, Edson. *Anarquismos e sociedade de controle*. São Paulo: Cortez, 2003.

———. A atualidade do abolicionismo penal. In: PASSETI, Edson (org.). *Curso livre de abolicionismo penal*. Rio de Janeiro: Revan, pp. 13-33, 2004.

———. Louk Hulsman e o abolicionismo libertário. In: KOSOVSKI, Ester; BATISTA, Nilo. *Tributo a Louk Hulsman*. Rio de Janeiro: Revan, pp. 67-79, 2012.

PAVARINI, Massimo. O encarceramento de massa. In: ABRAMOVAY, Pedro Vieira; BATISTA, Vera Malaguti (org). *Depois do grande encarceramento*. Rio de Janeiro: Revan, 2010.

PELBART, Peter Pal. Da dessubjetivação nomádica à subjetivação herética: Foucault, Agamben, Deleuze. In: *Reinvenções de Foucault*. Rio de Janeiro: Lamparina, 2016.

PEMBERTON, Simon. Social harm future(s): exploring the potential of the social harm approach. *Crime Law Social Change*, 48, pp. 27-41, 2007.

PEPINSKY, Hal. Peacemaking criminology. *Critical Criminology*. Vol. 21, n. 2, pp. 319-339, 2013.

PIRES, Alvaro. A racionalidade penal moderna, o público e os direitos humanos. *Novos Estudos CEBRAP*. n. 68, março, pp. 39-60, 2004.

PIRES, Guilherme Moreira; CORDEIRO, Patrícia. *Abolicionismos e cultura libertária*: inflexões e reflexões sobre estado, democracia, linguagem, delito, ideologia e poder. Florianópolis: Empório do Direito, 2017.

PIRES, Thula Rafaela de Oliveira. Criminologia crítica e pacto narcísico: por uma crítica criminológica apreensível em pretuguês. *Revista Brasileira De Ciências Criminais*, v. 135, ano 25. São Paulo: RT, pp. 541-562, 2017.

POSTAY, Maximiliano E. ¿De qué hablamos cuando hablamos de abolicionismo penal? Reseña histórica. 1968-2012. *Revista Pensamiento Penal*. Edición N° 141, Abril, 2012.

RAFFIN, Marcelo. Las cuestiones de la verdad y la subjetividad en el proyecto "Vigilar y castigar". In: *Reinvenções de Foucault*. Rio de Janeiro: Lamparina, pp. 182-190, 2016.

RANCIÈRE, Jacques. *O desentendimento*: política e filosofia. São Paulo: Ed. 34, 1996.

──────. *O ódio à democracia*. São Paulo: Boitempo, 2014.

REVEL, Judith. O pensamento vertical: uma ética da problematização. In: GROS, Frédéric (Org.). *Foucault: a coragem da verdade*. São Paulo: Parábola Editorial, pp. 65-87, 2004.

ROIG, Rodrigo Duque Estrada. Um princípio para a execução penal: numerus clausus. *Discursos Sediciosos*: crime, direito e sociedade, ano 20, n. 23/24, pp. 369-378, 2016.

ROSA, Pablo Ornelas. *Drogas e governamentalidade neoliberal*: uma genealogia da redução de danos. Florianópolis: Insular, 2014.

ROSE, Nikolas; O'MALLEY, Pat; VALVERDE, Mariana. Governmentality. *Annual Review of Law and Social Science* 2(1): 83-104, 2006.

ROULAND, Norbert. *Nos confins do direito*: antropologia jurídica da modernidade. Trad. Maria Ermantina de Almeida Prado Galvão. São Paulo: Martins Fontes, 2008.

ROUSSEAU, Jean-Jacques. *O contrato social*. 3. Ed. São Paulo: Martins Fontes, 1996.

ROXIN, Claus. *Derecho Penal. Parte General. Tomo I*: fundamentos, la estrutura de la teoria del delito. Madrid: Civitas, 2001.

RUGGIERO, Vincenzo. *Il delitto, la legge, la pena*: la contro-idea abolizionista. Torino: Gruppo Abele, 2011.

———. An abolitionist view of restorative justice. *International Journal of Law, Crime and Justice*. V. 39, pp. 100-110, 2011.

———. Utopian action and participatory disputes. *Social Justice*. 41 (3). pp. 89-106, 2015.

SALLES, Anamaria. O abolicionismo menor de louk hulsman. *Verve*. n. 20. São Paulo, Nu-Sol/PUC-SP, pp. 101-113, 2011.

SANTOS, Juarez Cirino dos. *A Criminologia Radical*. 3. Ed. Curitiba: ICPC: Lumen Juris, 2008.

———. *Direito Penal*. Parte Geral. 4. Ed. Florianópolis: Conceito Editorial, 2010.

SCHEERER, Sebastian. Hacia el Abolicionismo. In: SCHEERER; HULSMAN; STEINERT; CHRISTIE; DE FOLTER, MATHIESEN (org). *Abolicionismo Penal*. Traducción del inglés por Mariano Alberto Ciafardini y Mrita Lilián Bondanza. Buenos Aires: EDIAR. pp. 15-34, 1989.

———. Um desafio para o abolicionismo. In: *Conversações abolicionistas*: uma crítica do sistema penal e da sociedade punitiva. PASSETTI, Edson; SILVA, Roberto Baptista Dias da. (Org.) São Paulo: IBCCrim, pp. 219-235, 1997.

———. Dissolution and expansion. In: *Beyond criminal justice*. Weston: The European Group for the Study of Deviance and Social Control, pp. 77-91, 2014.

———. A função social do direito penal. Trad. Raphael Boldt. *Revista de Estudos Criminais*, n. 59, pp. 9-23, São Paulo: Síntese, out.-dez., 2015.

———. A punição deve existir! Deve existir o direito penal? Trad. Raphael Boldt. *Revista brasileira de ciências criminais*, vol. 117, ano 23, pp. 363-372, São Paulo: RT, nov-dez, 2015.

———; GENELHÚ, Ricardo. *Manifesto para abolir as prisões*. Rio de Janeiro: Revan, 2017.

SCOTT, David. Visualising an Abolitionist Real Utopia: Principles, Policy and Praxis. In: Malloch et al. (eds.), *Crime, Critique and Utopia*. Londres: Palgrave Macmillan, pp. 90-113, 2013.

———; BELL, Emma. Reawakening Our Radical Imaginations: Thinking realistically about utopias, dystopias and the non-penal. *Justice, Power and Resistance Foundation*. Vol. sept. pp. 11-32. 2016.

———; ———. Reimagining Citizenship: Justice, responsibility and non-penal real utopias. *Justice, Power and Resistance*. Foundation Volume, pp. 53-72, 2016.

SENELLART, Michel. Situação dos cursos. In: FOUCAULT, Michel. *Segurança, território, população*: curso dado no Collège de France (1977-1978). Tradução Eduardo Brandão. São Paulo: Martins Fontes, 2008.

———. Situação do curso. In: FOUCAULT, Michel. *Do governo dos vivos:* curso no Collège de France (1979-1980). Tradução Eduardo Brandão. São Paulo: Editora WMF Martins Fontes, pp. 295-326, 2014.

SHECAIRA, Sérgio Salomão. *Criminologia*. 2. ed. São Paulo: Editora Revista dos Tribunais, 2008.

SHEARING, Clifford; LES, Johnston. Justice in the Risk Society. *The Australian And New Zealand Journal Of Criminology*. V. 38, n. 1, pp. 25-38, 2005.

SICA, Leonardo. *Justiça restaurativa e mediação penal:* o novo modelo de justiça criminal e de gestão do crime. Rio de Janeiro: Lumen Juris, 2007.

SIDMAN, Murray. *Coerção e suas implicações*. Campinas: Editora Livro Pleno, 2009.

SILVA, Josué Pereira da. Poder e direito em Foucault: relendo Vigiar e Punir 40 anos depois. *Lua Nova*, São Paulo, 97: pp. 139-171, 2016.

SKINNER, B. F. *Ciência e comportamento humano*. Tradução João Carlos Todorov e Rodolfo Azzi. São Paulo: Martins Fontes, 2003.

STEINERT, Heinz. Mas alla del delito y de la pena. In: SCHEERER; HULSMAN; STEINERT; CHRISTIE; DE FOLTER, MATHIESEN (org.). *Abolicionismo Penal*. Buenos Aires: EDIAR, pp. 35-56, 1989.

———. Marxian Theory and Abolitionism: Introduction to a Discussion. In: *Beyond criminal justice*. Weston: The European Group for the Study of Deviance and Social Control, pp. 25-51, 2014.

STERN, Vivien. *Creating Criminals:* Prisons and People in a Market Society. London: Zed Books, 2006.

SUTHERLAND, Edwin H. *Crime de colarinho branco:* versão sem cortes. Tradução Clécio Lemos. 1. Ed. Rio de Janeiro: Revan, 2015.

SWAANINGEN, René van. What is abolitionism? An Introduction. In: BIANCHI, Herman; SWAANINGEN, René van. (org.) *Abolitionism*: towards a non-repressive approach to crime. Amsterdam: Free university Press, pp. 9-21, 1986.

———. The Image of Power: Abolitionism, Emancipation, Authoritarian Idolatry and the Ability of Unbelief. In: *Beyond criminal justice*. Weston: The European Group for the Study of Deviance and Social Control, pp. 175-193, 2014.

TAYLOR, Ian; WALTON, Paul; YOUNG, Jock. (org.) *Criminologia crítica*. Rio de Janeiro: Edições Graal, 1980.

TOLSTOI, Liev. *O reino de deus está em vós*. Tradução Celina Portocarrero. 3. ed. Rio de Janeiro: 2016.

TURK, Austin. Conflict and criminality. *American Sociological Review*, Vol. 31, No. 3, Jun., pp. 338-352, 1966.

TUTU, Desmond. *No future without forgiveness*. New York: Doubleday, 1999.

VALVERDE, Mariana. *Michel Foucault*. New York: Routledge, 2017.

VIEIRA, Priscila Piazentini. Foucault e a coragem de transformar radicalmente a existência. *Revista Ecopolítica*, São Paulo, n. 7, set-dez, pp. 60-76, 2013.

VON HIRSCH, Andrew; ASHWORTH, Andrew; SHEARING, Clifford. Specifying Aims and limits for restorative justice. *Restorative Justice & Criminal Justice:* competing or reconcilable paradigms? Oxford: Hart Publishing, pp. 21-41, 2003.

VORUZ, Véronique. The politics of the culture of control: undoing genealogy. *Economy and Society*. 34:1, pp. 154-172, 2005.

WACQUANT, Loïc. *Punir os pobres:* a nova gestão da miséria nos Estados Unidos [A onda punitiva]. 3. Ed. Rio de Janeiro: Revan, 2007.

WEDY, Miguel Tedesco. *Eficiência e prisões cautelares*. Porto Alegre: Livraria do Advogado, 2013.

WELLAUSEN, Saly. Michel Foucault: parrhésia e cinismo. *Tempo Social; Rev. Sociol*. USP, S. Paulo, 8(1): pp. 113-125, 1996.

WILLIAMS, Brian. *Victims of crime and community justice*. London: Jessica Kingsley Publishers, 2006.

WILSON, James Q. *Thinking about crime*. Revised edition. New York: Basic Books, 2013.

WOLKMER, Antonio Carlos. *Ideologia, Estado e Direito*. 2. Ed. São Paulo: Editora Revista dos Tribunais, 1995.

WOZNIAK, John F. Toward a Theoretical Model of Peacemaking Criminology: An Essay in Honor of Richard Quinney. *Crime & Delinquency*, Vol. 48. No. 2, pp. 204-231, 2002.

WUNDERLICH, Alexandre. O papel da vítima no processo penal. Impressões sobre o fracasso da Lei 9.099/1995. In: WUNDERLICH, Alexandre; CARVALHO, Salo de (orgs.) *Novos diálogos sobre os Juizados Especiais Criminais*. Rio de Janeiro: Lumen Juris, 2004.

YOUNG, Jock. *A sociedade excludente:* exclusão social, criminalidade e diferença na modernidade recente. Rio de Janeiro: Revan: ICC, 2002.

ZAFFARONI, Eugenio Raúl. *Em busca das penas perdidas*. 5ª edição. Rio de Janeiro: Editora Revan, 1991.

―――; BATISTA, Nilo; ALAGIA, Alejandro; SLOKAR, Alejandro. *Direito Penal Brasileiro:* primeiro volume. Rio de Janeiro: Revan, 2003.

―――. *O inimigo no Direito Penal*. Rio de Janeiro: Instituto Carioca de Criminologia-Revan, 2007.

———; BATISTA, Nilo; ALAGIA, Alejandro; SLOKAR, Alejandro. *Direito Penal Brasileiro*: segundo volume. Rio de Janeiro: Revan, 2010.

———. *A palavra dos mortos*: conferências de criminologia cautelar. São Paulo: Saraiva, 2012.

———. Prólogo. In: Maximiliano E. Postay (org.). *El abolicionismo penal em América Latina: imaginación no punitiva y militância*. Ciudad Autónoma de Buenos Aires: Del Puerto, pp. I-XIII, 2012.

ZIMMERMAN, Michael. *The immorality of punishment*. Toronto: Broadview, 2011.

editoraletramento editoraletramento.com.br
editoraletramento company/grupoeditorialletramento
grupoletramento contato@editoraletramento.com.br

casadodireito.com casadodireitoed casadodireito

Grupo Editorial
LETRAMENTO